锦屏加池苗寨文书的社会人类学考察

傅慧平　著

知识产权出版社

全国百佳图书出版单位

—北 京—

图书在版编目(CIP)数据

锦屏加池苗寨文书的社会人类学考察／傅慧平著. — 北京：知识产权出版社，2019.11
ISBN 978-7-5130-6282-4

Ⅰ. ①锦…　Ⅱ. ①傅…　Ⅲ. ①苗族—契约—文书—研究—锦屏县　Ⅳ. ①D927.734.369

中国版本图书馆 CIP 数据核字(2019)第 102160 号

内容提要

本书介绍了锦屏传统契约文书与加池文书的特点和分类，通过梳理以加池苗寨文书为中心的各类历史文献，为读者勾勒一幅特定历史时期民族村寨的社会经济文化图景，通过田野调查和文本分析，运用相关理论与方法，本书系统分析了婚姻家庭、社会组织、经济活动、村寨纠纷、林契、地契、诉状、碑刻、族谱等文书内容，探析其产生的时代背景、所发挥的社会功能等。

责任编辑：王　辉　　　　　　　　责任印制：孙婷婷

锦屏加池苗寨文书的社会人类学考察
JINPING JIACHI MIAOZHAI WENSHU DE SHEHUI RENLEIXUE KAOCHA
傅慧平　著

出版发行：知识产权出版社有限责任公司	网　　址：http://www.ipph.cn
电　　话：010-82004826		http://www.laichushu.com
社　　址：北京市海淀区气象路 50 号院	邮　　编：100081
责编电话：010-82000860 转 8381	责编邮箱：wanghui@cnipr.com
发行电话：010-82000860 转 8101	发行传真：010-82000893
印　　刷：北京中献拓方科技发展有限公司	经　　销：新华书店及相关销售网点
开　　本：720 mm×1000 mm　1/16	印　　张：14
版　　次：2019 年 11 月第 1 版	印　　次：2019 年 11 月第 1 次印刷
字　　数：230 千字	定　　价：58.00 元
ISBN 978-7-5130-6282-4	

淹没前加池村全景（姜绍明拍摄）

党候墓地之加池四合院墓群

加池四合院先人范秀贵墓碑

"养蛮"新碑

移民搬迁（黄透权父子，姜绍明拍摄）

加池苗婆岩 （姜绍明拍摄）

姜纯志功德执照（民国）

姜纯忠推测"养蛮"谱系

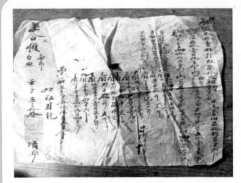

姜合顺清单（壬子年，乾隆五十七年）

姜某断卖棉花地契（光绪二十三年二月二十三日）

姜绍豪所藏宗教科仪书

姜绍明所藏山场清册之《黄金万两》

姜绍明所藏山场清册之《清单合同总簿》

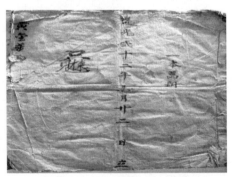

姜绍明所藏山场清册之《一本万利》

姜天生弟兄断卖油山契（咸丰元年）

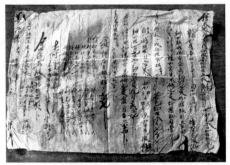

姜兴顺清单字（时间不详）

姜元贞《山场簿据》

姜元贞《山场总簿》

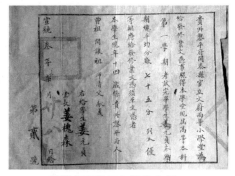

姜元贞宣统三年修业文凭

姜周模让房屋字（民国二十四年）

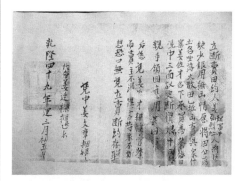

姜弘烈等断卖田约（乾隆四十九年）

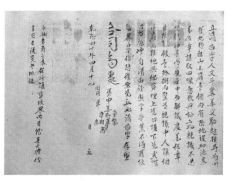

姜文勤清单字（乾隆四十年）

姜绍槐家鸾书

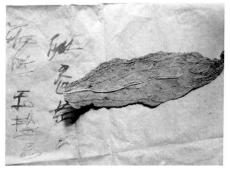

保存契约所用烟叶，可防虫咬

姜绍烈家祖传斧印一

姜绍烈家祖传斧印二

姜绍烈家祖传斧印之"利川"号

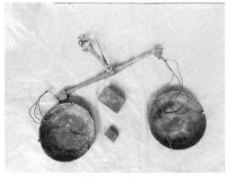

姜绍明家传秤

姜献义（姜元贞之父）遗像

姜元贞妻子遗像

序　言

　　中国历史上的民间契约文书，既是法史研究的经典论题，也是人类学民族学研究的重要对象。近几十年来，学界对民间契约文书的研究取得了重要进展。

　　清水江文书，是广泛存在于黔东南清水江流域锦屏、天柱、黎平、剑河等县，记录明清以降区域经济社会发展状况的民间历史文献。其对于研究区域社会历史文化与经济发展、族群关系等，都具有重要价值。自20世纪五六十年代被发现以来，逐步引起地方政府和学界的重视。进入21世纪以来，国家社科规划办、教育部多次批准设立重大课题攻关项目和一般项目，对相关研究予以资助。在地方政府的支持下，清水江契约文书的收集、整理与研究成果，可谓硕果累累。

　　傅慧平曾在贵州省学习和工作较长时间。讨论其博士论文选题时，她谈到撰写硕士学位论文期间，曾赴贵州省清水江流域做过社会调查，接触到一些民间契约文书的情况。我觉得这是一个可选择的研究方向，并鼓励她争取在学界前辈研究的基础上有所发现，有所创新。研究主题大致确定后，她前往黔东南苗族侗族自治州寻找合适的田野点，寻找自己的兴趣点与创新点。2012年暑期，下田野没多久她就告诉我，在锦屏县加池苗寨——一个偏僻的山村，十几天的工夫便收集了三千多份契约。除了已经被当地档案馆收集、《清水江文书》等收录的部分契约文书，她还收集了一些之前未被发现的契约文书原件。在这次田野工作中，除契约之外，她对加池的其他资料，如宗教科仪书、碑刻等都尽可能地进行了收集。这次田野结束后，我们意识到这一选题尚有较大的研究拓展空间，据此将论文选题最后确定下来。面对丰富多样、纷繁复杂的文献资料，我提出论文不能仅仅是对资料进行解读，而要以契约文书为切入点，结合各类史料，深入研究锦屏加池苗寨的社会结构、文化特点、族群关系、经济发展，通过解剖加池苗寨这只"麻雀"，进一步探讨明清以降清水江中下游区域社会结构与经济社会发展状况。2013年暑期，在整理了部分契约文书和相关史料的基础上，傅慧平再次进入田野点——黔东南州锦屏县加池苗寨。这次重归田野，人际关系畅通，她不仅完整地参与了当地的一些民俗活动,还有幸阅览了地方精英提供的部分原始史料。两次较为扎实的田野工作,使之获得了五十多万字的田野资料,为论文的撰写打下了坚实的基础。经过一年多的艰苦努力,在2014年春节过后,她提交了博士论文初稿。后经两个多月的反复修改,其学位论文经过初审、盲评,顺利通过答辩且获得好评。

我认为,该文是一篇较好的民族学人类学博士论文。文中不仅有加池苗寨各类历史人物生动形象的复原,而且有纠纷处理中地方民间法的灵活运用,还有围绕"养蛮"碑的宗族势力之争等,这些构成了村落历史长河中闪着亮光的浪花。地方精英的历史作用、区域发展过程中中央政府与地方的互动、地方的各类因应策略等,汇聚成一幅势力相争、蓬勃向上的图画,而这幅图画的主线,便是以汉字书就的契约文书。值得一提的是,文中各种故事娓娓道来,各类人物得到生动描述,作者以女性特有的细腻笔触,为这篇学术论文增添了可读性。当然,论文也存在诸多不足之处,如由于研究所涉及的时段较长,面广点多,对一些问题的分析研究尚不够深入;对婚姻家庭文书的解读,对纠纷文书的列举,对经济类文书的分析,有材料罗列之嫌。

转眼之间,小傅毕业已经四年多了。现在,她准备将其博士论文整理出版,以此重拾对于学术的信心。作为导师,我自然赞同。博士不易,女博士更难。希望小傅继续努力,争取在学术之路上走得更远、更扎实。

以上权且为序。

雷振扬
2018 年 11 月于武汉寓所

前　　言

　　以锦屏文书为主的清水江文书极具民族性、区域性,因所存大量林契填补了我国地契为主、林契较为缺乏的空白,成为继故宫文献、敦煌文书和徽州文书之后的又一重要文献。加池苗寨文书作为锦屏文书的主体部分,既具备清水江文书的各项特点,又因其数量庞大、类别多样、自成系统引起各方关注。然而,加池这一普通苗寨的契约文书何以如此丰富? 这些文书对地方产生了哪些影响,其反映了当时怎样的村落生活? 甚至推衍开来,清水江文书所勾画的特定时期特定区域之社会生活图景预示着什么? 清王朝国家力量与地方社会自身在其间扮演着何种角色? 诸如此类问题引发笔者思考。

　　面对以上问题,本书一方面通过梳理以加池苗寨文书为中心的各类历史文献,为读者勾勒一幅特定历史时期民族村寨的社会经济文化图景;另一方面始终坚持文书作为一"历史文化事象"的本质,探析其产生的时代背景、所发挥的社会功能及其与地方社会生活的紧密联系。定位加池文书的历史作用、理解文书中的区域社会生活、在勾画与复原历史图景的过程中把握这一时期加池苗寨乃至整个区域的发展脉络,成为本书重点。

　　首先,本书介绍了传统契约文书与加池文书的特点和分类,以突出后者的一般性与特殊性。与我国传统契约文书相比较,加池文书的范式、类型及汉字书写传统并无大的变化,然而受特定历史、地理环境影响,其包括林契、地契、诉状、碑刻、族谱、宗教科仪书等,蕴含着以加池苗寨为典型的清水江沿岸苗侗地区的经济、权力、伦理等社会关系。

　　其次,本书探究了加池文书产生的土壤。明清王朝的拓疆政策直接引发地方变革,伴随着木材采运活动由官府"采办"到市场贸易的转变,地方场市逐步设立并打破原有封闭格局,水客、山客、木行等利益群体相继出现,冲击着区域社会原有秩序,加池苗民的身份也因此逐步发生变化。

　　再次,书中生动刻画这幅特定历史时期由文书构造的区域社会生活图景,以说明其对地方产生的深远影响。借助田野调查和文本分析,运用相关理论与方法,本书通过系统分析婚姻家庭、社会组织、经济活动、村寨纠纷等文书内容展现各类文书中的社区生活:婚姻家庭文书中,婚俗改革碑、婚姻纠纷诉状及加池四合院所代表的继承之约描绘了加池苗民之日常生活状况;社会组织文书中,地方自组织由款到营的转变、宗族体系逐步确立的事实表明,地方精英为首的社会主体善于糅合王朝政策与地方传统,以稳固自身地位;经济生活文书中,姜元贞家族经济个案与各类利益群体的逐利行为充分体现了市场开放对地方社会的深刻影响;村寨纠纷文书中,村寨内部的纠纷协调体系、村寨之间或村寨与国家之间协调处理各类案件的途径,集中展示了不同利益群体、不同层次力量的激烈博弈。

最后,通过梳理加池苗寨文书中不同人群、各种力量的活动轨迹,并以此推衍至整个区域,本书得出结论:第一,清王朝的拓疆与市场的开放导致了地方社会结构性的变化,为锦屏文书的繁盛创造了条件;第二,地方小传统和地方精英在区域社会发展变迁的过程中发挥着重要作用;第三,群体互动是影响地方社会变迁的重要因素;第四,文书作为地方社会形成并维护新秩序的重要载体发挥着特殊功能。加池文书乃至清水江文书所代表的先进汉文化体系在地方立足的过程,也即地方市场逐步开放、区域社会渐次转型的过程。

总之,加池苗寨文书勾画的村落社会生活图景表明,区域社会转型过程中,王朝力量是起因,场市的设立及木材贸易的兴起是催化剂,地方自身发展所构造的既定体系或内部结构才起决定作用。

目　　录

绪　　论

一、研究缘起与意义

（一）研究缘起

以锦屏文书为重点的清水江文书研究之兴起,源于先行者杨有赓先生的不懈努力,以及众位学者的着力推动。锦屏文书不仅极具地域性、民族性,还因所存大量林业契约填补了我国土地契约为主、林契较为缺乏的空白,成为继故宫文献、敦煌文书和徽州文书之后的又一重要文献。[1] 一直以来,延续我国契约文书研究传统,一些学者从法学角度探讨契约文书之于当时地方社会秩序的功能与作用;另一些学者则力图从林契入手,探究当时地方的林权模式、木材贸易及人工营林的方式,以更为深入地了解区域林业经济特点。就笔者而言,对清水江契约文书中所反映的地方社会生活之关注,首先出于长期以来对区域苗侗文化的追寻。自 2007 年9 月就读硕士以来,笔者因参与硕士导师的国家社科项目,曾先后前往黔东南苗族侗族自治州施秉龙塘、台江偏寨、剑河革东、黎平岩洞、锦屏彦洞等苗侗村寨参与调查,并在此基础上撰写了以"清水江流域苗族婚姻圈与市场圈之关系"为主题的硕士论文。2010 年 11 月锦屏瑶白一行,调查组有幸收获上百份清朝林契、地契,这令笔者在震惊之余倍感诧异,如此偏僻之侗寨何以拥有就那个时代而言代表先进汉文化的契约文书? 这些文书又反映了当时怎样的历史图景? 循着类似问题,笔者愈加着迷于地方民族文化的魅力,并产生了一究到底的信念。

作为一名普通的社会科学工作者,出于对学术探索的热情、对人文社会的关怀及对自身使命的认识而产生的历史责任感,笔者意识到,契约文书作为地方社会特定历史时期产生并持续发生作用的文化事象,既有其历史根源,又以文化联结体的形式维持着当时社会的运转,使个人成为真正的"社会存在物"。清水江文书这一独具特色的区域历史文献,不仅向我们展示了封建王朝大规模拓殖经营的历程,还隐含着繁盛的木材贸易下不同族群、不同利益群体为获取更多资源、掌控更大自主

---

[1]　吴苏民,杨有赓."皇木案"反映"苗杉"经济发展的历史轨迹[J].贵州文史丛刊,2010(4).

权而进行的激烈博弈。

加池苗寨契约文书作为锦屏文书的主体部分,既具备清水江文书的各项特点,又因其数量庞大、类别多样、自成系统引起各方关注。笔者以加池为个案,关注18世纪以来至民国时期这一普通苗寨所存契约文书,一方面,试图通过梳理以加池文书为中心的各类历史文献,为读者勾勒并刻画一幅特定历史时期民族村寨社会经济文化图景;另一方面,始终坚持文书作为一"历史文化事象"的本质这一观点,力图探析其产生的时代背景、所发挥的社会功能及其在维持社会秩序时扮演的各种角色。在以加池文书为核心勾画的这幅社会生活图景中,国家在场如何体现,各类利益群体如何维护自身权益并协调关系,地方在发展自身的过程中是趋于主动还是只能被动接受,其中又隐含怎样的历史意义? 面对这些问题,笔者尝试运用民族学、人类学方法,去描述、架构和呈现这一民族村寨隐藏在18世纪以来至民国时期文书中的历史原貌。

此外,本书还缘起于鲁西奇有关《木材之流动——清代清水江下游地区的市场、权力与社会》❶评论后的思考,即王朝教化与地方自身发展的相互关系以及两者在区域社会历史发展中演绎的角色。鲁先生评论:"虽然作者极力避免将这一过程解释为王朝开疆拓土、推行教化的结果,但却不得不将'王朝国家力量'列于上述两方面因素之首,而且在叙述这一过程时,将王朝力量的介入、国家秩序的引入进程作为主线索之一。"在此基础上他提出观点,"我倾向于认为:王朝国家秩序在地方社会逐步建构的过程中,或者说清水江下游地区逐步由'化外'走向'化内'的过程中,最根本性的动因可能主要来自地方社会自身的发展"。虽然"王朝国家力量的进入、贸易发展所导致的市场网络的形成及其纳入全国性市场"都是不可或缺的契机,但其本身却是地方社会建构过程的组织部分或结果。简言之,清水江下游地区之所以能在清代逐步走向"化内"、成为王朝国家体系的组成部分之一,其原因在于:一方面,长期以来基于各种因素影响下,地方社会、经济、文化不断发展,提出了对王朝国家力量介入的诉求,并形成发展贸易的趋势;另一方面,清朝的拓殖经营、木材贸易的逐步繁盛,为地方社会适时地引入与利用国家秩序话语、加速其融入王朝体系的进程提供契机,从而顺利完成社会转型。❷ 此论回答了地方社会构建与发展过程中国家与地方之关系问题,既为本文与诸位前辈的对话提供了理

---

❶ 张应强.木材之流动:清代清水江下游地区的市场、权力与社会[M].北京:生活·读书·新知三联书店,2006.下文所引之处简称为《木材之流动》。

❷ 鲁西奇.化外之区如何步入王朝体系:以木材流动为例——读《木材之流动:清代清水江下游地区的市场、权力与社会》[J].中国图书评论,2007(7).

论支持,又拓宽了笔者的思路。至此,定位契约文书的历史作用,理解契约文书中的区域社会生活以及在勾画与复原历史图景的过程中,把握这一时期加池苗寨乃至整个区域的发展脉络,成为本书重点。

(二) 研究意义

首先,契约文书为历史学、法学、经济学传统阵地,较少民族学人类学视野的切入,近来虽有部分学者尝试分析清水江文书所隐含的家族关系、区域文化特点,如王宗勋、傅安辉、吴声军等,但已有研究多未能充分考虑特定时期地方社会急剧转型的历史事实,尤其是对契约文书的本质缺乏关注。在明清军队大举进入之前,清水江苗侗区域尚为"生界",独立于王朝的统治之外。后随着王朝势力的介入,木材贸易兴起并带来巨大人流、物流,在影响区域传统生活、引发地方急剧转型的同时,也促成了契约文书的大量涌现。在此研究背景下,本书以加池苗寨为个案,关注存在于特定社会空间的文书,并对其进行系统研究,这不仅有助于拓展传统契约研究的领域,还能为进一步发展"清水江学"添砖加瓦。

其次,民生问题、农村问题、少数民族地区的可持续发展问题,一直都是我国民族工作的重点。加池苗寨作为黔东南少数民族村落,地理位置偏僻、交通不便、人们生活水平普遍偏低。但就是一个如此普通的民族村寨,18世纪以来至民国时期却成为清水江下游经济较为发达、市场十分活跃的区域。大量林契与地契表明,当时的加池苗民热衷于参与木材采运和土地交易,他们以家族公有形式合伙经营山场,彼此分工明确;在以山客身份外销木材时,村落内部及村寨之间形成各种借贷关系,资金流转极为频繁。因此,通过描述锦屏加池苗寨文书中的社会生活,研究特定历史时段这一地域的发展脉络,探讨地方少数民族与王朝力量博弈过程中的角色定位,对于探索少数民族区域发展的有效途径、推动民族村落的和谐建设具有重要参考价值。

二、相关研究回顾

(一) 中国传统契约文书研究

契约研究的前提是大量文本的收集与整理。对于中国传统契约而言,在我国历史上较为著名且成系统进行了收集、整理、研究工作的是徽州契约文书、中国台湾清代契约文书,以及因傅衣凌的关注而闻名的福建契约文书。除各地方博物馆、图书馆的原本收藏外,整理成集的有《明清徽州社会经济资料丛编》,周绍泉、王钰欣主编的《徽州千年契约文书》;王世庆所编《台湾公私藏古文书影印本》,三田裕次藏和张炎宪所编的《台湾古文书集》;以厦门大学和福建师范大学从20世纪50~

80 年代收集的近五千件契约文书为主体发表的《清代闽北土地文书选编》和《闽南契约文书综录》等。❶ 令人意外的是,本书所关注的以加池苗寨为代表之黔东南清水江下游地区的契约文书,虽于 20 世纪 50 年代的少数民族社会历史调查时就得以发现并做了部分整理,却没有引起学界足够的重视。与此相关的研究,笔者将在其后进行详细介绍。

　　具体研究方面,20 世纪 90 年代,日本学者岸本美绪便对中国传统契约文书,尤其是明清文书进行了深入研究。她认为,当时的日本与中国国内对明清契约文书的研究,可以根据研究方向的不同加以分类。❷ 如第二次世界大战后明清史研究较为著名的有傅衣凌、章有义、叶显恩等为查明某一时期、某一地域经济活动的实际情况,收集该地域包括契约文书在内的文字资料,以及整理分析这些资料所记载的经济活动内容以建立区域社会经济史的努力(傅衣凌,1944;章有义,1984;叶显恩,1983)。❸ 另,从法学角度关注各种契约文书在法律形式上的结构与内容或各种私法关系的研究,较典型的如战前日本学者进行的惯习调查及后来包括滋贺秀三、寺田浩明、岸本美绪等的相关研究(参看王亚新、梁治平,1998)。国内近年来亦涌现了一批类似著作,刘云生《中国古代契约法》、张晋藩《清代民法综论》、叶孝信《中国民法史》等。❹ 此外,黄宗智所著《清代的法律、社会与文化:民法的表达与实践》与《法典、习俗与司法实践:清代与民国的比较》两书,则通过清代民法的表达体系、清代与民国民法习俗及司法实践等,探讨了中国传统意义上的民法与西方现代意义上的民法之区别,虽没有直接以契约为题,对契约的法学研究却提供了诸多启示。❺

　　或许正如岸本美绪所断言,"在旧中国社会里,支持着私人之间契约关系的观念或秩序究竟是什么?""从这个角度出发,相对契约文书中写下的内容而言,从外部支撑着契约关系的社会秩序或契约文书发挥作用的社会空间本身构成了更为重大的课题。"❻ 近年,对契约的法理学、哲学思考日益增多,如蒋先福《契约文明:法

　　❶ 岸本美绪.明清契约文书//滋贺秀三,等.明清时期的民事审判与民间契约[M].王亚新,梁治平,译.北京:法律出版社,1998:287-289.

　　❷ 同❶,282-283.

　　❸ 傅衣凌.明清社会经济史论文集[M].北京:人民出版社,1982;傅衣凌.明清社会经济变迁论[M].北京:人民出版社,1989;章有义.明清徽州土地关系研究[M].北京:中国社会科学院出版社,1984;叶显恩.明清徽州农村社会与佃仆制[M].合肥:安徽人民出版社,1983.

　　❹ 梁聪.清代清水江下游村寨社会的契约规范与秩序——以文斗苗寨契约文书为中心的研究[M].北京:人民出版社,2008:12.

　　❺ 黄宗智.清代的法律、社会与文化:民法的表达与实践[M].上海:上海书店出版社,2007;黄宗智.法典、习俗与司法实践:清代与民国的比较[M].上海:上海书店出版社,2007.

　　❻ 王亚新,梁治平.明清时期的民事审判与民间契约[M].北京:法律出版社,1998:283.

治文明的源与流》一书从契约法角度切入，对法治及其实现的基本规律进行了追根溯源的比较研究；❶张振国等所著《中国传统契约意识研究》试图通过对契约意识的探讨，从动态上把握我国传统契约观念，从而最终实现传统与现代之间的创造性转换；❷刘云生之《中国古代契约思想史》则从民法哲学的角度，分析了传统契约机制及其内驱力，认为契约和伦理构成了传统中国社会的两种关联形式，彼此制约而又相互促进，并形成了独具特色的契约文化——伦理中具有民主性的契约精神。❸尽管田涛的《千年契约》一书来源于其在"法律讲堂"栏目的系列讲座，却在洋洋洒洒地精彩介绍之余，道出了中国传统契约的内在意蕴，即诚信精神。❹ 其门生王旭则在此基础上细化，更为深入地探讨了中国传统契约的形式与演变。❺

目前，有关古代契约文书的研究，除却传统历史学角度、法学角度等的探讨，也逐渐向多学科领域迈进。如张应强、梁聪等便结合人类学田野调查，从自身学科背景出发，深度研究契约文书背后的市场、权力、社会与规范等。这也在某种程度上印证了黄宗智、王亚新、梁治平等学者的思考：倘若我们纯粹从西方契约理论的角度去解读中国古代契约或民法，那肯定有所偏颇；如果只是为了印证我们古代也有如西方一般的现代民法，其出发点为西方中心主义，显然并无必要。我们只有植根于中国的实际、实践，注重中国本土的一套概念体系，才能更有效、更深刻地去发掘契约不仅作为民法的一部分存在，还作为整个中华传统优秀文化事象而存在。客观上来讲，从本土的伦理角度与民族角度出发对契约进行全方位思考，正印证了岸本美绪所提出的探究支持契约发挥功用的整体社会空间之设想。而这，确为本书着力思考之问题。

（二）清水江文书研究

1.清水江文书的名称来源

清水江文书，又称"锦屏文书"，是以贵州清水江流域为中心，自明代以来形成并保留下来的民间文献资料。其主体是清代至民国时期的土地、山林买卖契约、租佃契约、借贷契约、财产析分合同等。由于这些文书最先在锦屏县被发现，并引起中外学者重视，故而自 2006 年贵州省成立省、州、县三级锦屏文书抢救保护领导小组以来，清水江流域文书在政府文件中统称为"锦屏文书"。2010 年 3 月，国家档

❶ 蒋先福.契约文明——法治文明的源与流[M].上海：上海人民出版社，1999.
❷ 张振国等.中国传统契约意识研究[M].北京：中国检察出版社，2007.
❸ 刘云生.中国古代契约思想史[M].北京：法律出版社，2011.
❹ 田涛.千年契约[M].北京：法律出版社，2012.
❺ 王旭.契纸千年：中国传统契约的形式与演变[M].北京：北京大学出版社，2013.

案局第三批中国档案文献遗产名录也采用此名称。尽管如此,学界更倾向于使用"清水江文书",认为其地域覆盖范围更广,概括性更强。再者,除锦屏外,黎平、剑河、天柱、三穗等文书重点保护县亦处于清水江中下游。值得注意的是,2011 年 10 月中山大学、贵州大学、凯里学院三所高校同时中标国家社会科学基金重大招标项目"清水江文书整理与研究",这说明"清水江文书"之称已获国家层面的认可。

与此同时,除了传统清水江中下游的锦屏等五县发现文书以外,清水江中上游的台江、黄平、凯里、麻江及潕阳河流域的岑巩在近年也发现了不少民间契约文书。截至 2011 年年底,锦屏、黎平、剑河、天柱、三穗、台江、岑巩 7 县档案馆征集进馆的契约文书已达 10 万件。据专家保守估计,清水江文书民间蕴藏量至少在 30 万件以上。目前发现最早的清水江文书是天柱县明成化二年(1466 年)的田地清退契约,至今已有五百多年历史。正如徽学专家栾成显所言,清水江文书是我国继徽州文书之后民间文书的又一大发现。❶

2.清水江文书的收集、整理情况

政府方面有关清水江文书的收集工作,自 20 世纪 60 年代始便有序进行。1960 年 4 月,锦屏县档案馆刚建立,便开展了征集少数民族档案工作。1984 年该县档案局,"共征集到清乾隆二十八年至宣统三年的契约原件 280 份","1998—1999 年,共征集到清代契约原件 2875 份,复制件 34 份","2005 年 1 月至 9 月,该档案局又征集到契约原件 1576 份,山林座谱 3 本"。2006 年,贵州省成立文书抢救保护领导小组,使得清水江文书历经 40 余年的自发收集后,步入了有领导、有组织、有目标的收集、保护新时期。一时间,清水江流域各县契约文书收集工作迅速开展。据统计,目前流域内黎平、天柱、锦屏、剑河、三穗、台江等六县档案馆,文书入藏总数已高达 103556 件,❷见表 1。

表 1　清水江各县档案馆已征集入档的文书数量

各档案馆所在县名	文书数(件)	各档案馆所在县名	文书数(件)
黎平	24320	锦屏	36482
天柱	14000(余)	三穗	19542
剑河	8000(余)	台江	1212

❶ 龙泽江.清水江文书整理的分类标准探析[J].兰台世界,2012(5).

❷ 马国君,李红香.近六十年来清水江林业契约的收集、整理与研究综述[J].贵州大学学报:社会科学版,2012,7(4).

学者层面有关工作一直没有懈怠。《社会历史调查资料丛刊》编辑组1988年出版的《侗族社会历史调查》,汇集了清水江林业生产、贸易及林农的生活状况,并收录了杨有赓收集的一些山林买卖契约及租佃契约;❶日本学者在20世纪90年代便注重对清水江文书的收集、整理与研究,如唐立、武内房司等与杨有赓合作,于2001—2003年整理出版了《贵州苗族林业契约文书汇编(1736—1950)》(共3卷);❷张应强和锦屏王宗勋也将整理的《清水江文书》(共3辑)于2007年开始陆续出版,主要以清代山林契约为主,并收集了族谱、诉讼词稿、官府文告等,这些文书反映了地方经济、社会的各方面情况,是基于民间视角的区域社会历史过程的写照,对研究清水江少数民族具有重要的史料价值;❸陈金全、杜万华的《贵州文斗寨苗族契约法律文书汇编——姜元泽家藏契约文书》(2008),着重对文斗契约文书进行整理,为以村寨为中心的文书研究奠定了基础;❹贵州大学、天柱县档案馆等共同编纂的《贵州清水江文书系列·天柱文书》(第1辑,2013),亦以清代林契为主。目前国内相关出版物(含拟出版)有10部,整理研究的学人主要有张应强、杨有赓、吴大华、陈金全、姚炽昌、张新民等(见表2)。

表2　经整理、汇编出版(含拟出版者)的清水江文书情况表❺

整理者	出版/拟出版物名	出版社、出版时间
张应强等	《清水江文书》第1、2、3辑	广西师范大学出版社,2007、2009、2011年版
唐立、杨有赓、武内房司	《贵州苗族林业契约文书汇编(1736—1950)》3卷	东京外国语大学,2003年版
吴大华	《土地关系及其他事务文书(第1卷)》	贵州民族出版社,2011年版
陈金全等	《贵州文斗寨苗族契约法律文书汇编——姜元泽家藏契约文书》	人民出版社,2008年版
王宗勋等	《锦屏林业碑文选辑》	锦屏县地方志办公室编印,2005年版

---

❶　贵州省编辑组.侗族社会历史调查[M].贵阳:贵州人民出版社,1988.
❷　唐立,杨有赓,武内房司.贵州苗族林业契约文书汇编(3卷)[M].东京:东京外国语大学,2003.
❸　张应强,王宗勋.清水江文书(第一辑)[M].桂林:广西师范大学出版社,2007.
❹　陈金全,杜万华.贵州文斗寨苗族契约法律文书汇编——姜元泽家藏契约文书[M].北京:人民出版社,2008.
❺　马国君,李红香.近六十年来清水江林业契约的收集、整理与研究综述[J].贵州大学学报:社会科学版,2012,7(4).

整理者	出版/拟出版物名	出版社、出版时间
姚炽昌	《锦屏碑文选辑》	锦屏印刷厂(内部资料)1997 年版
黔东南州县工商联	《锦屏县木材行业史料》	1959 年稿本(内部资料)
张新民等	《清水江文书集成考释》	凤凰出版集团(时间待定)

加池苗寨作为清代以后清水江下游重要木材供应地,与近年来备受关注的锦屏文斗苗寨仅相隔十余里,均以姜姓为主,拥有丰富的契约文书。从契约中可看出,两寨之间历史上存在较为频繁的经济往来。虽然在加池人眼中,其自清乾隆之后的文书构成了目前锦屏档案馆所收集民间契约之主体部分,但是针对加池文书的研究却远不如文斗契约那么引人注目。事实上,就整个清水江流域来说,相对于文斗、平鳌及其他民族村寨,加池契约文书无论类型或数量都值得关注。

3.清水江文书研究状况

相较于徽州文书、敦煌文书等以土地契约为主的契约文书类型,清水江契约文书以林业契约为特色,是清代少数民族经济、区域社会研究的重要民间文献。虽然知之者不多,其受学界关注却较早。20 世纪 50 年代,少数民族社会历史调查组就曾给予高度重视并收集了部分林契。相关研究主要集中于以下几方面:

首先,从清水江文书林业契约入手,开展如林权、人工营林、木材贸易等方面的研究。唐立在《贵州苗族林业契约文书汇编》一书序言中曾说,锦屏林业契约"具体地显现了自 18 世纪前期以来,在贵州东南部清水江流域栽杉营林,通过木材积极参与货币经济的史料……锦屏县山林契约即为探讨解读人工营林的具体情况提供了重要依据"。相关研究的典型代表有杨有赓探讨清水江流域木材采运过程的系列论文,如《清代清水江下游苗族林契研究》以 421 份林业契约为分析依据,探讨其产生的历史背景,分析了清代至民国 300 年间黔东南的林业发展史,对清水江林业经济的研究起了推动作用。[1] 20 世纪 90 年代,贵州一些民族学学者,如杨庭硕、吴兴然、杨顺清、罗康隆、石开忠、单洪根、杨胜果、潘盛之等人,也开始了对该区域的林业经济之研究。如罗康隆《从清水江林地契约看林地利用与生态维护的关系》一文,从生态人类学的视野对侗族文化及林业经营模式进行了探讨。[2] 近年来

[1] 杨有赓.清代黔东南清水江流域木行初探[J].贵州社会科学,1988(8);杨有赓.清代清水江林业租佃关系概述[J].贵州文史丛刊,1990(2);杨有赓,清代清水江下游苗族林契研究//李廷贵.苗学研究[M].贵阳:贵州民族出版社,1989;李良品,杜双燕.近三十年清水江流域林业问题研究综述[J].贵州民族研究,2008(3).
[2] 罗康隆.从清水江林地契约看林地利用与生态维护的关系[J].林业经济,2011(2).

相关研究愈为喜人,如万红的《试论清水江木材集市的历史变迁》一文,从繁茂的林木与兴盛的水运、沿江重要的木材交易市场、山林买卖及租佃诸多方面,论述了流域内木材与山林的交易情况及木材集市的历史兴衰,进而阐述清水江林业契约与贸易之间的关系。❶ 吴声军的《清水江林业契约之文化剖析》,将林业契约视为清水江文化的一个重要组成部分,从林地使用权转让契约、林地租佃契约、分银合同等,探讨了清水江流域林业经济长期稳定的社会规律。❷ 另外,日本学者相原佳之《从锦屏县平鳌寨文书看清代清水江流域的林业经营》,则缩小范围,梳理平鳌文书中有关相同地名的契约文书,从而开创了新的林业经济研究范式。❸

其次,法学角度的相关研究。当地少数民族依靠契约文书形成了自己的一套规范体系与契约纠纷解决机制,其中,寨老等民间头人担任着重要角色,民间法则是契约效力的坚实后盾。在这方面研究出众者有吴大华、徐晓光、罗洪洋、梁聪、程泽时、龙宪华等。2003—2007 年,罗洪洋在《民族研究》先后发表了数篇相关论文,致力于考察从人工造林到林木买卖等林业生产全过程中的法律问题。他的博士论文《清代黔东南锦屏人工林业中财产关系的法律分析》,从有关林业的法律条文出发,分析了清代锦屏人工林业繁荣与地方习惯法的关系。❶ 徐晓光《清水江流域林业经济法制的历史回溯》(2006),探讨了林业贸易中的法律纠纷。而《原生的法》《款约法:黔东南侗族习惯法的历史人类学考察》两部著作,也都从法学角度探讨了清水江契约作为民间法的一部分存在(徐晓光,2010,2012);❺梁聪则以文斗契约为中心,从法学层面探讨区域社会规范与秩序(2008)。

再次,有关家族关系方面的研究,诸如杨有赓的《文斗苗族地区的明清社会经济文化发展状况——对"姜氏家谱"之剖析》以《姜氏家谱》为例,剖析了明清文斗的社会经济文化发展状况,开创了林业经济发展与家族关系的研究。罗康隆的《侗族传统家族制度与清代人工营林业发展的契合》,认为清水江林契"在不同历史时

---

❶ 万红.试论清水江木材集市的历史变迁[J].古今农业,2005(2).
❷ 吴声军.清水江林业契约之文化剖析[J].原生态民族文化学刊,2010(3).
❸ 相原佳之.从锦屏县平鳌寨文书看清代清水江流域的林业经营[J].原生态民族文化学刊,2010(1).
❶ 罗洪洋.清代黔东南文斗侗、苗林业契约研究[J].民族研究,2003(3);罗洪洋.清代黔东南文斗苗族林业契约补论[J].民族研究,2004(2);罗洪洋.清代黔东南锦屏苗族林业契约的纠纷解决机制[J].民族研究,2005(1);罗洪洋.清代地方政府对黔东南苗区人工林业的规范[J].民族研究,2006(1);罗洪洋.清代黔东南锦屏苗族林业契约之卖契研究[J].民族研究,2007(4);罗洪洋.清代黔东南锦屏人工林业中财产关系的法律分析[D].昆明:云南大学,2003.
❺ 徐晓光.中国少数民族法制史[M].贵阳:贵州民族出版社,2002;徐晓光.清水江流域林业经济法制的历史回溯[M].贵阳:贵州人民出版社,2006;徐晓光.款约法:黔东南侗族习惯法的历史人类学考察[M].厦门:厦门大学出版社,2012.

期都关乎着不同的家庭、家族甚或村寨的经济利益和政治权利,村民不仅把这些契约文书作为确定其经济权属的凭据,而且还作为维护家庭或家族团结的有力手段而世代相传"。王宗勋的《文斗三老家及其契约文书》❶以文斗下寨"三老家"家族林业契约文书为分析依据,揭示了清水江中下游地区清代中后期大族经济的兴衰和民间契约文书的管理状况,对于深入探讨清水江林业契约文书与家族社会关系发挥了很好的启示作用。潘盛之《论侗族人工林业形成的两大社会基石》认为,"直到中华人民共和国成立之前,侗族地区的山林地,一直是以家族所有制为主,而林地上的木材则实行家族私有制。通过林业契约进行土地转让后,并没有改变林地的家族所有制,而只是改变了家族内部的经营结构的股份"。❷

另外,有从历史人类学角度,着力于建构地域社会经济史者。如张应强的《木材之流动:清代清水江下游地区的市场、权力与社会》(2006),主要论述了清水江木材贸易的发展,如何使地方进入到国家体系之中,并促进区域市场的形成和地方社会的变迁。❸ 有从契约文书看地方族群关系者,如王宗勋《从锦屏契约文书看清代清水江中下游地区的族群关系》。还有其他诸如族谱研究、伦理经济研究等,如龙泽江、李斌等的《"王化"背景下的族谱编撰与身份建构——贵州清水江下游清代苗侗家谱研究》,❶以及刘亚男、吴才茂的《从契约文书看清代清水江下游地区的伦理经济》,❺均试图从新的角度对清水江文书进行探讨。2010 年 11 月,在"锦屏文书暨清水江木商文化研讨会"上,张新民、张应强、谢晖等学者开始思考将"礼""信"等概念引入对清水江下游地区经济交往的研究中来,提出清水江文书中大量白契的存在,是清水江中下游地区伦理经济存在的主要支撑材料。这些尝试都为本研究提供了有益借鉴。

由此观之,目前学术界的研究比较注重对清水江文书本身的收集,且重点集中于林契方面,如木材贸易、林业经济及林业法律等方面的研究。对其他方面的契约文书,如土地契约、清白字、日常借贷文书、婚书等却很少涉及。尽管有学者试图从

---

❶ 王宗勋.文斗三老家及其契约文书[J].原生态民族文化学刊,2011(2).

❷ 潘盛之.论侗族人工林业形成的两大社会基石[M]//贵州省侗学会.侗学研究(二).贵阳:贵州民族出版社,1998.

❸ 张应强.木材与流动:清代清水江下游地区市场、权力与社会[M].北京:生活·读书·新知三联书店,2006;张应强.清代中后期清水江流域的村落与族群:以锦屏县文斗寨的考察为中心[M]//二十一世纪人类学.北京:民族出版社,2003;张应强.清代西南商业发展与乡村社会——以清水江下游三门塘寨的研究为中心[J].中国社会经济史研究,2004(1).

❶ 龙泽江,李斌,吴才茂."王化"背景下的族谱编撰与身份建构——贵州清水江下游清代苗侗家谱研究[J].原生态民族文化学刊,2012(1).

❺ 刘亚男,等.从契约文书看清代清水江下游地区的伦理经济[J].原生态民族文化学刊,2012(2).

经济、伦理等角度探讨族群关系、家族特点,却不够深入,对民族文化与地方社会自身发展动力的关注不够。

正如张新民所说,无论考释或研究,都不仅涉及契约文书本身的训释或解读,而且还牵连地方礼俗习尚的把握和理解,二者同时结合并多方折中分析,才能重新在苗疆发现历史,重新走进文书背后的清水江乡土社会的世界。❶基于此,本书以黔东南加池苗寨契约文书类民间文献为主,以口述史料为辅,考察18世纪以来至民国清水江流域加池苗寨契约文书产生的社会文化背景,试图通过典型个案重构特殊时期契约文书生存的社会空间,不仅在契约类型上进行拓展,还关注契约文化的社会背景,如政策影响、民族村寨的主观能动性发挥等,从而就清水江文书整体深入研究提出自己的思考,并希望以此对中国传统契约研究和地方社会文化史构建做出微薄贡献。

三、研究理论与方法

(一)主要理论

1.历史人类学

历史人类学被普遍视为人类学与历史学的交叉学科,❷不少学者认同其方法论性质。安德烈·比尔吉埃尔《历史人类学》一文就强调历史人类学作为一种普适性研究方法和视野的存在,他指出,基于一种研究方式,历史人类学"始终将作为考察对象的演进与这种演进的反应联系起来,并与由这种演进产生或改变的人类行为联系起来"。❸赵世瑜也认为:"历史人类学并非归属于某一学科或是某一学科分支,它可以是一种研究方法和视角,也可以被表达为一种研究风格。"❹张佩国将之运于实践,利用社会人类学方法整合社会史、文化史、经济史等学科资源,突出多维视野与历史主体性。❺历史人类学的视角既增大了传统的历史学研究的"现场感"和"共时性",又添加了人类学研究的"厚重感"和"历时性",超越了传统学科之间的樊篱。❻某种程度上,可将之看作人类学的"历史化",强调文化的纵向性、

❶ 张新民.清水江文书整理与研究笔谈[J].贵州大学学报:社会科学版,2012(3).
❷ 符太浩.历史人类学刍议[J].思想战线,2003(1).
❸ J.勒高夫,等.新史学[M].姚蒙,译.上海:上海译文出版社,1989:238.
❹ 赵世瑜.历史人类学:在学科与非学科之间[J].历史研究,2004(4).
❺ 张佩国.近代江南乡村地权的历史人类学研究[M].上海:上海人民出版社,2002:73.
❻ 彭兆荣.野中的"历史现场"——历史人类学的几个要件分析[J].云南民族大学学报:哲学社会科学版,2004(5).

历史的多元性,并由此出发重新解读具体个案,赋予了历史过程一定的反思价值。❶ 基于此,本书重构特定时期加池苗寨文书中的社会生活图景之目的在于,"从那些书面的和口传的陈述中寻求人类的生活方式是如何组织起来的信息"。❷

2.社区理论

20 世纪 30 年代,费孝通先生等人转译德国社会学家滕尼斯的著作《社区与社会》,其中"社区"指"具有某种文化共性的同质人口所组成的亲密的社会利益共同体"。❸ 费老在《乡土中国》中直言,社区有着自己的一套社会结构、各种制度配合的方式,是人们生活之时空的坐标,社区研究是现代社会学的一个趋势。他认为社区分析首先应在一定的时空坐标中描画出一地方人民所赖以生活的社会结构;其次进行比较研究,比较不同的社会结构并发现其相配合的原则。❹ 赵定东等认为我国社区研究存在一定局限,体现为研究理论的机械性、调查内容的肤浅性、研究目的的功利性及研究方法的单调性。❺ 为此,本书借鉴桑德斯《社区论》中提出的社会体系论、社会冲突论、社会场域论三种社区研究模式。受帕森斯的结构功能论影响,社会体系论将社区看作具有调适功能、各组成部分相互依赖和影响的互动体系,其倾向于静态视角的观察;社会冲突论则从动态角度,强调不同利益群体的博弈对社会变迁的影响;社会场域论吸收前二者之长,认为社区是一个社会行动与互动的场域,因各组成部分不断互动而处于时刻变迁的状态。❻ 就本书来说,加池苗寨既是地理概念之一——少数民族农村社区,又是承载着地方传统文化与主流汉文化互相交织、不同利益群体频繁博弈及区域社会自我调适与转型的互动场域,饱含历史底蕴的契约文书便活跃于这一场域并影响社区生活。简言之,社区理论可以帮助我们更好地理解加池苗寨契约文书作为区域文化的一部分,为何存在及如何存在并产生影响的事实。

3.大小传统理论

美国人类学家罗伯特·雷德菲尔德(Robert Redfield) 1956 年出版的《农民社会与文化》一书,首次提出"大传统"(great tradition) 与"小传统"(little tradition) 这一对概念,前者主要指都市文明,后者指地方性的社区文化。在他看来,拥有社会

---

❶ 蓝达居.历史人类学简论[J].广西民族学院学报:哲学社会科学版,2001(1).
❷ 庄孔韶.人类学通论[M].太原:山西教育出版社,2002:457.
❸ 赵定东,杨政.社区理论的研究理路与"中国局限"[J].江海学刊,2010(2).
❹ 费孝通.乡土中国[M].北京:北京出版社,2004.
❺ 赵定东,杨政.社区理论的研究理路与"中国局限"[J].江海学刊,2010(2).
❻ 桑德斯.社区论[M].徐震,译.厦门:福建人民出版社,1996.

精英及其所掌握的有文字记载的文化传统的都市社区,与保持有大量口传的、非正式记载之文化内涵的乡村社区极为不同。尽管他主张两者之间相互影响、相互补充,但他过于强调"大传统"的优势地位和二者的差异性分层,认为"小传统"在文化系统中处于被动地位,"大传统"创造了文化,"小传统"只是简单地接受而已,便不免被"大传统"所"吞食"与"同化"。❶ 吉登斯将雷氏的大小传统理论延伸理解为精英的书面文化与民间的口承文化,前者如宗教、民族国家的规范及意识形态等,后者如巫术与地方日常生活的惯例等。这些"小传统"与过滤下来的合理化的"伟大传统""不是相去甚远便是直接冲突"。❷ 而李亦园将大小传统与我国的雅俗文化相对应,他认为我国文化中大小传统的存在自古即有,以士绅文化为典型的大传统因追求和谐均衡,主要表现于较抽象的宇宙观及国家社会运作;民间文化构成的小传统则因追求和谐均衡的行为表现在日常生活中最多。他认为,这两种文化传统的关系十分微妙,如以社会精英和大传统为核心的文化更易接受新的变革观念,而以农民和小传统为核心的民间文化则相对保守。并且,现代化过程中,大传统对小传统的影响是一种"传统的再造",小传统在这一再造过程中具有重要作用。❸ 如果说之前的社区论侧重分析加池契约文书所存在的社会空间,帮助我们更深刻地理解加池苗寨这一农村社区的结构及习性在其中的运作模式,大小传统理论则有助于我们分析汉文化所代表的国家力量与民族文化所蕴含的地方社会自身的动力存在怎样的互动关系。因为,就本质来说,18世纪以来至民国时期加池苗寨契约文书的民族特色与地域特色,更多地体现在其作为汉文化与苗家文化的结合体、清朝文化与边缘文化的综合物、地方市场由封闭转向开放之凭证等方面。

(二)主要方法

1.文献法

充分挖掘以加池苗寨为中心的原有档案资料、调查记录、文史资料、碑文、宗教科仪书❶等各种资料;掌握历史人类学、民族社会学学科相关理论与方法;学习与研究对象有关之经典著作、近期发表专著及期刊论文等。

2.口述史

将口述研究的理念与历史研究、个人体验等融为一体,通过对加池苗寨及周边

❶　郑杭生.论社会建设与"软实力"的培育——一种"大传统"和"小传统"的社会学视野[J].社会科学战线,2008(10).

❷　安东尼·吉登斯.现代性与后传统[J].赵文书,译.南京大学学报,1999(3).

❸　郑萍.村落视野中的大传统与小传统[J].读书,2005(7).

❶　科仪,本为道教术语,指道教道场法事.此处泛指民间信仰法事类书籍或文献.

村落历史经历者及其后人、相关文化精英进行深度访谈,意图更大程度上还原历史真相与探究地方"表达"传统,以便于理解文书中那些历史的"笔迹",真实反映自契约文书出现后的区域历史文化图景。

3.个案法

民族学人类学田野如果没有生动丰富的个案,便难以自诩为真正的参与实践,也就失去了民族志的本质特色。故而,以18世纪以来至民国加池文书为基础,参考相关史料及田野口述,把加池苗寨作为清水江流域的典型个案,深入挖掘能够充分体现这一时段加池苗寨社会状况、民众观念的历史事件,从而帮助我们了解特定时空下加池文书中的社会原貌。个案研究法是本书自始至终贯彻的主要方法,不仅各个章节或围绕各类个案展开分析,或以个案为深入理解之切入点,而且"锦屏加池苗寨文书"这个主题本身便属于个案研究。布朗曾说过,"个案研究旨在确立某种能被接受的具体和实际的定理或陈述",而"法则研究旨在得出能被接受的一般定理"。❶

某种程度说来,本书倾向于区域社会研究中"将村庄或者农民置于区域社会的背景中考察,从村庄观察区域社会,从区域社会反观村庄"❷的路径。从关注角度与写作内容来看,又似乎符合邓大才所强调的"三维层面",即从时间上限定为"18世纪以来至民国";在空间上关注加池苗寨的婚姻家庭、社会组织、经济活动、村寨纠纷等;制度上则始终强调国家在场、政府公权的介入对村落社会发展变迁的重要性。或许,真正的方法论或研究范式没有固定模式,而是基于田野,视具体情况而定。对于任何一个村庄来说,都处在三维角度,也只有从三维的立体角度观察,才能更好地"解剖麻雀"。我们只有在实地调查的基础上,才能发现村庄本身的特殊之处,并从其口述与历史痕迹中找寻村落乃至整个区域的发展脉络与特性。

此外,笔者十分认同刘朝晖所提出的民族志表述模式,❸即要有"问题意识""时空构架",要注意撰写过程中的"人本问题",力图重现历史人物的活动轨迹。并且,"国家与社会"的分析框架也贯穿于本书的始终。因为对于清水江流域的少数民族村寨来说,我们不能回避的一个事实便是其辉煌的历史与王朝权力的延伸密不可分。

❶ 布朗.原始社会的结构与功能[M].潘蛟,译.北京:中央民族大学出版社,1999:2.
❷ 邓大才.如何超越村庄:研究单位的扩展与反思[J].中国农村观察,2010(3).
❸ 刘朝晖.村落社会研究与民族志方法[J].民族研究,2005(3).

四、研究主旨与框架

（一）研究主旨

本书以清水江下游苗寨——加池为个案,试图通过 18 世纪以来至民国时期至今留存的加池文书来描绘村寨历史图景,展现这一特定时期,加池苗寨乃至整个区域社会生活的诸多方面;并透过文书,揭示影响地方社会发展的诸多主要因素。本书力图说明,汉字书写的文书作为一种"汉化"或"王化"的表现,既形成了地方特有的契约文化,影响着社会生活;又蕴含了区域主体对于王朝力量的各种反应。因外部政治与经济环境的变迁而逐渐形成的契约文化糅合了各类利益群体的博弈,融入地方社会生活,书写着区域社会转型的历史。

本书以加池苗寨这一与文书密切相关的社会图景为主,通过尽可能地复原特定时空下的村落图景来探究文书产生的社会空间,及其对人们的生产、生活的具体影响与现实意义。笔者的希冀在于,这些"主要反映小地方人们生活时空的定位及创造生活历程"的描述,能够因其独特的时空背景,展现这一时期"复杂社会中的政治经济生活、历史和社会结构",❶并以个案形式为"清水江文书"研究贡献一己之力。

（二）分析框架

曹端波曾精炼地总结了清水江流域苗族地区的发展特点,即"国家、市场、移民等致使贵州东部高地苗族文化、经济、社会出现重大转型"（见图 1）。他说:"清水江和都柳江苗族自宋元以来,就开始接触到国家、市场及汉族文化;明代因开通自湖广进入云南的通道'苗疆走廊',因此在玉屏、镇远、施秉、黄平等苗族区域设卫屯田,汉族军队及移民进入这些区域;清代雍正时期,鄂尔泰'开辟苗疆',从而将'苗疆'腹地的清水江苗族和都柳江苗族真正纳入帝国体系。"❷也就是说,不仅加池文书所反映的村落社会生活深受国家力量、市场开放、移民涌入的影响,文书本身也是三者融合的典型。

尽管如此,我们依然不能忽略地方社会自身的力量。对于地方来说,这些外在因素影响固然巨大,但仍需要其在原有传统基础上逐渐吸收、消化,并最终引发自身转型和发展。面对地方社会体现在文书中的长时段之解构与重构过程,我们有必要:第一,发掘转型前的地方传统,既可通过转型后的"遗存"找寻,诸如古歌、传

---

❶　王铭铭.社区的历程:溪村汉人家族的个案研究[M].天津:天津人民出版社,1997:15.
❷　曹端波,傅慧平,马静.贵州东部高地苗族的婚姻、市场与文化[M].北京:知识产权出版社,2003.

说等,又可探寻后来地方显文化中的独特部分,诸如黄宗智所谓的"表达";第二,寻找地方社会自我构建的各种途径,回答以下问题:地方在面对各种外来事物时如何改变自身以更快适应?"地方社会对国家秩序话语的引入与利用"如何实现?18世纪以来至民国时期加池苗寨文书中的社会生活又是怎样融入其中并加以表现的?

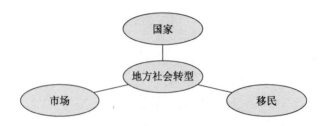

图1　清水江流域社会转型因素图

　　为更好地回答以上问题及展现这幅特定时空下的区域社会图景,本书通过田野调查和文本分析两种途径,采借历史人类学、社区理论和大小传统等理论,运用文献法、口述史及个案法等方法进行研究,对婚姻家庭、社会组织、经济活动、村寨纠纷等文书内容进行了归类与系统分析。借助各类文书及地方志,通过梳理不同利益群体的活动轨迹,构造特定历史时空中加池苗寨的社会生活状况,书中展示了地方精英们在面对强大国家力量所引发的社会变革时,充分运用地方传统、争取民众支持、促使政策倾斜上所做的努力,如青山界四十八寨大款向三营的转变;清康熙时期加池、文斗、岩湾三寨齐向朝廷纳粮附籍,并于乾隆年间向官府请示实施婚俗改革获得成功等。当木材贸易日渐发展、区域市场逐步开放、外来移民蜂拥而至、原有社会秩序逐渐解构并实现转型时,以地方精英为首的清水江下游沿岸苗侗社会主体开始有意识地引入与利用国家话语,为这一尚为"生界"的"苗疆"地区赢取更大的生存空间、更多的发展机遇而博弈。

(三)主要创新

　　首先,从学科视角上突破契约文书研究传统。对于传统契约文书研究来说,本书既非对契约本身发展脉络的梳理,如田涛、王旭、李倩等对我国传统契约内容、形制及演变的研究;又非某一具体视角对契约的解读,如梁聪、罗海山、罗洪洋等从法学角度对各类文书的阐释,刘云生、张振国等对契约意识的考察。本书是从民族学角度,以田野调查为基础,全方位探讨加池苗寨契约文书的产生及发挥作用的社会空间之研究。

其次,清水江文书研究模式的创新。本书以加池苗寨为个案、文书为媒介,试图运用民族志撰写模式,通过描绘特定时空中加池文书展现的村落社会生活图景,探讨地方自身发展的动力因素,相较于近年来一些前辈从历史学角度、法学角度或经济学角度对契约文书进行的探究,也许可算一点小小的创新。

最后,资料创新。两次加池苗寨之行,笔者收获颇丰,不仅收集了3000多份契约复印件,还有幸获得部分锦屏县档案馆尚未收缴的契约原件。除此以外,笔者整理了姜绍明所藏其祖父姜元贞(生于清末殁于民国)的各类手抄稿本,如《黄金万两》《一本万利》等山场清册与《诉讼稿禀》;抄录了加池现存各类碑刻,如桥碑、路碑、指路碑及少量墓碑;并将加池、文斗、中仰等苗侗村寨的数本族谱、宗教科仪书存档。

五、相关说明

(一)概念界定

关于文书。"文书"一词指代宽泛,不仅包括契约、字据,还可指代书籍、公文等,学界习惯将其用于包括契约在内的所有民间文献,如徽州文书、敦煌文书、清水江文书等,其中清水江文书/锦屏文书所含内容,多数学者默认指代清水江流域少数民族村寨所存契约、家谱、碑刻、讼词、官府告示、宗教科仪书等,涉及范围极广。正如张应强在《清水江文书》第1辑之前言部分所说,"……留下了大量契约文书及其他种类繁多、内容庞杂的民间文献。我们把这些珍贵的民间历史文献统称为'清水江文书'"。[1] 再如周向华编纂的《徽州文书》一书,将"徽州文书"认定为"古徽州遗存的民间历史档案","既有田地、山场、房屋等大小买卖文约、招承租约,也有宗族文书、立议合同书、各种日用类文书等"。几乎包括"徽州的政治、经济、文化、社会生活、民间交往及习俗、信仰等各个方面"。[2]

故而,本书沿袭"清水江文书"或"锦屏文书"基于广义角度对文书的理解,意在囊括笔者田野期间在加池苗寨收集的所有文献,其不仅包含林契、地契、借字、分股合同等契约,还包括碑刻、诉状和宗教科仪书等。在笔者看来,地方历史社会图景的勾画、活动其间人物的丰满,均需要不同领域、不同层次材料的支撑。

---

❶　张应强,王宗勋.清水江文书(第一辑)[M].桂林:广西师范大学出版社,2007.
❷　周向华.徽州文书[M].合肥:安徽人民出版社,2009.

（二）田野点简介

加池苗寨位于贵州省黔东南苗族侗族自治州锦屏县河口乡。加池距乡政府 8 公里，东接文斗，北连岩湾，南邻中仰，隔清水江与南路相望，清代属龙里长官司管辖，民国归瑶光乡，1953 年归文斗乡，1992 年后改属河口乡。全村有 5 个村民小组，169 户 841 人，98% 为苗族。土地总面积 10037 亩，有林地 4827 亩，水田 375 亩，旱地 40 亩。三板溪水库淹没山林 1703.56 亩，水田 6.63 亩，旱地 1.32 亩。加池有着丰富的森林资源、水资源，三板溪库区是大型的养鱼、养鸭的天然场所；据地质部门探明加池村黄金储量为 12 吨；建于清光绪年间，且为纯杉木结构、较好地融合徽派建筑与地方吊脚楼风格的加池四合院吸引了大批文人墨客。

据《河口乡志》介绍，河口乡地处云贵高原东部边缘向湘西丘陵过渡地带，山体高大，沟谷窄深。清水江由乡西部南加镇入境，在瑶光村脚接纳自西南而来的乌下江，再向东北流去，将乡境切割成大小不等的三个主要板块。大小数十条溪流又将三个主要板块切成若干大小不等的小板块。其中，加池苗寨与塘东、韶霭、锦来、中仰、文斗、岩湾、九佑等村布落在银广坡—雄黄界北面的支岭间。加池海拔 700 米。年均气温约 16℃，最冷月平均约 1℃，最热月平均约 23℃，无霜期在 300～320 天，年降水量约 1350 毫米。此斜坡地带既无河边岗罩区的夏天岗罩强封，又无高寒地区的冬天雾罩朦胧和阴雨连绵。

加池交通不便，村民出行历来以水路为主。旧式陆路主要有乾嘉时期寨间至河边修筑的石板路，及嘉庆时期修好的寨间至中仰的青石板兼泥石路。现今，得益于外界捐资，前一条路已为新石板路取代，下半截则被三板溪水库淹没；后一条路基本完好，仍为地方主要通道。加池经文斗至县城的公路建成后，村民出行条件大为改善。

加池村民多为姜姓，有少数马、王、杨等姓。因水源较为缺乏，加池历史上多发火灾，民国三十六年（1947 年）火灾后只剩 3 家，清光绪时村里集资所建南岳庙也被烧毁。建国以前，地方以经营林业为主，村内至今还保留有清代至民国时期各类契约文书万余份，据《锦屏县志》及《河口乡志》记载，仅四合院后人姜绍卿就保存有 1110 多份，诸契约文书已被收入县档案馆代藏。

18 世纪以来至民国的加池以经营林业为主，为当时所称河上区，曾产生大量山客。历史上，以王寨、茅坪、卦治三寨轮流值江的当江制度的形成，衍生了下河水客、中间木行、上河山客三类木商群体。其中上河山客被人们称为"生苗"区，不通汉语。然而，随着木材贸易的逐渐深入，王朝势力的扩展以及地方文化各种因应策略的施行,所谓的"生苗"也渐习汉语,书写汉字,并建立了一套以契约文书为凭证的经济交往制度。

(三)研究时段

2012 年 10 月第一次田野,笔者收集的大多为嘉庆至宣统年间的契约文书,其中光绪时期尤为丰富。2013 年 7 月的第二次田野,笔者幸运地获得加池苗寨姜绍明的支持,见识并抄录了其祖父姜元贞收集整理的《山场座簿》《黄金万两》《一本万利》《清单合同总簿》及《诉讼稿禀》,这些资料记载了生于清末的姜元贞及其父亲姜献义时期的山场交易和各类纠纷。同时,笔者收集了不少民国时期加池的传说故事、传统民歌,系统了解了当地的节日民俗。

在整理各类文献与具体写作的过程中,为保持资料的完整性、分析的系统性,笔者还运用了大量乾嘉时期便已出现的各类契约及碑文,以及至今留存的部分虽无具体年限可考,但据当地百姓所说自古流传的文献,如《大献礼仪书》。如此一来,任何带限定意义的具体时段都难以驾驭全局。

再者,本研究之目的在于透过各类文书所刻画的加池苗寨生活图景,发现这一民族区域发生转型、走向发展的普遍规律。不拘泥于具体时段,充分运用 18 世纪以来至民国加池苗寨的各类文献材料,有利于保持自清王朝拓疆后,伴随着地方市场逐步开放、契约文书及其他文献大量涌现的区域社会转型与发展的历史之整体性。

(四)材料来源

除根据写作需要参考了《清水江文书》第一辑之加池文书部分契约,本文材料均来自田野调查。

从收集的 3000 多份文书中,笔者整理了 326 份,其中,林业契约 78 份,土地契约 139 份,其他如分家文书、分阴地合同、借字和一些特殊类别的字约共 103 份,成系统的契约有 6 份。参考《清水江文书》部分,共整理 96 份,其中分关文书 16 份,阴地分关及买卖 12 份,诉状 54 份,特殊类别如认错字、清白字等 14 份。

当然,将整理文书列举于此,并不代表行文中就全部录用。文章中,笔者参考《清水江文书》,以"人物—事件—性质"形式为各契约文书拟题,根据引用的先后顺序,分章节排列,如第一章引用的第一份契约,列为"契 1-1 姜生兰断卖油山约",以此类推;碑文、谱牒、诉状等文书则按照各章节引用顺序以"序号+主题"形式标明。此外,参考《清水江文书》的部分契约文书,文中不作附注,笔者仍旧按照原著编排序号及名称选录,以方便读者查阅。正如《清水江文书》之"编辑说明"所注,《清水江文书》的编辑以村寨为单位,每个村寨给定一个顺序号,村寨之下根据不同家族或家庭分卷,即来自同一家族或家庭所收藏的文书编为一卷,而同一卷之下依照文书收藏者的原有分类分别列为若干帙,每一帙内的文件则依照时间先后顺序排列。因此,每一件文书的编号所包含的信息为:卷宗号-卷号-帙号-文件号,对应于村寨-家族-文书类别-文件。如"1-1-3-052 姜朝英开新路坏木认错字(道光十四年三月十三日)"之"1-1-3-052"便是原著编号,意指《清水江文书》第1辑第1卷第3帙第52号。

第一章　加池文书的沿革与形制

相较于我国传统契约文书,锦屏加池苗寨契约文书的范式、类型及汉字书写特征并无大的变化,具有一般性。因受特定历史、地理环境影响,加池契约文书以林契为主,包括地契、诉状、碑刻、族谱、宗教科仪书等,蕴含着以加池为典型的清水江下游沿岸苗侗地区的经济、权力、伦理等社会关系,又极具特殊性。

一、传统契约的一般范式与内涵

(一)传统契约的要项与沿革

与西方政治哲学的契约概念倾向于抽象不同,杨国桢等所提倡的"中国契约学"之"契约",更多的是围绕民间交易凭证所做的研究。我国历史上契约文书之丰富早为世人所认可,其中敦煌文书、徽州文书均已形成专门研究领域。近年来黔东南所兴起的"清水江文书",或曰"锦屏文书"亦大有成为独立研究之趋势。有关我国传统契约的形制特点与发展脉络之相关研究,上文在参考相关专著❶与论文的基础上对此曾予以简单说明。

我国传统契约经历了一个由少到多、由无甚章法到逐步规范的过程。其沿革始终伴随着形制的规范化发展,不仅分类日渐细化,要项也趋于稳定,官府还常发布契约样文供民众参考。北宋太平兴国八年(983 年),国子监丞知开封府司录参军事赵孚上言:"庄宅多有争讼,皆由衷私妄写文契,说界至则全无丈尺,昧邻里则不使闻知,欺罔肆行,狱讼增益。请下两京及诸道州府商税院,集庄宅行人,众定割移典卖文契各一本,立为榜样。"由此朝廷命各地官府拟定契约样文并大力推行。❷ 至明清时期,契约要项趋于稳定,主要有交易双方的姓名及自然情况、签订契约的原因、客体的自然情况、价格、契约履行的时间、双方合意、卖方的义务、签约时间、各方签名等。❸

契约历史悠久,最早可推至原始社会末期,当时人们的交换关系有所发展,经

---

❶　如王旭.契纸千年:中国传统契约的形式与演变[M].北京:北京大学出版社,2013.
❷　张传玺.中国历代契约汇编考释(上、下)[M].北京:北京大学出版社,1995:28-29.
❸　李倩.民国时期契约制度研究[M].北京:北京大学出版社,2005:28-29.

济互动中已开始使用契约，这点由中华人民共和国成立前的景颇族、佤瓦族、鄂伦春族、鄂温克族等可推知。至于汉族及其他少数民族是否也在这一时期开始实际使用契约，从现有文献和考古资料中还无法得到确切答案。"刻木为信""结绳记事"或许是人与人之间诚信和信证行为的源头，可以看作"契约"的早期形态。❶《说文解字·后叙》曰："古者，庖牺氏……始作《易》八卦，以垂宪象。及神农氏结绳为治，而统其事。"又《史记·五帝本纪》：黄帝"合符釜山。"《索隐》："合诸侯符契圭瑞，而朝之于釜山。"此"符"主要是一种政治性凭证，与在经济关系中使用的契约有所区别。❷ 西周中期的铜器铭文是迄今为止有证可考之最早的契约资料。从西汉到民国的两千年间，几乎每个朝代都有契约原件被发现，其数量超过十万件。❸《周礼·秋官·朝士》曰："凡有责者，有判书以治则听。"郑玄注曰："判，半分而合者。"西周至两汉时，契约虽已用文字，但其形制仍为"判书"。由此可推论，西周以前，甚至在原始社会末期，汉族应和瑶、傣、黎等少数民族一样，也使用"判书"形式的契约。❶ 我国的契约形式，西周便开始出现的"判书"和"别文"当属最早，至两晋开始，契约与税印合为一体，称"文券"。至唐代，契约与税给两纸，名"市券"，宋以后，将税给一纸即钞旁粘连于契约之后，名为"契尾"，延至民国，终成定式。❺

总体说来，我国传统契约的发展可分为几大阶段。一是周秦汉时期的判书制契约。其中主要有用于借贷关系的"傅别"，用于买卖关系的"质剂"及用于取予关系的"书契"。孙诒让对这三类进行比较："盖质剂、傅别、书契，同为券书，特质剂，手书半札，前后文同，而中别之，使各执其半札。傅别则为手书大字，中字而别其札，使各执其半字。书契则书两札，使各执其一札。傅别，札、字半别；质剂，则唯札半别，而字全具，不半别；书契，则书两札，札亦不半别也。"《周礼·地官·质人》曰："质人，掌成市之货贿，人民、牛马、兵器、珍异凡卖儥者，质剂焉。"此处"质剂"即契约文书。当时因"质剂"在民间广泛使用，也被称作"万民约"或"小约剂"。相对于"小约剂"，产生于贵族内部的各种土地转让关系的契约文书便被称为"邦国约"或"大约剂"。至西汉，因使用日益广泛，契约文书得到较大发展，其形式相对固定，已有立契时间、双方当事人姓名、田地坐落、亩面积和四至、契价、交割、中人姓名等，少数还有业主担保事项。❻ 二是魏晋以后"合同"形式的发展，这主要是因

❶ 田涛.千年契约[M].北京:法律出版社,2012:11.
❷ 张传玺.中国历代契约汇编考释(上、下)[M].北京:北京大学出版社,1995:26.
❸ 张传玺.中国历代契约汇编考释(上、下)[M].北京:北京大学出版社,1995:7.
❶ 张传玺.中国历代契约汇编考释(上、下)[M].北京:北京大学出版社,1995:26-27.
❺ 刘云生.中国古代契约思想史[M].北京:法律出版社,2011:69.
❻ 张振国,等.中国传统契约意识研究[M].北京:中国检察出版社,2007:155-157.

为纸契逐渐普及而引起了契约形制的相应变化。"合同"也即当时的契约,"书两札"之后,再于并合处骑写一个大"同"字,后来发展为骑写"合同"二字,或骑写一句较长的吉祥语,以此代替原"刻侧"制度,这也叫原始款缝制。三是唐宋时期的"市券"与"官板契纸"。隋唐以后,合同制主要用于借贷、抵押、典当等活契关系;在买卖、赠送、赔偿等死契关系中,行用单契,由义务的一方出具,归权利的一方收执。❶ 此时已出现契约文书的"样文"。北宋后期推行的"官板契纸",使得契约文书的条款更为完善,是契约文书完全成熟的标志。以土地契约文书为例,其内容有如下八项:买卖时间、业主姓名、标的、钱主姓名、契价和交割、业主担保事项、业主署名画押、中报人署名画押。❷ 宋时,"契尾"制产生。"契尾"就是粘连在契约之后的缴纳契税的收据,在元代叫作"给"或"税给",明、清叫"契尾"。一般契尾分两联,一为大尾,用作收据,掣给税主;一为坐尾,用作存根,以备核查。明清以后,因民众经济活动更为频繁,契约文书得到极大发展。故而,从我国目前所收录的契约文书来看,明清占多数。

(二)传统契约的分类:契、约与字

如前所述,我国传统契约在长久发展与不断完善的过程中,称谓较多,大致有判书、质剂、傅别、书契、约契、约剂、契券、券书、和同、合同等,这些称谓体现了我国契约逐渐专门化与规范化的一个过程,同时体现了契约的本质与功能,即:契约是立契双方基于"诚信"而建立的一种凭证;契约具有约束当事人行为的功能,如一方违约,不仅他方可据此主张自己权利,政府也可据此对违约者进行惩罚;与此同时,契约的确立意味着双方需要承担某种义务或享有某种权力,如持有借据者拥有针对对方的债权。❸ 至于传统契约之具体分类,可借王旭所列表格(表1)❶予以具体说明。

表1　契约类别

契约种类	契	约	字、据	书	告示	票	照
适用范围	不动产	多样性	民间细故	家庭关系	官方文书	行政凭据	行政许可
主体关系	平等主体	平等主体	平等主体	平等主体	官民关系	官民关系	官民关系
例词	卖地契	和解约	择嗣字据	婚书	告示	税票	执照

❶ 张传玺.中国历代契约汇编考释(上、下)[M].北京:北京大学出版社,1995:27.
❷ 张振国,等.中国传统契约意识研究[M].北京:中国检察出版社,2007:159.
❸ 李倩.民国时期契约制度研究[M].北京:北京大学出版社,2005:6.
❶ 王旭.中国传统契约文书的概念考察[J].法治论丛,2006(7).

由此看来,根据适用范围、主体关系,传统契约大致分为契、约、字与据、票、书、告示、执照等,在此,限于篇幅,无法一一详述。虽然后文具体讨论了诸如婚书、监照、纳粮执照等契约类型,但因写作重点在于前几种,此处主要分析契、约、字三类。其中契在明清时期主要指围绕不动产而发生经济关系的交易文书。《说文解字》中载:"契,大约也,从大从㓞。"《易》又曰:"后代圣人易之以书契。"可见这种"大约"是法律文书的一种,包含着许诺保证之意。《辞海》解释:"契税,中国旧时对典买田宅契价征收的捐税……宋开宝二年(969年)规定人民典买田宅应在两月内向官输钱,请求验印,名曰契钱。"《唐律疏议·户婚·为婚妄冒》条载:"疏议曰:为婚之法,必有行媒,男女、嫡庶、长幼,当时理有契约,女家违约妄冒者,徒一年。男家妄冒者,加一等。(未成者依本约),谓依初许婚契约。已成者,离之。违约之中,理有多种,或以尊卑,或以大小之类皆是。"此中,契与约有时连用,意义与现代较为接近。唐时还有"官有政法,人从私契"的说法。这时,"契"于典买田宅及借贷类契约中已正式成为契约文书的通称。《大明律·户律二田宅·典买田宅》条载:"凡典买田宅不税契者,笞五十。"❶"契"在宋以降的契约实践中主要用于不动产如田宅交易中。明、清之季,契进一步发展,其范围更为明确。契的交易方式非常广,有卖、买、赠、典、换、转典、借、当等;其交易对象有土地、房屋、山、院、树园、银、树等。

关于"约"。《辞海》曰:"约剂,古代作为凭信之文书契卷。"《说文解字》中载:"约,缠束也,从系勺声。"或许"约"便是"缠束",由人类先祖结绳记事的实际而来。《周礼·春官·太史》:"凡邦国都鄙及万民之有约剂者藏焉。"郑玄注:"约剂,要盟之载辞及券书也。"此时,"约"作为有约束力的文书存在。至于"约剂"及《荀子·王霸》"约结已定,虽睹利败,不欺其与"中的"约结"都与"约"同义,表现出强烈的约束色彩。再如现代汉语中的"约定""约会""誓约"等均含此意,或许与作为契约文书之"约"同源。由此可见,约与契是两种契约文书。约既可借助文字为证,也可是口头之约,契则不行。而且,由于契更多用于房屋、土地等不动产的交易,需要相对规范的要项及程式,甚至于还需要官府的印章,变为"红契"以更好地保障双方权益。约在此方面则没有严格要求,立约之人采取的方式也可以多种多样。据此推测,契主要用于正式场合,约则不一定;契因有正式凭证可在陌生人之间发生,而约往往是熟人社会中的承诺之证。契在发生意外的时候,可以寻求法律或政府

---

❶ 王旭.中国传统契约文书的概念考察[J].法治论丛,2006(7).

的帮助,而约在被违背之时更多的是受到社会道德的谴责。对于"约"的内在本质,寺田浩明通过对诸如"乡规民约""盟约"等分析有着更为详尽且精彩的阐释。❶岸本美绪认为,我们还需要注意由"契"所代表的较为正式的不动产交易中"采取当事者一方的表现方式"。❷由此看来,契主要指双方立券的行为,约则指代这种券具有的内在约束力,两字相连便指人们在经济或社会交往中,将事先约定的事项刻在金属、木材、石碑等客体上,以此约束双方,促使他们信守承诺、互享权利、互担义务。

关于"字""据"或"字据"。契约文本中,经常可见"恐无凭证,立字为据"字样,且多写于文末,以强调说明。《辞海》解释:"字,用文字写成的凭据、字条或短束。"并举《儒林外史》实例:"杨执中又写了一个字去催权勿用,权勿用见了这字,收拾搭船来湖州。"晋郭璞《〈尔雅〉序》载:"事有隐滞,援据徵之。"《金史·百官志》中也曰:"中选者试官给据,以名报有司。"此中,字均可引申为作为凭证的文件。王旭曾分析《田藏契约文书粹编》中有关"字""据"的契约文书,并逐一分类列举,如清同治二年(1863年)杨双全继嗣字约;清同治七年(1868年)董乃犹、梁开凤等择祀字据;民国十七年(1928年)喻群贤嫁妻字据;民国二十五年(1936年)徐耕荣等折股据;民国三十年(1941年)姜家祖遗坟地经理字据。❸由这些契约实践可以看出,"字""据"或"字据"常使用于民间,主要在继嗣、休妻、折股和祖产经营等事务中作为凭证出现。

其他契约类别,如"书",《辞海》中解释为券约等书面凭证,主要适用于家庭内部关系的处理,婚姻、析产、立继和遗书等;"告示",即旧时官府所出的布告,是一种官方文书。日本学者寺田浩明认为,应该从日常性共同行为规范的形成而非民间法理念来看告示这类官方文书。❶告示外,还有"票"和"照"也属于官方文书。《王力古汉语字典》解释:"传票,官府文书之一种。"并引用清刘献廷《广阳杂记里中字音》的一句话,即"今官府有所分付勾取于下,其札曰票"。具体而言,票又可分为签业票、税票、串票、行票和收票等,主要指官府发给百姓的完纳凭证。而《辞海》释"照"亦为"凭证"。一如现代社会的营业执照、驾照、房产证等,传统社会中

---

❶ 寺田浩明.明清时期法秩序中"约"的性质//滋贺秀三,等.明清时期的民事审判与民间契约[M].王亚新,梁治平,译.北京:法律出版社,1998:140.
❷ 岸本美绪.明清契约文书//滋贺秀三,等.明清时期的民事审判与民间契约[M].王亚新,梁治平,译.北京:法律出版社,1998:283.
❸ 王旭.中国传统契约文书的概念考察[J].法治论丛,2006(7).
❶ 寺田浩明.明清时期法秩序中"约"的性质[M]//滋贺秀三,等.明清时期的民事审判与民间契约.王亚新,梁治平,译.北京:法律出版社,1998:139.

主要指土地执照、纳粮执照，即为官方承认私人具有某种资格或完成某种法定义务的凭证。

除从概念及内涵对契约进行分类外，我们还需注意传统契约研究中从内容方面对契约进行的不同分类。如田涛在撰写《千年契约》时，便按契约的正式与否分为红白契约，按契约的内容分为买卖、典当、合伙、婚姻、继承等类。❶ 学理上，则根据契约的性质分为双务契约与单务契约，即契约履行过程中双方权利义务是否以对价为前提；诺成契约与实践契约，是否以交付标的作为契约成立要件；有偿契约与无偿契约，以给付是否取得利益为标准；要式契约与不要式契约，是否以特定形式签订或履行一定手续为成立要件。❷

本书以契约文书作为主要材料，此中不仅仅包含传统意义上的契纸，所有收集到的能够展现 18 世纪以来至民国时的加池社会状况的文字材料都能为我所用，如契约、碑文、婚书、字约、家谱等。借用寺田浩明的那句话，即所有有利于我们理解地方社会日常性共同行为规范的形成的材料，都应该为我们所用，无论官方的，还是私人的。❸

(三)契约关系:伦理、经济或权力

一般来说，契约关系有社会意义上的伦理关系、交易角度的经济关系及地位层次的权力关系。当然，契约所包涵的关系不止以上三种，这只是笔者依据后文写作需要进行的简单分类。

由伦理角度而言，尽管大部分契约表现的是赤裸裸的交易关系，却因存在于一定的社会关系网中，受到地方社会尤其是村落内部人际关系亲疏远近的影响。岸本美绪在分析斯各特的"伦理经济论"时提出的相关观点能帮助我们更好地去理解。❶ 如在加池文书中，几乎每份契约都会有诸如"本家""本房"或"本寨"一类的词语以对交易双方之关系进行界定。虽然他们的交易活动涵盖利益关系，却因亲疏远近不同而呈现不同的交易方式。如"本家"或"本房"进行标的物较小或价位不高、风险不大的交易时，有时不需中人；又如"本寨"交易主体间，虽有中人，无须过多；陌生人或不同村寨之间的交易关系更为复杂，他们会交代时空背景，中人也

❶ 田涛.千年契约[M].北京:法律出版社,2012.
❷ 刘云生.中国古代契约思想史[M].北京:法律出版社,2011:60.
❸ 寺田浩明.明清时期法秩序中"约"的性质[M]//滋贺秀三,等.明清时期的民事审判与民间契约.王亚新,梁治平,译.北京:法律出版社,1998.
❶ 岸本美绪.明清契约文书[M]//滋贺秀三,等.明清时期的民事审判与民间契约.王亚新,梁治平,译.北京:法律出版社,1998:329.

多在两个以上。村寨间交易简单时，往往是因为彼此为姻亲而可以省却部分程序。在加池买卖山场的契约中，我们还可以看到许多兄弟合买或叔侄合买的现象。除此以外，我国传统交易中的"亲邻先买权"也能体现契约签订过程中的伦理原则。由此可见，契约中"本家""本房""本寨"的简单两个字，以及"问及本房无人承买"之类的只言片语，却含义深刻，是双方在进行交易活动过程中充分考虑所处社会关系的结果。

经济关系是交易类契约的本质。正因为彼此的经济需求，才有了契约所规定的交易事实。在市场经济活动中，契约是人们追求个人利益最大化所必然采取的一种经济交往形式。❶ 对于一般的乡村生活来说，交易并不常见，如施坚雅所说，他们进行的交易大多在基层市场范围内进行，以农耕为主的自给自足的经济形态无须多少交易活动便能满足日常所需。大范围或高频率的交易只会在社会分工较为明确，人们从事活动越来越专业化，需要彼此提供所需的情况下才可能出现。对于加池来说，明清以后便开始的木材贸易，让人们在坚守土地的同时可以兼营林业，各自根据彼此实力，或经营山场，或佃种杉木，或采运木材。因林业需要长时段的投入，如杉木这等容易成长的木材，一般 3～5 年才能封育，二十年左右方可成林。于是人们在长时段的交易中需要凭证以对彼此的行为进行约束。就普通老百姓而言，通过官府予以保证这些日常交易行为是不现实的，通过传统寨老的判定也会因交易的繁杂不具备可行性。于是，因官方提倡与商业移民的影响，契约作为当时中原最为普遍、最为可行的一种凭证方式出现在人们的视野里，成了人们稳固经济关系、维持交易往来的有力保障。在契纸中，人们写明标的物及交易额，如"当日凭中议定价谷二十五斤""当日凭中议定价钱七千二百文"等，这些数字如今成为我们了解当时当地经济状况的有力证据。

布迪厄认为，权力涵盖一切，或显或隐地贯穿于人类所有交往行为。表面看来，契约承载的交易关系是平等的、公正的，实际并非如此。因为每个个体在签订契约时，因处于不同的社会阶层，有不同的经济需要，被打上差别烙印的交易不会也不可能完全平等。人们习惯在契约中写上，"因要用度，无处得出，今自愿典当"，"因生理用度缺乏，今自愿出卖"等字句，虽是自愿二字，但其背后的无奈却远非我们所能想象。倘若不是到了困难时期，谁愿意出卖或典当自己的田产与房屋呢？再者，佃户与地主、栽手与山主之间本身就是一种雇用与被雇用的关系，其本质便是不平等的。在那个契约交易频繁的年代，租佃契约确立的往往是阶层之间

---

❶ 柴振国.契约法律制度的经济学考察[M].北京：中国检察出版社，2006：20.

的一种不平等关系。譬如,由于林木生长周期较长,且受自然影响较大,山主在签订契约的过程中,都会限定栽手三年或五年后必须经营成林,否则便不与栽手签署杉木成材的分股合同,不予瓜分股份,这些条件本身就属于霸王条款。当然,另一方面,我们也不得不承认,栽手在栽种杉木的同时,也因为可以套种粮食而得以暂时维持日常所需,这或许便是萨林斯所认为的不平衡之互惠。

所以说,契约作为保证交易顺利进行的一种凭证,因参与者的社会背景、财力情况以及亲疏远近不同,会产生各种各样诸如伦理、经济、权力方面的复杂关系。这些关系渗透到了契约的字里行间,成为影响契约签订与最终成立的关键性因素。也正是因为有这些关系的存在,我们才能更好地借以分析契约盛行时的社会经济状况。

二、加池文书的范式与沿革

(一)加池文书的范式与分类

张应强、王宗勋主编的《清水江文书》第一辑中,加池契约文书分为十卷,所占篇幅之大,正如加池人自己说的,有一万多份,是锦屏县上交契约最多的村寨。其作为锦屏县的文书的主体部分,符合整体范式特点,无论格式还是用语都相对固定,属"要式契约"。此外,还有山林坐簿、诉状、便条等。《清水江文书》秉着忠实原貌的原则,并未细分所搜集的大量契约,而是简单按村寨划分,以收藏者为单位进行系统整理。因锦屏文书,或曰清水江文书的范式具有统一性,对加池契约文书的具体分析,可参看梁聪在其著作中基于法学视角对文斗契约的详细解读。❶

借鉴众多学者对我国传统契约文书范式的研究成果,笔者以实例对加池苗寨契约进行简要分析:

契1-1 姜恩科典田字

立典田字人姜恩科,为因婚事,自愿将到里甲田一坵,上凭银主,下凭元英,左凭银主,右凭山,四至分明。今出典与姜凤来名下。当日凭中议定典价银八两五钱整,亲手收足。自典之后,任凭银主耕种管业。其田典足三年,价到赎回,日后不得异言。恐口无凭,立此典字是实。

凭中　姜恩荣

光绪二十三年二月初八日　　　亲笔立

---

❶ 梁聪.清代清水江下游村寨社会的契约规范与秩序——以文斗苗寨契约文书为中心的研究[M].北京:人民出版社,2008:42-76.

这是一份光绪年间的典田契约,契首便注明"立典田字",说明其交易性质。其次便交代交易主体与交易缘由,典主是"姜恩科",他因婚事需要,将自家一坵田,典当与姜凤来名下。据姜绍明所列谱系,从辈分看,恩科为凤来下辈,两人并非同一家族,故没有以叔伯相称。若为同宗关系,契约中会标明"族叔或族伯"之类,以表身份。契中具体介绍标的物位置、数量及交易价格,所典之田坐落于"里甲",上下左右四至分明,议定典价为八两五钱整。此外,文中与文末都写了"凭中"二字,某种程度上强调契约签订的法定效力,即第三者在场。价钱谈妥后,典主还须写明"亲手收足",也即一手交钱一手交货。这也是某些学者认为中国传统契约的非常之处,即现场交易或曰即时交易。典主在收到钱之后,必须表态,承认对方对标的物拥有的合法权益。如本契约"自典之后,任凭银主耕种管业"。典当与买卖的不同之处在于,后者即时交易的性质更浓,前者还需交代赎回时间,如本契,"典足三年",便"价到赎回"。最后,交易完成,双方表态"日后不得异言",因害怕彼此反悔,便"恐口无凭,立此典字是实"。主要内容交代完毕,便是各方签名和立契时间。由于交易双方具地缘关系,且正文已提及彼此姓名,契尾只有凭中和执笔者的签名。

契1-2　姜映生断卖油山杉木山场约

立断卖油山杉木山场约人本寨姜映生,为因家中缺少粮食,无处得出,自愿将到山场地名补先幼油山杉木,左凭开祥木,右凭开元油山,下凭溪,上凭福喜为界,四至分清,今将出卖与姜福喜名下承买为业。当日凭中议定纹银三两正,亲手领用。自卖之后,任凭买主上山修理管业,卖主弟兄不得异言,恐有此情,俱在卖主理落,不干买主之事。今欲有凭,故立此字为据。

凭中　姜开文

代笔　姜世和

道光二十一年六月初七日　立

与前一份典田约不同,这是一份道光年间的山场断卖契。前者交易时限较长,后者为一次性交易。两份契约的范式类同,不同的是,后者介绍交易双方关系时,有"本寨"二字,地缘关系更为明确。契首写明"断卖油山杉木山场",即山场与杉木均出卖,否则,若只卖杉木,便无须在契尾写上"卖主弟兄不得异言,恐有此情,俱在卖主理落,不干买主之事"。只有出卖山场这类不动产时,才会顾忌兄弟亲族的意见,这是我国传统不动产交易中"亲邻先买权"的体现。之于山场四至、交易价格、凭中代笔、立契时间等与典契并无区别,同为基本要项。

当然,还有其他特殊情况,如针对不动产之间的交易,或有关山场分股的合同文书,都会有一些特别表述。如不动产交易的中人一般在两个以上,由于所涉标的物具特殊属性且交易价格较高,契约是物主拥有使用权和所有权的有效凭证,人们在交易时格外谨慎。另外,诸如山场分股的合同书,由于人工营林的生长周期较长,加上"人心不古",人们为了表示自己的重视程度,往往会在正文与签名之间写上"合同"(半书)二字。关于半书,许多涉及传统契约研究的专著曾加以介绍,如田涛《千年契约》就说,古人为证明契约的信证作用,将契约分成内容完全一样的两部分,形成"对契",双方各拿一半,通过勘合来表达合意,类似古代的虎符。后来,这种"对契"演变为"联书字",是我国民间合同的常用方法。❶ 另外,鉴于官府的作用,我国传统契约又分为红契和白契。红契就是加盖了官印的契约,白契则相反。为降低交易风险、增强契约的法律性,在涉及屋基类固定资产交易时,人们会呈报官府,加盖印章,但这种情况较少;更多时候,人们为了减少开支和麻烦,私下签约,完成交易。对于处在深山之中的加池苗寨来说,交通非常不便,交易又极为频繁,普通百姓倾向于签订白契,当然,发生纠纷时,他们倾向于选择加盖官府印章,增强法律效力。

具体分类时,由于切入点不同,所得结果有所差异。杨有赓与日本学者合编的《贵州苗族林业契约文书汇编(1736—1950)》中,对所收集的文斗、平鳌的契约文书作了如下分类:山林卖契、含租佃关系的山林卖契、山林租佃契约及租佃合同、田契、分股合同、杂契、民国卖契。因其重点收集、介绍林业契约,类别划分也围绕林契进行。一方面按照时间区分,另一方面又依据交易性质分类。而梁聪对于所收集的文斗契约主要基于写作需要分为山林契约与土地契约。最初,笔者尝试按性质分类,如买卖契约、租佃契约、分股合约、分关合同、借字、典当字等,后来发现这样会人为割裂契约文书的连续性。于是尝试以收藏者为单位进行整理,希望在了解各家谱系的基础上,按照交易主体进行分类,以人物为主线,通过整理主要人物参与的经济交易勾勒其某一时段的交易行为,从而展现其社会背景、生活状况及社会地位等。对于那些含两个以上交易主体的契约,则以他们共同参与交易的数量进行分类,以了解他们之间的关系和他们作为一个群体是怎样参与到与其他个体甚至是群体交易当中的。遗憾的是,对于3000多份契约文书来说,这是一个过于庞大的任务。更何况还有张应强等所汇编的数量庞大的"加池文书"。最后,本书根据行文需要,抽取部分契约,先按照类别分为地契、林契及其他,再根据交易性质

---

❶ 田涛.千年契约[M].北京:法律出版社,2012:6,16.

细分为买卖、租佃、交换契约等,特殊类别另外区分。

当然,因本书所指加池苗寨契约文书包含18世纪以来至民国加池至今留存的文字遗迹,如碑刻、家谱、诉状、宗教科仪书等,书中将根据需要分别加以引用。

(二)加池文书的兴起与沿革

《木材之流动:清代清水江下游地区的市场、权力与社会》一书给我们提供了一个有关区域历史之宏观背景,这一因木材贸易引发的地方社会变迁,通过夫役案、争江案、白银案等清水江下游各村寨之间与各群体之间的互动得以体现。伴随着一系列社会经济状况的变化,契约顺应而生。正如书中所隐含的,契约的产生与出现,不只是木材交易频繁的简单表现,还是在国家制度与相应政策的大背景下,地方社会初步市场化的产物。作为区域社会的一分子,加池苗寨的社会经济发展自然离不开区域背景。故而,笔者借助前辈相关论著,结合加池现存契约进行简单梳理,把宏观的、整体的背景嵌入一个小村寨内部进行观照,以便更为深入、更为细致地了解加池契约文书在当地兴起与沿革的脉络。

《锦屏》一书提出,这些遗存至今且具极大历史意义的锦屏文书,是宏观政治及王朝法典在区域经济开发活动中的具体运用,是政府行为在黔省苗疆基于商品经济发展背景下的折射。明朝中期尤其是清代以来政府对这一地区的开发,使得区域市场活动渐次纳入整个国家经济体系。故而,锦屏文书的出现,有其政治、经济、文化等方面的深刻原因。❶事实上,在雍乾对苗疆地区实行大规模"改土归流"之前,包括加池苗寨在内的清水江流域大部分地区仍属"生界"。

自中央政府力图将这一区域真正纳入王朝版图以来,他们通过各种手段,如创办义学、社学,鼓励民众参加科举,走向仕途;改善地方交通,疏通河道,修路架桥;派驻军队以及要求民众纳粮附籍等手段,希望"化生为熟",也即推动地区民族的汉化,使他们由政府难以管束的"生苗"演变为臣服于政府的"熟苗"。与此同时,意识到自身相对落后的当地苗民也积极参与政府各项活动,他们主动纳粮附籍,参加义学、考取功名,修建庙宇,还通过建立族谱寻求汉人身份。清水江顺水而下输出木材的同时,大量盐、布匹、百货等日用商品逆江而上进入苗疆。与此同时,不少汉族流民、商业移民迁入。于是,在政府与民间互动的基础上,因商品经济发展需要,当地苗民开始学习汉族的处事方式,他们运用契约这一在中原地区传承已久的交易凭证来保障自身经济利益。汉文化的逐步普及,交易活动的日渐频繁,给契约在当地的产生创造了条件。以文斗为例,其契约文书产生于18世纪初,即康熙末

---

❶　张应强,等.锦屏[M].李玉祥,摄影.北京:生活·读书·新知三联书店,2004:20.

年,鼎盛于乾嘉、道光年间,一直延续到 20 世纪,时间跨度约 300 年,较为系统地反映了地方林业生产经营及村寨社会变化的状况。❶

在笔者所收集的 3000 多份契约文书中,康熙年间的契约文书相对少见,雍正之后明显增多,尤其是乾嘉之后大量涌现,如此状态持续至民国。加池契约文书不仅在数量上随着时间的推移逐渐增多,在内容上也更为丰富,由之前林契、地契、和分股合同到后来的房屋地基的买卖、山场田地的租佃、借贷契约及婚约、坟地清单等,可谓无所不及。《清水江文书》的"前言"写道:数量上最多的清代契约,主要集中于乾隆、嘉庆、道光、光绪四朝,民国时期的契约约占总数的 1/3,而在内容上则主要涉及山场及山林买卖、山场租佃、瓜分山林田土及按股分银,少数涉及山林纠纷调解或争讼、乡规民约及其执行情况等。这表明,随着人们对外经济活动的日益频繁及因此得到强化的所有权观念,契约已经成为人们交往行为中不可或缺的部分;人们的契约意识日渐明显,他们充分认识到了契约作为凭证在预防纠纷、划分权属上的有效作用;再者,由于契约是文字记载的"合同",是防止"空口无凭"最有效的证据,尤其当林业交易需延伸几年、甚至一两代时,契约的作用更为明显。

总之,加池契约文书作为清水江文书不可分割的一部分,其兴起于整个区域社会经济大变革时期,虽然期间也曾因社会动荡,交易活动深受影响而导致契约文书相对减少,但其沿革总体上呈现由少及多、由点及面、由单一而繁盛的特点。

三、加池文书的分类

(一)林业契约

与梁聪对文斗契约按交易性质进行解读不同,本书主要根据交易内容分类,如林业契约、土地契约、家庭契约(如婚约、分家文书)、纠纷文书及其他契约如借字等。按照标的物来划分的目的是便于把契约文书这一交易凭证落脚于具体社会经济领域,以便后文分析相关领域的交易活动。

清水江文书研究之先驱杨有赓曾指出,清水江沿岸苗寨所收藏的众多林契不仅填补了我国传统契约文书中地契为主的空白,还填补了少数民族契约历史的空白。如多数学者所强调,这些林契对于研究我国传统社会中的林业经济有重要意义。林契是锦屏文书的主体部分,这不仅因为地方经济的发展、外来人口的迁入甚

---

❶ 梁聪.清代清水江下游村寨社会的契约规范与秩序——以文斗苗寨契约文书为中心的研究[M].北京:人民出版社,2008:44.

至于契约的产生皆因林业贸易而起,还因人工营林所牵涉的交易已深入清水江下游沿岸村寨的家家户户,或是买卖,或是佃栽,或是分股。相较于农业产品以年为周期,木材的生长期限较长,如杉木,育林一般三至五年,真正成林以至于买卖则需长达十几年甚至几十年。故此,其交易行为往往并非短期交易,而是影响两三代人的长时段交易。因省外木材需求量极大,在康乾"改土归流",尤其是雍正时期开辟"新疆"后,商品性林业发展迅速,交易量也十分可观。据统计,至19世纪末,清水江流域木材总值有百余万两之多。❶乾隆五年(1740年),贵州布政使陈德荣在其奏折中说,"黔地山多林广,小民取用日繁"。乾隆六年(1741年)七月,云贵总督张广泗奏称,黔中民众"知伐不知种,以致树木稀少。应劝谕民、苗,广行种植"。地方官见木材消耗剧增,森林资源剧减,便要求各地百姓"各视土宜,逐年栽植",对有突出成绩者,"量加鼓励";对损坏生长林者,"均令照数追赔",如不得放任牲畜践踏,不得在植林地带烧山积肥等。乾隆《清江》卷一描述:"黔山多童,先年之苗不习松杉等利。山中之树……竟不知其名者。今则种松栽杉者郁郁。"官府的大力提倡及市场需求量的增大,促使人们不仅大量种植,还开始总结经验,提高产量。民间总结种杉经验:"土人云,种杉之地必预种麦及苞谷一二年,以松土性,欲其易植也。杉十五六年始有子,择其枝叶向上者,撷其子,乃为良;裂口坠地者,弃之。择木以慎其选也。春至则先粪土,覆以乱草,既干而后焚之,然后撒子于土面,护以杉枝,厚其气以御其芽也。秧初出谓之杉秧,既出而复移之,分行列界,相距以尺,沃之以土膏,欲其茂也。稍壮,见有拳曲者则去之,补以他栽,欲其亭亭而达也。树之五年即成林,二十年便供斧柯矣。"❷人工营林水平的提高,促进了营林分工的细化、木材贸易的频繁及林业经济的发展,林契也应运而生。下面,笔者将随机整理的78份林业契约简单分为买卖林契、佃栽契约、分股合同、换山场字四种,分别加以分析。

1.买卖林契

契1-3　文斗寨张老福等断卖杉山场契

立断卖杉山场契人文堵(斗)寨张老福仔、张老孟、张保父子三人,为因缺少粮食银用,情愿将到自己名下土名乌石山一块,上凭四岭,下凭溪,左冲右凭岭,四至分明,请中问到加什寨姜佐章名下承买为业。当日凭中三面议定价银四十两五钱整,亲手领回应用。其山自卖之后,任从买主子孙永远耕种管业,卖主房族兄弟并

---

❶ 《贵州通史》编委会.贵州通史:清代的贵州[M].北京:当代中国出版社,2003:550-551.

❷ 同上.

外人不得异言争论。如有不清,俱在卖主上前理落,不与买主相干,一买一断二卖休。今恐无凭,立此卖字永远存照。

凭中　姜胜良　姜三堵

代笔　杨肇伦

外批　此山中干有米郎小岭分为四股,分下占三股,□隆占一股。

乾隆四十三年十月初四日　立　卖主张老福之三子

这份乾隆年间的卖契,卖主为文斗寨张老福父子三人,买主是加什寨,即加池寨姜佐章,这说明乾隆年间加什的称呼还十分流行。值得注意处有几:一是这是村寨间交易,卖主"请中问到加什寨姜佐章名下承买为业"。据说,姜佐章为加池"母猪形"房族(以祖坟坟山形状称呼)新三公之一,曾被官府授予甲长,家中十分富裕,故而周围村寨民众在遇到困难,需要卖地卖山时,在本族本寨无法承担高价的情况下便请中问上门,如本契中交易价格高达四十两;二是契首卖主列名为张老福父子三人,契尾卖主却为张老福之三子,其中缘由难以推知。但可以肯定的是,此块山场定为家族公山或祖遗财产。外批"此山中干有米郎小岭分为四股","分下占三股"。表明米郎小岭已分四股,卖主有三股。而卖主之所以能够列名于此,是因为均已成年,具有财产处置权;三是契尾写明此山自卖之后,买主子孙管业,且"卖主房族兄弟并外人不得异言争论",这是地方交易沿袭传统"亲邻先买权"的体现,即关涉山场类不动产交易时,若出卖与外寨人,不仅可能招致亲族兄弟异言,还可能引发"外人",即同村人等议论。故而,为表达诚意,卖主承诺,"如有不清,俱在卖主上前理落,不与买主相干",且表示遵循俗规,"一买一断二卖休",交易顺利完成后,山场的所有权便实现完全转让。

2.佃栽林契

契1-4　姜平松立佃字并分合同字

立佃字并分合同字人本房姜平松,今佃分到姜凤羽、凤廷弟兄山场一块,地名脚,上凭油山,下凭田,左凭大明之油山以上冲抵油树为界,右凭土坎抵大明玉连之山随土坎以□顶上为界,四至分清。限在五年成林。日后土栽照五股均分,地主三股,栽手占二,不得争论。恐有栽手出卖者,先问地主,后问别人。恐口无凭,立此佃分字为据。

中笔　姜凤来

(半书:立分合同日后为证)

光绪二十年正月二十三　立

这份光绪年间的契约包含佃字与分股合同，即"佃分字"，比较特殊。清水江文书中的分股合同，多在栽手与山主签订佃字后三至五年，即杉木成林后才签署，而此契佃、分一起确立，较为难得。契中，立契人为"本房姜平松"，表明交易双方为本房兄弟，有血缘关系，但这并不影响他们按照俗规进行交易。地方佃栽契约对佃种杉木一般有"三年成林"或"五年成林"的限定，此契也不例外。有些契约还会标明"倘若不成，栽手不得分股"字样，表示栽手五年后若不能使林木成林，便没有资格分成；有时佃种山场还需抵押物，像有些外来流民佃种本地山场时无物抵押，便以成林后所获股份为抵押物，以至于很多栽手倚靠的并非成林后的分成，而是这期间种植于林木间、以维持生计的粮食。契中，成林后的股份"地主三股，栽手占二"，还"不得争论"。由此可知地方俗规，地主栽手对所佃种山场多采取三二分形式。值得注意的是，双方约定，"栽手出卖者，先问地主，后问别人"，表明栽手若要售卖股份，山主享有优先权。表面看来，这只是交易伙伴合作过程中的当然权利，实质上其中隐含着山主对栽手的某种控制力，尤其对外来栽手来说。甚至于，可以推测，栽手在出卖所有股份时，山主不仅享有优先权，还享有低价权，即当这些股份以相差不等的价格出卖时，栽手并没有资格选择愿意出高价的其他买主，而是在山主的安排与强迫下低价售与拥有山场所有权的山主。这种情况下，倘若栽手坚持选择，把股份卖给其他出高价者，他便可能失去继续佃栽此山主之山场或者地方其他山场的机会。

3.分股合同

契1-5　姜凤来等分股合同

光绪十九年七月十二，得买欧老渭弟兄之栽手一块，地名污舟丹，土栽分为五股，地主占三股，栽手占二股。以栽手二股又分为五股，得买欧老渭之一股，所得买主一股，分为三大股，克顺、凤凰（佐章）叔侄共买一股，大明、凤文、献义（佐兴）叔侄、康达弟兄五人共买半股，凤羽、凤廷（佐才）弟兄共买半股，合为一股。凤义、恩瑞（老三公合保）叔侄共买半股，恩瑞、凤元共买半股，合为一股。日后砍伐，以此叁大股均分，其有小股各自别分。日后三公后裔人未买之人不得异端。

买契　凤来存

记笔　恩瑞存一纸，凤翼存一纸。

凤来　亲笔

这是一份光绪年间的分股清单，买进与划分"栽手"股。与上份契约中山主对栽手股的先买权对应，此次交易中得以购买栽手股，许是在山主不愿意购买的前提下施行。清单中"得买欧老渭弟兄栽手一块",地主三股,栽手二股,且栽手二股又分为五股,所购为"欧老渭之一股",可见同一山场利益分成是何等复杂。此契的特殊之处在于所有者为房族弟兄,即"母猪形"房族三公后裔。其中,克顺、凤凰为新三公姜佐章之后,大明、凤文、献义为新三公姜佐兴之后,凤羽、凤廷为新三公姜佐才之后,而凤义、恩瑞、凤元为老三公后人合保之后,每支公的后裔合共购买股份,清单详细记述了每个人的股份及标的物的交易情况。而且,契尾写明"日后三公后裔人未买之人不得异端"。看来虽为房族人共买之股,但其他未买之后裔不许生事,也就是为自己的后裔免却麻烦,分清产权。同时,清单末尾标注"买契 凤来存;记笔 恩瑞存一纸,凤翼存一纸",也即其中三股都有代表存档,以备后人查阅。其实,由于山场较大,耗资极多,一般人家难以承担,以至于一些房族兄弟合伙购买并加以经营。这是地方普遍现象,在加池林业契约中比较常见。

(二)土地契约

笔者随机整理的 326 份加池契约文书中,土地契约 139 份,超过 1/3,这与多数学者指出"锦屏文书以林契为主"的观点并不矛盾。因为契约以收藏者为单位,整理过程会有所偏差。但是,这表明清水江下游沿岸村寨的土地交易亦十分频繁。锦屏号称"九山半水半分田",可耕种土地并不多,加池苗寨 18 世纪以来至民国的这些地契构造了一个鲜明的土地关系图景。通过这些地契,我们能了解当时人们的土地观念,以及围绕土地这一固定资产而展开的人际交往情况。这些买卖、典当和租佃活动,反映了这一时段普通加池苗人的生活水平、互助行为、交往状况。笔者将地契分为买卖、典当、佃种、换字四种,其中典当契约为地契所独有。

1.买卖契约

契1-6 中仰寨陆光化断卖田约

立断卖田约字人中仰寨陆光化,为因缺少费用,无处所出,自愿将到地名衣浚田一坵,上凭光昌田为界,下凭化龙田为界,左凭买主之田为界,右凭买主之沟为界,四至分明。自己请中上门问到与加池寨姜开周名下承买为业。当日凭中,议定断价纹银十六两二钱六分整,亲手领回应用。其田自卖之后,任凭买主下田耕种管业。买主不清,俱在卖主理落,不关买主之事。恐后无凭,立此断卖字是实。

内添四字

外批:粮四分半

光绪四年六月二十四日 凭中代笔胞兄陆光法 立

光绪年间的这份绝卖田契为村寨间交易,一方面,卖主陆光化是加池苗寨西南方向的中仰侗寨人,买主则是加池寨的姜开周。双方田地相连,"左凭买主之田为界,右凭买主之沟为界"。此处两人交易,一定程度上拓展了传统"亲邻先买权"之基于地缘关系关于"邻人"的定义范围。"卖田问邻,成券会邻,古法也",其"邻"多从地缘角度而言,指"邻居"或"同村人",而此处之"邻",指田产相邻者。中仰虽为侗寨,两村相隔甚远,但田地相邻,并不影响同处于清水江下游林业区的两寨进行经济往来。另一方面,与村寨内部交易不同的是,卖主主动"请中上门",因为对于普通百姓来说,花费高价购买土地并非易事。契尾"凭中代笔胞兄陆光法",说明中人是卖主的胞兄。因交易双方处在不同的村寨,就算相识,交易时也需引荐,就如赶集须有场市为依托。契中并无"先问族人"类词汇,或许与中人是卖主的胞兄有关。而外批中"粮四分半",或指所交粮税数目。

2.典当契约

契1-7　文斗寨姜开榜典田字

立典田字人文斗寨姜开榜,为因要钱用度,无处所出,自愿将到地名太散之田,大小三坵,约谷四担。界:上凭凤池之田,下凭坡,左凭兆魁之田,右凭世俊之田为界,四至分明。今凭中出典与加池寨姜开周名下承典为业。当日凭中议定价钱七千二百文,亲手领足。此田自典之后,任凭钱主上田耕种管业,典主不敢异言。如有种足三年,议定赎回。今恐无凭,立此典字为据。

凭中、笔姜法生

光绪八年九月十四日　立

这份典田字,同样是村寨间的交易行为,典主为加池邻村文斗寨的姜开榜,钱主则是加池姜开周。与契1-6不同,这份典当字是"凭中出典",而非"请中上门";因可赎回,价钱较低,仅七千二百文;前者以白银做交易,后者用铜钱作等价物。据查,同治、光绪年间以白银、铜钱甚至稻谷作交换条件的情况十分常见,许是咸同兵燹时三营团练用费繁多,给地方百姓的生活带来极大影响所致。另外,加池地方传统习惯以产量来衡量田地好坏或面积,而非以亩为单位,如标的物"大小三坵","约谷四担"。值得注意的是,契尾写明"如有种足三年,议定赎回",表示典当年限为三年,到时典主可赎回田地。然而,契约并没有规定三年后典主的赎价,或者注明典主无能力赎回后可能的结果。

3.佃种契约

契1-8　苗馁寨龙老玉佃字

立佃字人苗馁寨龙老玉,今佃到加池寨姜佐章土名乌拉皮大田一坵,并小田在内;又土名乌造田一坵。言定每年秋收之日二股平分,二比不得异言。今恐无凭,立此佃字为据。

凭中　龙运时

嘉庆三年九月二十八日　龙德盛　笔

与前两份契约相似,此佃字亦为村寨间交易。由契可知:一是佃户是苗馁寨,即今韶霭寨龙老玉,凭中与代笔均姓龙,应与龙老玉有关系,或为他佃种姜佐章田地的介绍人。二是黔东南属亚热带气候,光和水等资源充足,但因地处高原,百姓种稻一年一熟,故龙老玉佃种"加池寨姜佐章"的三坵田,双方"言定每年秋收之日二股平分"。前文提及,姜佐章是"母猪形"房族新三公之一,也是契约收藏者姜齐柏的十五世祖。在姜齐柏收藏的几百份契约文书中,姜佐章活动频繁,经其手买进不少田产和山场。笔者曾设想,倘若以其为主线,或许能围绕姜佐章参与的各项经济活动,梳理嘉庆前后加池苗寨的社会经济发展脉络。然而,因时间因素,这项任务只能留待日后完成。

4.换田字

契1-9　姜世泰换田字

立换田字人姜世泰,今将冄额尖田一坵,愿换姜之模皆穷成凤田坎下田一坵,又皮古朝英田坎下小田二坵。恐后无凭,立此换字为据。

凭中　姜之连、世培

道光四年正月二十九日　亲笔立

这份道光四年签订的换田字,很简单,却极具代表性。首先,其要项程式俱全,交易双方姓名、交易对象,以及中人、时间等都已写明。已整理契字中,共有5份换田字,可知加池地方交换产业的现象并不多见。其次,交易双方往往基于田地位置与耕作需要,彼此互换,使田产更为集中,耕种更为便利。从这个角度而言,换字较能体现乡村熟人社会中的互惠互助关系,其实质是一种平等的、各取所需的行为。

(三)分家文书

分家文书,也即阄书,是我国传统分家析产的凭证。这里笔者主要列举分家文书与分阴地合同两种进行分析,以展现加池契约文书中遗产继承的概貌。

1.分关合同

契1-10　姜凤羽等分关合同字

立分关合同字人姜凤羽、凤池、凤扬、吉兆、吉祖兄弟五人,照尊司□马有同衣之厚谊,姜胘有被之醇风,俱为兄弟,率循榜样,理谊共□,岂应分炊。然食□已繁,斯飧食难。理有树大者分枝,流长者□远,兄弟遵先祖遗命,荡□微资,然有住屋猪牛以及什物器用等项,今凭房族面同□搭五股均分。长兄凤羽分占房屋老□房内半间,又分占横屋内边右房一圈,一个□棓。凤池分占外老房半间,又占横屋内左边房圈一个。凤扬、吉兆、吉祖三人分占正屋楼上,又占横屋外边房圈三个。日后吉兆、吉祖之亲事不俱银钱酒米油盐,俱是兄弟五人共□,不得异言。自分以后,不得越墙起□,敬遵分关,用此弁言,聊为警戒,永远存照□□。

外批:分占楼一间半,凤扬三人所占。

凭族姜兆祥

血叔姜开渭

王向离先生

同治二年八月初三　堂叔大荣笔立

同治二年(1863年),加池苗寨姜凤羽、凤池、凤扬、吉兆、吉祖兄弟五人分家,本来"照尊司□马有同衣之厚谊,姜胘有被之醇风",何况"俱为兄弟,率循榜样","理谊共□,岂应分炊",然而,"食□已繁,斯飧食难",再说"树大者分枝,流长者□远",到了该分枝散叶的时候了。看来,传统汉人"三世同堂""四世同堂"的梦想在加池地方亦十分普遍,只是父母已逝,所谓同堂也只能是空谈。古时,大家庭意味着长辈的权威与家庭的和谐,十分令人艳羡。旁人眼中,分家是家道衰落、兄弟不和情况下的无奈选择。这或许便是契首强调分家乃枝开叶散所需的原因吧。此外,契中"今凭房族面同□搭五股均分",中人为"族姜兆祥""血叔姜开渭""王向离先生"及执笔"堂叔"。其中王向离先生显然为外姓,先生应为尊称。从中人与当事人的关系看,由亲至疏、由里至外依次为血叔—堂叔—族人—先生,这就从不同层面和角度对此次分关活动予以正式化、法定化。由其他阄书也可看出,加池苗人习惯于找有血亲关系的叔伯、姻亲关系的舅舅以及族人作中,但如此契聘请外人的情况较为少见。汉人分家以母舅为上,如无舅舅,就请与舅舅地位相同、关系密切的姻亲作证。而此契中人只有血亲和先生,这表明本地分家习俗既受汉文化影响,又含本地亲族观念。再者,契中兄弟五人产权明晰,"长兄凤羽分占房屋老□房内半间,又分占横屋内边右房一圈,一个□棓。凤池分占外老房半间,又占横屋内左边房圈一个。凤扬、吉兆、吉祖三人分占正屋楼上,又占横屋外边房圈三个"。费孝通先生在《江村经济》中谈到财产继替时说,继承是根据亲属关系传递整个财产的过程,其包含各类事实,如父母在世时的财产传递,后代接受已故祖先的经济义务等。一般来说,长子因对家庭贡献更大,往往获得更多田产,而且,在瓜分房屋地基时,父母已过世的话,便获得东屋,以示尊重。❶ 而此处长兄并无特殊待遇,且兄弟之间不论成婚与否,财产均分。可见,加池苗寨传统思想仍影响着人们的交往行为。当然,还有一种情况,便是父母过世,兄弟未成年,由长兄管家,如后文媳妇范氏讲述丈夫姜元俊年少时,大伯姜元英随意处置各类财产。此契中,因凤羽、凤池、凤杨三人已婚,吉兆、吉祖未婚,契尾特别提及"日后吉兆、吉祖之亲事不俱银钱酒米油盐,俱是兄弟五人共□,不得异言"。可想而知,吉兆、吉祖应已成年,否则他们还需要安排未成年兄弟的抚养事宜。最后,"自分以后,不得越墙起□,敬遵分关,用此弁言,聊为警戒,永远存照□□"。强调此份分关合同的法律效力,是财产分配的有力证据。

2.分阴地合同

1-2-2-078　姜之琏等七家分窨堆坟冢合同(首页、局部一、局部二)❷

立分关窨堆坟冢合同字姜之琏、开文、开义、开让、开运、克昌、凤仪等七家,因有祖遗后龙坡金派形一幅,裁请凭地□内戚分别只排,共取十四塚,各家各占二塚,各三碑绘图为据。日后彼此册得移□□占此茔塚。自分之后,止许各葬本名现号之堆,不准何人滥肠添葬,私贪茔穴。如有一人将起多意盗葬,六家定不与之甘休。□立合同兼绘图付后七家各执一张,永远子孙万代存照是实。

道光二十二年五月二十七日立　立合同分禁

这份分阴地合同的瓜分对象是"祖遗后龙坡金派形一幅"祖遗坟冢,主体为姜之琏、姜开文等七家,瓜分方法是"共取十四塚,各家各占二塚,各三碑绘图为据"。与其他合同文书不同,契尾并无中人或执笔签名,而是在契中稍作提及,即"地师"与"内戚",前者在于查看风水、选择阴地;后者主要为"内戚",应为舅家成员,在于协调分配、凭中见证。另外,此契附有坟山瓜分图形,并规定:"如有一人将起多意盗葬,六家定不与之甘休",意即除了地师、内戚,七家还要互相监督。最后,七家各执一纸,以备"子孙万代存照"。

由以上两份祖产阄分合同,可知加池苗寨遗产继承的一些传统原则:一是无论兄弟之间瓜分家产,还是叔侄瓜分共有祖产,都秉承均分原则;二是见证人一般为有血缘关系的族人及姻亲,有利于避免他人或单个中人主持产生的不公正,还有利于防止日后纠纷;三是合同契纸各执一份,分阴地合同还附有瓜分图形,以明确产

---

❶ 费孝通.江村经济:中国农民的生活[M].北京:商务印书馆,2001:69.

❷ 张应强,王宗勋.清水江文书(第一辑)[M].桂林:广西师范大学出版社,2007.参看本书"材料来源"部分,按原书编号,卷宗号—卷号—帙号—文件号,对应于村寨—家族—文书类别—文件。"1-2-2-078"指《清水江文书》第1辑第2卷第2帙第078号。下文类同,不再赘述。

权股份;四是分祖产合同因具有较强的遗存性,不仅关切当事人的利益,还影响子孙后代的实际利益,成为各家各户小心保存的重要实物。

(四)纠纷文书

18 世纪以来至民国时期加池苗寨的纠纷文书,以诉状为主,另含清白字、认错字、戒约等。田野调查中,笔者有幸看到姜绍明所藏其祖父姜元贞的《诉讼禀稿》,其中囊括了生于清末之姜元贞经历的各类纠纷,有关内容,留待后文详述。这里仅就参阅整理《清水江文书》之加池文书部分的 54 份诉状,简单分类并选取实例进行说明。其类型主要有:山林纠纷、婚姻纠纷、匪患及其他。其中山林纠纷多至 22 份,其他类别共 32 份。由此,可看出这一时期加池苗寨林业贸易的发达,以及逐步调整和稳定的地方社会秩序。

1.山林纠纷文书

1-1-2-177　诉姜锦春父子后买霸争山场状纸(时间不详)

为先买为业,后谋霸争,告恳提究事缘。民于光绪二十三年备价得买胞侄元英弟兄地名培颢节山场一块,契据炳存可阅。此山分为十二股,元英弟兄占三股,历管无异。本年四月内,众山友已将此山木植卖与客人姜必鸿等所砍伐作贸,议价银三十六两一钱八分,除合食并□股银两外,三股之土应占银五两零。及将价目分用,归看客人开山砍到木植。讵意突有党央村之姜锦春父子出争霸阻号,声称得买元英弟兄之股,民闻之验异。伊亲身登门约民揭字对验,□下契据均系姜元英亲笔相符□,系光绪二十七年得买,字迹新书各别。民契先买数年,应归民领价管业,伊亦甘愿丢本。讵伊父子另生意外,遂复行阻木,当经地方首人姜凤林、姜恩宽、之渭等理论,将二比契据验视笔迹符合。承中等公议,此山仍劝归民先买管业,而锦春父子后买不能经管,要卖主福价,而元英弟兄于光绪二十八年相继而亡。仰元英媳范氏母子照契□价赔还,缴退契据,以图无事等语,殊锦春父子始则遵劝了息,继则听人唆后,终则随木下江封阻,希图霸争,势在必得。试思先买者为业,后买等为谋,此古今不易之常理。况卖主母子遵依中等补伊契价,窃仍过父子□体,自受悖议□,而于种二虚诬难逃思□。似此先买为业,后谋霸争等证,告恳提究将末买业等不分先后,诚恐任意混争,接踵姣(效)尤,祸无宣(宁)日。实不已,告乞县长,台前作主,赏准□警提集讯将□□□。

此份诉状讲述一业两卖之姜锦春父子强抢木材案。由诉状可知:一是原告于光绪二十三年得买胞侄姜元英兄弟山场一块,岂料卖主又于光绪二十七年将这块山场卖与党央村姜锦春父子。在原告出售木材给客人姜必鸿时,姜锦春父子拿出买契,阻挠生意,而此时卖主姜元英兄弟均已去世,双方于是生发纠纷。这说明地方历史上,由于人工营林时间漫长,易给一些投机分子制造机会,一山二卖甚至多卖的现象比较普遍。二是矛盾双方先找地方首人姜凤来等作中调解,调解不成,才告上官府、打起官司。反映出当时矛盾双方解决纠纷的渠道是先遵循地方俗规,请中调解,调解不成的情况下才诉诸官府。且诉状始终强调"先买者为业,后买等为谋""此古今不易之常理"。一定程度上反映地方市场在由封闭至开放的过程中,市场秩序也从无序走向有序,在不断的矛盾冲突中得以形成。三是原告自称"民",表明地方苗人以"王朝顺民"自居,汉化、王化思想深入人心。文书末尾提及元英弟媳范氏母子在中人调解下,愿意照契价赔偿后买者姜锦春,"缴退契据,以图无事"。据查,事件结果并非如此,而是范氏自述家贫,无力偿还,被迫无奈下,告至官府。这说明,虽然当时处理一业两卖的主要途径是卖主赔偿后买者,但由于成林时限较长,有些卖主已过世,如本事件中卖主姜元英兄弟过世,范氏无力承担的情况下,买主之间、买卖方之间矛盾更易激发。

2.婚姻纠纷文书

1-1-3-145 姜廷贵串奸案禀告(部分,时间不详)

具续禀某某为休妻拐妻应罪卸罪事情,因姜有元以借□油火控蚁一案蒙委开泰县主□讯,因周岁□未能讯结,□令各□限状候开即赴辕听讯理应具续,但蚁于先年求娶扒洞姜廷贵之女与蚁子为婚,年已及笄,择期于去岁十一月十六日完娶过门,奈住居□远,先期轿夫登门迎娶,□知有素不守法休妻拐妻之淫恶姜有元,胆将蚁媳拐藏伊家,使蚁缩首空回有□吉日事出黑天,蚁向廷贵跟问,据云在淫恶有元密室絮出,讯现有案□杨全等可讯。蚁等当欲送辕究治,恶知罪□难,□央伊胞兄姜有方并堂兄廷贵、腹戚继美等再回哀求,自愿补偿□□礼聘金□蚁另娶,奈伊当时□艮书应限字,殊伊见蚁□字在手得,有托身之计,反以先法制人□伊词称于蚁未来迎亲之前,早已出外生理,又云十六晚回家十七早寻伊殴打,不思蚁于十六晚□获儿媳何得混攀,化龙等各住一方□,蚁见正冒□奸中,窃思临期出嫁之女儿容淫恶拐匿,兼以□昼□续取等情妄□,似此无法无天难逃秦镜,若不续恳若捏严讯富者任其休拐,贫民绝嗣斩宗。

　　不已续乞

　　此份诉状其实包括姜廷德控诉姜廷贵串奸案与姜廷贵辩诉状(后者省略)。姜廷德之子开科"于去岁十一月十六日"将扒洞姜廷贵之女"完娶过门",后因两地相隔较远,请轿夫前去迎娶时才发现姜有元将新娘藏匿在家,两人早有私情。

当时姜廷贵派人寻找,发现女儿被姜有元私藏,便打算"捆赴天辕律究"。谁知姜有元"胞兄姜有方并伊堂兄姜起贵、腹戚姜继美等"代为哀求,"自愿出银赔偿廷德□礼聘金之资",并"书立限字,另行再娶"。对于姜廷贵妥协之举,加池姜廷德不服,双方便起纠纷。结合其他材料可知,姜廷德为光绪三年所造加池四合院主人姜恩瑞之曾祖父,且四合院起造时恩瑞已年过三十,若以二十五年一个辈分往后推算,廷德应为清乾嘉时期人。另据状词中"开泰县"之称,符合当时史实。这份诉状值得注意之处有几:其一,与汉族传统坚持同姓同宗不得通婚不同,两家虽属不同村寨,但均姓姜,可知当时的加池苗寨并无同姓不婚习俗。再者,传统苗家并无汉名,也无字辈,此时姜廷德之名已符合现在加池姜家的字辈排名,亦可知乾嘉时期地方谱系或已成型。其二,姜廷贵之女与本寨姜有元是否原有私情,尚不得而知。但可以肯定的是,姜有元有意藏匿新娘引发危机后,在其兄长族人的劝解下,与姜廷贵达成协议,赔偿姜廷德家聘礼了事,一方面,说明地方并无同寨不婚、同姓不婚的禁忌,且对男女恋爱事件较为宽容;另一方面,虽然对于姜廷德来说,仅是赔偿聘金有失公允,但同样说明了地缘情感在百姓心中的重要性,因为姜有元兄弟、族人等劝解,姜廷贵不得不考虑同村关系,免伤邻里感情? 以至于姜廷德不满,一纸诉状将姜廷贵告上官府,认为其此举为诱拐妇女行为,应加以严惩,否则"富者任其休拐,贫民绝嗣斩宗",必当影响地方正常的婚姻行为。此中"绝嗣斩宗"一词已饱含浓厚的宗族观念,亦可见汉文化对地方民众影响之深。

梁聪在其博士论文中,曾从地方社会的契约规范出发详细分析了文斗契约中的纠纷文书,如认错字、戒约及诉状等,为本书提供了有益借鉴。为更好地表达主题,力图理解作为社会体系之一部分存在的这些纠纷文书,是如何通过解决冲突及防止人们越轨而设定一系列规定的,本书尝试分析各类诉状及隐藏其背后的复杂人际关系,重现一个"好讼之乡"的真实图景。此外,还有因匪患及贪官污吏滥用职权引发的纠纷,以及一些人际纠纷,限于篇幅,在此不一一列举。

(五)其他文书

除去以上几类契约文书,所谓"加池契约文书",还包含婚约、借字、碑文、谱牒、宗教科仪书、祭文等。2012 年 10 月,经加池姜绍豪介绍,笔者拍摄了其父亲做道场的整套"宗教科仪书"。2013 年 7 月初,向锦屏县档案馆贡献契约文书最多的加池四合院后人姜绍卿因病去世,当时笔者正在田野,有机会目睹葬礼全过程,并收集整理了一部《大献礼仪书》及部分祭文。两次田野,笔者收集了三份《姜氏族谱》，其中两份内容重复，一为手抄稿，一为打印稿。内容相同者为"母猪形"房族族谱，另一份为"金盘形"房族族谱。同时，抄录了加池大量路碑、桥碑、纪念碑、指路碑及墓碑碑文等。所有这些，在笔者看来，因延续传统，代表着加池苗寨自有清一代纳入王朝体系以来逐步"汉化"的各类习俗，应纳入研究范围。此处笔者主要举例介绍加池苗寨现存碑刻。

例 1-1 加池往岩湾方向路碑

功德碑记

一人为善事，天必保之。今有洞房旁田黄土坡雨水泥滥，老幼寸步艰难。上通黎平，下通清河，实为商贾往来之要途。维有旧路天地之缺，而我所用银两，请匠修砌作街梯平坦。老者安之，少者怀之，齐步以安病无嗟叹之苦，赐予男女子孙福如东海、寿比南山、五谷丰收、六畜兴旺。人人如我诚修，天必佑之，有子孙若蠡斯蛰，而男女如瓜瓞绵绵，岂不从阴德中来哉！

信士人姜君能助银三两四分

姜松桥银一两八分

皇清嘉庆十一年十二月二十八吉日

2012 年 10 月 3 日下午，"金盘形"房族（以祖坟坟山形状称之，类似"母猪形"房族）姜纯忠向笔者介绍，这块碑是他们祖先捐款修建的，碑旁原有一个土地庙，面朝清水江而立。先人们最初就住在附近，民国三十六年（1947 年）全寨失火后才搬走。这条路原本是加池通往岩湾、南路与河边村的主要通道，"上通黎平，下通清河"，为"商贾往来之要途"。可见当时加池苗寨受益于清水江繁盛的木材贸易，已成为"商贾往来"之要地。尽管这块路碑仅寥寥数语，却包含丰富的地方信仰：如笃诚的鬼神观，"一人为善事，天必保之"，"人人如我诚修，天必佑之"；普通民众的幸福观，"福如东海、寿比南山、五谷丰收、六畜兴旺"；浓厚的子孙观，"男女如瓜瓞绵绵"。且立碑时间为"皇清嘉庆十一年十二月二十八吉日"，可推知当时的加池苗人对清王朝已然顶礼膜拜，自诩顺民，秉承汉文化传统，信奉吉日吉时，以求昌运。

例 1-2 加池小学旁碑文

万古流芳

乡在万峰环绕中，林木阴翳，清溪如带，亦幽僻佳境地。地脉则自后弯延（蜿蜒）而入，居人率取道焉。唐人句云，水门向井坎殆谓是矣，而井区区狭小，谨堪荣足步者，犹多端（喘）息，负戴更多艰阻，今当鸠工平治削其险峻，培其缺陷，扩其蹊径，遂有井道。荡荡幽人，贞洁其了，但非乡之好善者，喜舍好施，极力劝事不及，此事捐资之多寡,奚可勒之贞珉以为后世劝故备书之右顿。杨正芳撰。

首化　姜廷芳　六钱五分

姜松乔　七钱六分;姜佐兴　四钱一分

姜廷德　四钱一分;姜朝俊　三钱一分

姜士周　二钱二分;龙现华　一钱二分

杨发龙　　　六分;(略)

嘉庆十一年八月二十日

同样建于嘉庆十一年的这块井碑在夸赞乡土美景后,讲述建碑过程,歌颂淳朴民风,再附录捐赠者名单。由所附录"好善者"名单可知,当时加池除姜姓外,亦有龙姓、杨姓,只是不知,此龙姓与文斗龙姓是否有所联系,后来又何以消失? 而杨姓并非当下加池杨家祖先,因为现在的杨家才来三代,已去世的年长者也不过八十左右,与嘉庆杨姓不可能有联系。此外,名单据捐资多少排序,首化姜廷芳列为第一,与姜廷德为亲兄弟,与姜佐兴为叔侄关系,三人均为"母猪形"房族人;姜松乔则是"金盘形"房族祖先,虽非首化,但捐银数目最多,达七钱六分,士周与其同房族。可想见,早在嘉庆年间,"母猪形"与"金盘形"两个房族的祖先便十分活跃,彼此实力相当,而且暗中较劲,原因有二:首先,据传两族历来矛盾重重,"母猪形"族人认为"金盘形"来历不明,为养蛮后妻从外面带来,根本不是养蛮的血脉。"金盘形"族人认为这只是对方凭空设想的"愈加之罪",是为了挤兑自己而想出来的借口,故此,两族历来对"养蛮"坟墓所属争吵不休❶;其次,此碑中,首化为"母猪形"族人姜廷芳,捐款最多者却是"金盘形"族人姜松乔,看来两房代表都在极力扩大自己在地方事务中的影响。正如"金盘形"族人之后人姜之茂所说,姜松乔、姜士周在本族历史上极为突出,他们不仅经营木材,获取厚利,还十分热衷于地方事务,如今加池苗寨的许多路碑就为姜士周捐款修建。其实,在后人眼中,这些先辈的辉煌事迹代表着本族在地方历史上的地位。但在笔者看来,这些先辈的事迹不仅有利于增强人们的家族自豪感、凝聚力,还在无形中提高了他们与其他家族比对的砝码,为自己的行为增加更多可信度和威信力。

小　结

通过对我国传统契约的范式、形制、沿革以及其中所包含的伦理、经济、权力关系进行简要分析,我们更深刻地了解了加池文书产生的先决条件,即汉文化体系中

---

❶　有关"养蛮"之争,第四章第二节将详述。

的契约文书早已存在并自成系统。然而,正如杨有赓所总结的,以林契为主的清水江文书成为我国继敦煌文书、徽州文书后的又一大发现,必将为研究地方社会提供更多、更广的思路。而加池文书作为清水江文书之主要部分,有几点值得注意:第一,虽然我们将传统契约归类为契、约、字等,但不能忽略加池契约中"契""字""约"混写的现实,这说明在加池地方,三者用法模糊,分类不甚明晰。第二,女性参与交易较少,其中女性作为中人的情况几乎没有,作为立契人出现的也往往携同子媳而非单个个体。并且,大多时候女性所参与的交易为族内交易,由族内男性作中。地方女性的社会地位极具依附性由此可见一斑。第三,亲邻先买权这一汉族传统交易原则在加池地方同样适用,通过"房族弟兄等不得异言""房族叔伯以及外人不得异言"得以体现。事实证明,并非杨国桢先生所说,清代亲邻先买权的习俗虽然保存下来,却在限制上有所松弛,可以不必用文字在契约中标明。❶

不可否认,随着清水江文书研究队伍的日益壮大,民间文书收集整理工作的渐成系统,其形制特点与内容分类也成为各位专家学者在研究初始着意解决的问题。从结集出版的各类文书汇编中,如《贵州苗族林业契约文书汇编》《清水江文书》等,可以看出,锦屏文书分类未脱离契约研究传统,主要以交易内容作为分类标准。借鉴前辈成果,本书亦将加池契约文书按内容简单分类,并根据行文需要进行介绍。只不过,笔者仿照《清水江文书》收录标准,将加池契约文书的范围扩大至诉状、碑刻、族谱、宗教科仪书、祭文等,使得交易类契约与生活类文书成为一体,共同构造一个丰富多彩而又纷繁复杂的 18 世纪以来至民国加池苗寨社会图景。

某种程度来说,加池契约文书以至锦屏文书、清水江文书的产生,是地方市场在国家政策推动、众多外来商人涌入的特定情势下的必然选择。这种方式不仅使得地方商人更快地融入整个市场体系,也有助于他们维护并稳定自身权益。同时,因其契合王朝体系主张的游戏规则,地方市场参与者能更为便捷地辗转于木材市场的方方面面。按照韦伯的分析,地方契约文书既是风俗的存在,亦包括惯例因素,发挥着有效性。其依旧作为一种经济、法制秩序,起着稳定社会的作用。如林业与土地契约中始终遵循的"亲邻先买权"与中人制,不仅照顾了传统的人情观,还通过第三方在场强调了契约的有效性,保证了交易的顺利进行;又如分家文书与分阴地合同中,当事人按照传统习惯瓜分祖遗财产,又根据既定程序固定财产所有权;再如纠纷文书中原告由清时自称"蚁"、恭"县主"到民国自称"民"、恭"县长"

---

❶ 杨国桢.明清土地契约文书研究[M].北京:人民出版社,1988:235.

的改变,莫不是普通百姓遵从国家政策,为获得更多利益采取的因应策略。韦伯认为,经济行为过程具有大量引人注目的规律性,是因为市场参与者把自身行动视为手段,把主观特定的经济利益视为目的,把同样特定的有关他人行动的预期视为条件,他们严格依照目的理性来行动,以目的和条件为依据,由此他们对给定情势的反应趋于类似,以至于其观念和行为出现同类性、规律性和持续性。❶ 对于清水江下游沿岸百姓来说,这个"给定情势"便是清雍正开辟"新疆"以后,地方社会发生的重大变革及木材采运带来的巨额利润。也正因有这场"给定情势",才产生了种类繁多、数量惊人的地方文书。

---

❶ 马克斯·韦伯.社会学的基本概念[M].胡景北,译.上海:上海人民出版社,2000:40-41.

第二章　加池文书产生的土壤

探寻加池苗寨文书产生的土壤,是为了更好地了解其产生的时代背景、发展规律及其对区域社会的深远影响。明清王朝的拓疆政策直接引发地方变革。伴随着木材采运活动由官府"采办"到市场贸易的转变,地方场市逐步设立,水客、山客、木行等利益群体相继出现,区域社会秩序和加池苗民身份也因此发生变化,维护权益和因袭产权的契约文书应运而生,成为地方社会变迁的历史见证。

一、化外之地的王化之道

(一)清代苗疆政策

苗疆之称,始于明代。在有关明清史籍中,"苗疆"有广义和狭义之分。广义泛指南方少数民族地区,含今云、贵、川、湘、桂等省区各少数民族聚居区。《清实录》中可见"云、贵、川、广等苗疆地方"的记载。狭义则主要指当时被统称为"苗"的各少数民族聚居区,包括以腊尔山为中心的今湘黔渝交界的苗族区域,及黔东南以雷公山为中心的清水江流域苗族聚居区。鄂尔泰于雍正四年上呈的"改土归流疏"中曾指出,"苗疆四周几三千余里,千有三百余寨,古州踞其中,群砦环其外"。古州即今黔东南州榕江县。《黔南识略》也以"苗疆""新疆"指称古州八万生苗地方。徐家干《苗疆闻见录》中所谓"苗疆"以新设六厅(台拱、八寨、清江、丹江、古州、都江)为主。伍新福等据林溥《古州杂记》中"古州为百蛮地,自古不通声教……幅员一千余里,东西二百十里,南北三百六十里许,统计苗民四百五十四寨,计户二万七千有奇"的记载,认为黔省苗疆的大致范围为东起黎平,西至都匀,北达施秉、镇远,南抵古州(榕江),处于清水江和都柳江之间,以雷公山为中心,南北较宽,东西稍窄的长方形地带。即现今的台江、剑河、凯里、雷山等县市。❶ 这与时下以贵州大学杨志强、曹端波等学者为首提出的"古苗疆走廊"的"苗疆"概念相比更为具体,范围更为狭窄、集中。后者以宏观和跨文化的视野概括了湘黔滇通道上因政治需要而产生的族际互动较为集中的区域。

---

❶ 伍新福,龙伯亚.苗族史[M].成都:四川民族出版社,1992:228.

　　明初时期,因政权未稳,黔省沿袭元制,仍分属于湖广、川、滇三行省。洪武十五年(1382年)正月,贵州设都指挥使司,首次建立了省级军事机构。至永乐时,明廷开发"苗疆",普遍建立卫所,实行军事屯田,摧毁了土官统治基础,为改土归流创造条件。❶ 明政府有过三次"改土归流"的举措,一为永乐十一年(1413年)借土司纷争革除思州、思南二宣慰司;二为万历二十九年(1601年)平定杨应龙之乱而废除播州宣慰司;三是崇祯年间平定"奢安之乱"后,废除水东宋氏土司,并置开州。以至于至明末,能左右贵州局势的土司已不复存在。❷

　　清初沿明制而立土司,实行"以土司治土人"的政策,形成了贵州"虽有府州县卫之名,地方皆土司管辖"的状态。❸ 雍正时期,全国实现空前大一统,当时贵州黎平知府张广泗首倡"开辟苗疆",他向云贵总督鄂尔泰提出建议,鄂尔泰十分重视,派遣镇远知府方显调查贵州详情,后者禀呈"开辟苗疆"之《平苗事宜十六则》。鄂尔泰阅读后便下定决心进军苗疆,❹并上奏:"云贵大患,无如苗蛮,欲安民必先制夷,欲制夷必先改土归流。"❺清廷开始以武力开发"新疆",试图让这一片"化外之地"真正纳入帝国版图。当时鄂尔泰描述"新疆","左有清江可北达楚,右有都江可南通粤,皆为顽苗盘踞,梗隔三省,遂成化外"。他又说:"云贵远居天末,必须商贾流通,地方庶有生色。今水路不通,陆路甚险,往来贸易非肩挑,即马驮,费本既多,获利甚微,是以裹足不前,诸物艰难。"❻基于此,鄂尔泰主张"其改流之法,计擒为上,兵剿次之。令其自首为上,勒献次之。惟治夷必先练兵,练兵必先选将,诚能赏罚严明,将士用命,先治内,后攘外,必能所向奏效,实边防百世之利"。❼ 于是,雍正时期以鄂尔泰、张广泗为首的武力征服苗疆事宜便排上军事日程。其实,"改土归流",拯救人民于"土司"统治的水火之中只是当朝政府的修饰之词,将所谓的化外之地,变成王土,纳入中央政府委派的流官统治,或委任外来军官担任当地的"土官"直接管辖,通过清查田土,以增租赋,并打通交通,以靖地方,才是雍正时期在黔省大规模改土归流的主要目的和真正内涵。尽管如此,还是有部分学者承认王朝政府此举将人们从残酷的土司制中解救出来,不仅从政治上削弱了土民对土司的依附关系,在经济上主张"轻徭薄赋"减轻了人们的负担,还废除了不少陈规

❶ 吴荣臻,吴曙光.苗族通史(二)[M].北京:民族出版社,2007:321.
❷ 杨胜勇.清朝经营贵州苗疆研究[D].北京:中央民族大学,2003:23.
❸ 《贵州通史》编委会.贵州通史:清代的贵州[M].北京:当代中国出版社,2003:22.
❹ 孙秋云.核心与边缘——十八世纪汉苗文明的传播与碰撞[M].北京:人民出版社,2007:149.
❺ 吴荣臻,吴曙光.苗族通史(二)[M].北京:民族出版社,2007:444.
❻ 《贵州通史》编委会.贵州通史:清代的贵州[M].北京:当代中国出版社,2003:60.
❼ 《贵州通史》编委会.贵州通史:清代的贵州[M].北京:当代中国出版社,2003:61.

陋俗,发展了地方教育,使人们生活状况得到切实改善。❶

　　清廷通过大规模改土归流,在黔省"苗疆腹地"设置"新疆六厅"后,为达"治夷"目的,大置流官,广泛设营,驻扎重兵。"初,苗疆地僻几二三千里,几当全省之半,增设营讯,凡腹内郡县防兵,大半移戍新疆"。共置9营,29汛、67塘、109屯堡,驻兵人数由6000人增至15000人,安置屯兵8939户。❷ 与此同时,清政府在"生界"之古州、清江、台拱等地设置重镇,修驿道,疏水道。不仅改善了当地的交通条件,凸显其地理位置的重要性,利于政府的有效控制,而且吸引了大批游商,致使"四方商贾,络绎不绝",极大地推进了清水江流域的经济社会发展。一时间"苗以民为耳目,民以苗为巢窟",族际互动频繁。"设官建制"后,清廷还将原有田地分发给官府、官吏、屯军和原耕之民,有些绝户田产甚至"任民自由占用"。土地私有化下的农民需要向政府缴纳钱粮,政府则以此发给执照,承认其田地"永为世业"。这为清水江流域苗民土地买卖提供了前提。

　　文化方面,清廷通过设立官学、发展义学、依托书院与私塾,逐步扩大科举取士的规模,使得"新疆"地区一步步纳入封建儒学体系,成为帝国版图真正不可或缺的部分。清初贵州官学按行政区划设府学、卫学、州学、县学等。清中期政府不断增设县学,至清末改行新学之前,黔省共有官学69所,❸除官学外,义学也是清朝政府教化"新疆"的着力之举,雍正八年(1730年),张广泗等上《设两游新疆义学疏》,建议将义学发展到"苗疆地区",并仔细说明了义学的布局、教学内容与管理办法,主张以军事、政治据点为义学办学重点,逐步向外扩展。从此,以苗疆设学为标志,社学、义学在贵州全面兴起并迅速发展。❹ 清廷还对贵州少数民族采取"加额进取"的特殊政策,雍正三年(1725年)规定"黔省苗人子弟情愿读书者,准其送入义学,一体训诲,每遇岁、科两试,于该学定额中,取进一名,以示鼓励"。雍正六年(1728年)以后,清政府在贵州实施了大规模的"改土归流",对少数民族科举"加额取进"的办法得到了全面推广。❺ 由于中央政府的这些举措,书院、私塾也随之增多,少数民族知识分子逐步涌现,这在客观上有利于传播知识、促进文化交流,打破黔省"苗疆"的封闭性,为推动区域经济社会发展起到了积极作用。加池所在

---

　　❶ 马廷中,李秀梅.从人民生活状况的改善看改土归流的进步性[J].西南民族大学学报:人文社科版,2006(3).

　　❷ 罗康隆."苗疆六厅"初探[J].中南民族学院学报:哲学社会科学版,1988(5).

　　❸《贵州通史》编委会.贵州通史:清代的贵州[M].北京:当代中国出版社,2003:707-708.

　　❹《贵州通史》编委会.贵州通史:清代的贵州[M].北京:当代中国出版社,2003:721-722.

　　❺《贵州通史》编委会.贵州通史:清代的贵州[M].北京:当代中国出版社,2003:727-728.

的河口乡汉文化教育真正起始于清初。乾隆时期，文斗、瑶光、格翁等寨都先后开办了学馆或私塾。至清末，乡内裕和、塘东、韶霭、岩湾、中仰、加池等村寨也都办有学校或私塾。也正是有了汉文化教育的普及，才为以汉文字书写的契约文书的兴盛创造了前提条件。不仅如此，汉文化带来了地方思想的变革，使得这一片明清以前的"化外"之地真正纳入"王朝"体系。

与此同时，清廷也重视对清水江的整治与开发。雍正五年(1727年)三月，方显所上《平苗事宜十六则》，就特别强调疏通和开发清水江的重要性。他认为清水江萦回宽阔，上段可通黄平、重安江，下段可达湖南洪江，河流两岸"泉甘土沃，产桐油、白蜡、棉花、毛竹、楠木等物。若上下舟楫无阻，财货流通，不特汉民食德，苗民亦并受其福"。❶ 其时，为配合鄂尔泰、张广泗大规模"开辟苗疆"的军事行动，保证军运粮运的需要，清廷早已对清水江进行整治与开发。雍正七八年间(1729—1730年)，鄂尔泰奏请开展对清水江的整治工程。因当时战事紧张，只作了一些零星疏治。乾隆三年(1738年)九月，张广泗奏请修治清水江河道，他说，清水江"实天地自然之利，前议疏凿，以军兴中止，险滩犹未尽平。臣亲察其宜修之处，并凿纤道，募夫开浚，以资挽运"。这次整治以疏浚河道和开辟纤道并重。至乾隆十三年(1748年)，湖南舟船已可至黎平府附近的高屯。❷

简言之，清廷以先军事后政治再文化的手段介入黔省苗疆社会的发展。清水江河道的整治对于沿岸苗侗人民来说，不仅使交通更为便利，还方便木材运销省外。地方交通与市场由封闭到开放的进程，也即区域社会由转型走向稳步发展、地方人民由"生苗"变为"熟苗"，逐渐"汉化"与"王化"的历程。❸

(二)"熟苗"与"生苗"

蓝鼎元在《论边省苗蛮事宜书》中称："楚蜀滇黔两粤之间，土民杂处，曰苗、曰瑶、曰僮、曰仡佬……其深藏山谷不籍有司者为生苗，附近郡邑输纳丁粮者为熟苗。熟苗与良民无异，但……亦畏汉民，而尤惧官长。"他还就此提出"削土"之法，并指出"将来教化日深，皆可渐为汉民。至山中生苗，责成附近土司，招徕向化，一体恩抚。如此数年之间，生苗可化为熟苗，熟苗可化为良善……而悉为衣冠礼仪、户口贡赋之区"。❶ 由此可见，"生苗"与"熟苗"之称，不过是封建统治阶级和那些不了

❶ 《贵州通史》编委会.贵州通史:清代的贵州[M].北京:当代中国出版社,2003:212-213.
❷ 同❶,211-212.
❸ 张应强.木材之流动:清代清水江下游地区的市场、权力与社会[M].北京:生活·读书·新知三联书店,2006.
❶ 蓝鼎元.论边省苗蛮事宜疏[M]//贺长龄辑.皇朝经世文编(卷86)[M].刻本.1891(光绪十七年).

解苗疆并视其为"苗蛮"之地者,依据少数民族各群体与中央政府之关系亲近与否、发展"进步"与否,而对他们加以分类的称谓。根据是否归于王化,他们把分布在经制州或羁縻州内的苗族称作"熟苗",而把那些尚未纳入官治范围的称为"生苗",也即"化外之苗"。依此说,"生苗"所处之地自然也就为"生界"。据查,清初黔省苗疆"生界"主要包括黔东北、黔东南和黔中南生苗区三部分。

改土归流后,为更好地统治地方,清廷在苗疆设立府、州、厅、县等行政机构和道、镇、协、营、塘、汛、碉、卡等军事机构,还兴办儒学,意在"施儒教而易其性",并"格其心思"。❶ 明清两代在流官统治下,苗疆的民族同化,或曰"汉化"途径主要有二:一是入学教育,出台各项优惠政策鼓励苗民入学,将其纳入王朝教育体系、融入汉文化体系;二是官护汉欺苗。"苗人"社会地位极其低下,为改变处境,他们在官府倡导下或主动纳粮附籍,或修族谱"为汉民",或革苗俗顺"教化"。❷

可见,生、熟苗之称于明清就已约定俗成。根据明清时期黔省行政区划,可以更好地对其进行理解。其时,政府统治至少存在三种情况:一是土司统辖或土流并存的区域,这些区域由清朝任命土司管理地方,准予世袭;二是流官统治区域,这些区域往往是政府在征剿土司、实行改土设流或改土归流后的结果,各项制度与内地基本相同;三是既无土司也无流官的所谓"化外之地",其社会自成体系、自行管理,与外界较少来往,如被称为"苗疆腹地"的清水江流域苗族地区传统上采用议榔制,以寨老为首进行自我管理。而所谓"熟苗"便主要指第一、二种区域的苗民,"生苗"则指"化外之地"的苗民。也即是说,凡处于清朝直接或间接统治下,并与内地民众一样缴纳钱粮的苗族均为"熟苗",那些既不受中央直接统治,又不为土司所辖(或者土司管理非常薄弱的区域)的苗族则称为"生苗"。

本书之所以对此详细阐述,是因为清水江流域发展的脉络其实就是政府力图"化生苗为熟苗",极力加强"苗疆"统治的过程。再者,本书也希望借此探寻地方苗族由化外之民如何变为编民的历史过程,以更好地凸显加池苗人自称"汉苗"的内在逻辑,以及加池苗寨经济社会发展历程的普遍性与特殊性。

二、由"皇木"至"市木"

(一)战火纷飞中的别样景致

《明史》和《黎平府志》均载,明洪武三十年(1397年),中央政府在锦屏设置铜

---

❶ 吴荣臻,吴曙光.苗族通史(二)[M].北京:民族出版社,2007:458,463.
❷ 同❶,465.

鼓卫,屯军占地高达 354 顷,由此引发上婆洞林宽领导失地的侗族农民起义。起义军拥众十万,相继攻克龙里、新化、平察等千户所,并直通黎平守御千户所。明廷十分震惊,遣都指挥齐让率湖广军前往镇压,一战即败。旋即又命楚王祯、湘王柏领兵三十万进黔讨伐。十月,明军主力"由沅州伐木开道二百里抵天柱",镇压了这次农民起义。既然需伐木开道才得以进入苗疆腹地,说明当时的天柱、锦屏一带还是尚未被开发的处女地。❶ 而明将凯旋归去,也必定会详细上报当时清水江两岸丰富的森林资源,以博得苦于缺乏参天大树修建皇宫的帝王欢心。《明史》称:正德年间(1506—1521 年),明王朝曾派侍郎刘丙到湖广、川、黔等地采购木材;嘉靖、万历两朝,又屡次派员到上属地区采伐楠、杉扩建宫殿。据传,当时便有一些小本木商进入锦屏的王寨、卦治、茅坪收购杉木,运往省外出售。❷

锦屏县得天独厚的自然条件,不仅利于农业、牧业发展,更适合杉树、楠树、松木、油茶、油桐、茶树等木材生长。其一,酸性的山壤山质。如加池海拔 800~1200 米,周围山沟狭长、山谷幽深,土壤多为黄壤,呈酸性。其二,充足的热量资源与降水量。锦屏属亚热带气候,就加池来说,年均温为 15~17℃。最低气温 1 月、2 月、3 月在零下 6℃至零下 8℃,最高日温在 30℃左右;4 月到 10 月,日均气温 17℃以上;5 月到 9 月,平均气温在 21~23℃;温度最高的 7 月,日均气温能达到 39℃以上。年均无霜期为 320 天左右。降雨集中在 4 月至 7 月,期间正是林木、农作物生长的旺盛期。其三,利于林木生长的光能资源。锦屏县的日照条件差,全年日照仅为 1100 小时左右,除夏季外,其他季节持续阴雨天气,云雾较多。日照少虽然对农作物生长、结实有一定影响,却符合杉树、油桐等偏阴树种要求湿度大、光照弱的特点。据加池苗寨"母猪形"房族《姜氏族谱》载,明天顺三年,先祖姜大兴初到加池地方时,"其地陡坡峻岭,林深箐密,松杉滋植,人烟稀疏"。

除此之外,便利的交通,也是地方木材贸易繁盛的重要因素。事实上,贯穿黔省东南部的清水江,源于都匀,流经麻江、凯里、黄平、施秉、台江、剑河、锦屏、天柱,入湘境,过会同,至沅江,注洞庭湖后入长江,全长 500 多千米。在锦屏县内,清水江的流程为 57 千米。自河口入境,经文斗、彰化、平路、卦治、三江镇、茅坪而入天柱。河宽约 300 米,流域面积 3841 平方千米。河枯流量 48 立方米/秒,最大流量 16500 立方米/秒。年平均流量 364 立方米/秒,最大流速 4.55 米/秒,最深处为 18.5 米,最高水位 315.9 米,最低水位 298.3 米。流段滩多流急,干流可供灌溉及航运。

---

❶ 贵州省编辑组.侗族社会历史调查[M].贵阳:贵州民族出版社,1988:7.

❷ 《黔东南苗族侗族自治州概况》编写组.黔东南苗族侗族自治州概况[M].贵阳:贵州人民出版社,1986:152.

航船上至剑河南嘉,下达湘鄂,交通十分便利。通过清水江流域的主干及其网络般的支流如亮江、小江、八洋河、瑶光河(又名乌下江)等,可将黔东南清水江流经各县的木材运集于锦屏县,再顺流而下,直达长江流域诸城镇。同时,外省的盐、布、百货等商品逆江而上,可运销至清水江沿岸的民族地区。❶ 据史料记载,清水江的货物运输南朝时就开始了。齐武帝永明三年(485 年),主要运输南平阳县(今锦屏)、东新市县(今瓮洞)的贡赋为主。北宋嘉祐二年(1058 年),又开始了淮盐运输,供应湘黔边境。明清时期"皇木"顺江流放至江淮,用于京城宫苑的建筑。紧随"皇商"之后的,是大量"民商"的流入,这些商人纷纷到沿江两岸采购木材。于是,明清时期,清水江沿岸,尤其是在杉木繁茂、河床宽阔、水流平缓地段的锦屏、天柱两地形成了不少重要的木材交易集市。为方便经营木业,外来商帮在这些木材交易集市上建有各自的会馆或停泊木排的码头。各会馆均以美名冠之,如"关圣宫""杨公庙""德山馆""两湖会馆"等。以汉族为主的外地商贩在清水江江畔之城镇坐商,经营绸布业、百货业、土杂业、盐业。以木材为主要产品的商品经济冲决了自然经济的封闭局势之后,外省的棉布、百货、食杂等商品,逐步贩销于清水江少数民族地区。本省一些商人,也纷纷迁住于江畔之城镇。清水江沿岸的苗侗人民与内地汉人物质上互通有无、文化上混合交融,构成了一幅林海水乡的别样景致,这些都极大地促进了苗疆内化的进程。

(二)从采办到贸易

在《明史·食货志》中,"采办"的含义是"官出钱以市(上供之物)",即国家出钱从市场上购买地方物产。皇木采办的主要形式有官办、商办之分,以官办为主。黔省所采办的木材在明朝被称为"皇木",清代则被称为"贡木"。

有关清水江流域尤其是下游锦屏、天柱等地的明清"皇木"征派状况,《侗族社会历史调查》有着详细记录,《木材之流动》也以乾隆年间整个沅水流域木材采运的"皇木案"为核心进行了具体描述。不同的是,针对前者描绘的事实,张应强认为"目前还没有文献资料,可直接证实明代官府采办'皇木'的活动已经深入到清水江流域。从掌握的材料来看,似乎采办木材跟朝廷对地方的控制有着密切的关系"。❷ 但他同时承认,根据史实,由明朝中期开始,诸多文献便记载了地方政府据朝廷安排,需要承担数额巨大的采办经费,还设有专门委员办理相关事宜,办理情

---

❶ 贵州省编辑组.侗族社会历史调查[M].贵阳:贵州民族出版社,1988:4.

❷ 张应强.木材之流动:清代清水江下游地区的市场、权力与社会[M].北京:生活·读书·新知三联书店,2006:40.

况的好坏直接影响地方官员的赏罚升降。《黔史》记载:明嘉靖"三十有七年,采大木于镇远、偏桥、施秉等处"。由于当时这些地方已处于中央控制并设有驿道,在这些府县和卫所采大木自在情理之中。事实上,明清两朝在兴建宫殿的过程中,均定例向黔、川、湘等省的少数民族地区征派过杉、楠、樟等木材,供宫苑之建设,由此名曰"皇木"。

除征派之外,部分少数民族土司为了向帝王邀功请赏,还常选地方巨木为贡品,以图晋升官职或将功赎罪。《明实录·武宗正德实录》卷117载,"工部以修乾清、坤宁宫,任刘丙为工部侍郎兼右都御史,总督四川、湖广、贵州等处采取大木,而以署郎中主事伍全于湖广,邓文璧于贵州,李寅于四川分理之"。这是最早有关明朝在贵州少数民族地区征派皇木的记录,按推算应是明武宗正德九年(1514年)。明代在贵州征派皇木主要集中于嘉靖和万历两个时期。嘉靖二十年(1541年)"工部侍郎潘鉴,都御史戴全分住湖广、四川采办大木"。[1] 历经三载,至嘉靖二十二年(1543年)"上以采木工完,升提督川贵大木右御史潘鉴为工部尚书……贵州巡抚右副都御史刘彭年……赏银三十两,绉丝二表里"。[2] 嘉靖三十六年(1557年)"复遣工部侍郎伯跃采木于川湖贵"。[3] 征派可谓频繁,给地方百姓额外增加了许多负担。贵州抚按官高琳等就曾向世宗上奏:"本省采木经费之数,当用银138万余两,费巨役繁,非一省所能独办,乞行两广、江西、云南、陕西诸省通融,出银助之。此奏章未被采纳。因任务紧逼,地方官员也有消极以待者。"嘉靖三十八年(1559年),"巡抚贵州都御史高翀参都司何自然以采木急,托疾规避,宜治其罪。诏:'革自然任,付抚臣逮问具奏'"。如都司何自然见朝廷采木苛扰,同情人民疾苦,便"托疾规避",终不免被朝廷革职问罪。[4] 嘉靖以来,明王朝屡在黔、川、湖广采办大木,除供建筑外,还有大量尚存于"神木厂"。查《明实录》可见,在万历十二年(1584年)、十四年(1586年)、十九年(1591年),均有明王朝派员向贵州、四川、湖广采大木的记载,迄至万历三十六年(1608年)贵州巡抚郭子章说:"坐派贵州采办楠杉大柏枋一万二千二百九十八根,该木价银一百零七万七千二百七十一两四钱七分六厘,计作四起查给。一给于开山垫路,二给于运到外水,三给运至川、楚大河,四给到京交收。"(明实录·世宗嘉靖实录,卷456,473,443)可见当时征派皇木数量之多、费用之繁。

❶ 贵州省编辑组.侗族社会历史调查[M].贵阳:贵州民族出版社,1998:8.
❷ 贵州省编辑组.侗族社会历史调查[M].贵阳:贵州民族出版社,1998:8.
❸ 贵州省编辑组.侗族社会历史调查[M].贵阳:贵州民族出版社,1998:8.
❶ 贵州省编辑组.侗族社会历史调查[M].贵阳:贵州民族出版社,1988:8.

与明王朝根据形势所需、为建造宫殿在某个时期内集中大量征派皇木不同,清王朝以年征形式变"征派"为定例,成为清政府给当地普通百姓增加的除"缴纳钱粮"之外的又一沉重负担。据《皇木案稿》手抄本(道光七年李荣魁等抄)可知,当时的皇木尺式规格为:"桅木二十根,长六丈,径头四尺五寸,尾径一尺八寸;断木三百八十根,长三丈二尺,头径三尺五寸,尾径一尺七寸;架木一千四百根,长四丈八尺,围圆一尺六七寸;槁木二百根,围圆八九寸一尺不等。"❶关于征派定额,乾隆十二年(1747年)湖南巡抚部院杨奏工部为请定核查办木之延迟以速公务事的奏文中有明确记录,"湖南每年额办解京桅木二十根,断木三百八十根,架木一千四百根,桐皮槁木二百根"。虽然这只是湖南省征派皇木的年定额,却同样能够说明贵州当时的情况,原因有三:一是天柱、锦屏自明至清初,属湖广荆州路辰州府之靖州所管辖,当时所记载的湖南木政,自然包括天、锦一带。二是该奏文说"桅断二木近地难觅,须上辰州以上沅州及黔省苗境内采取"。这些所谓难觅的桅、断二木,乃是皇木中的巨大者。按皇木尺式,"桅木长六丈、头径四尺五寸、尾径一尺八寸"。非高达八九丈之巨树,不足以砍伐尾径一尺八寸、长达六丈以上的桅木,在采办皇木的过程中,往往超过此尺式。就算是在莽莽苍苍的林海中,亦难寻觅,再者当时愈是地近洞庭,巨材愈是罕见,愈是时近现代,巨材愈发难得,因此,此类木材多采于黔省偏僻的少数民族地区。三是奏文言"架、槁二木则须在常德聚木处购买"。当时运集于常德之木植,大多为由清水江上运来的"苗木",而专营"苗木"的"五勷"木商中就包括天柱木商。再者,贵州一向与四川、湖南同例按年贡木,自然与湖南的情况类似,岁征不止了。❷康熙初年出任黔阳知县的张扶翼,曾对早期清水江木材采运的情况有较为清楚的记载:相传桐木出天柱清水江者为胜。清水江,木所由出,而非其产也。由清水江入生苗扳岩,数百千里,悉皆苗寨,各有分界……又经诸生苗寨,必与其酋长交欢,递相传送,递者稍侵其界,即执刀相杀。虽有佳者,尝苦不得出,此其所以难也。❸

因此,明中期至有清一代在贵州黔东南清水江地区不但大量皇木被征派,地方民众还开始以植木营林为生,清水江木材贸易一度兴盛。一方面是国内"各省产木日少",而江南木材需求日益迫切的矛盾;另一方面又是"苗疆腹地"森林茂密、郁郁葱葱而得不到运用的现实,这自然会引发政府的开发欲望。随着木材以商品形

---

❶ 贵州省编辑组.侗族社会历史调查[M].贵阳:贵州民族出版社,1988:10.

❷ 贵州省编辑组.侗族社会历史调查[M].贵阳:贵州民族出版社,1988:9.

❸ 张应强.木材之流动:清代清水江下游地区的市场、权力与社会[M].北京:生活·读书·新知三联书店,2006:40.

式进入地方集市交易,百姓开始有意识地根据商品市场的需要,培育、营造各类林木,人为经济活动影响了森林类型的更替。清乾隆十四年(1749 年),贵州巡抚爱必达在《黔南识略》中描述"自清江(今剑河县)至茅坪(属锦屏县)二百里,两岸翼云蔽日,无隙土,无漏荫",表明当时人工营林已然产生,并使得林木呈现整齐划一的林相。乾隆《贵州通志》风土志也记载当时黔东南培育杉秧与林粮间作的技术已经进入比较成熟的阶段。❶乾隆《清江》卷一载:"黔山多童,先年之苗不习松杉等利。山中之树……竟不知其名者。今则种松栽杉者郁郁。"人工营林技术的渐趋成熟,一定程度保证了木材市场的供求量。待地处长江水系沅水上游的清水江,因数次开发而水道"漾洄宽阔"、便于通航,这一区域自然吸引了各地木商争相前往。雍正七年(1729 年)清水江、丹江皆奏设重营,以控江路,令兵役雇苗船百余,赴湖南市盐布粮货,往返不绝,民夷大什,估客云集。19 世纪初,清水江流域木材年产销量为白银二三百万两;19 世纪末,将为白银百余万两;20 世纪初,年销量合大洋六百万元。❷这表明当时木材交易已自东而西,由清水江下游天柱、锦屏等地延展至清江厅。❸但是,清水江流域木材的营造量、蓄积量与外销量因受国内局势影响,起伏较大。局势较为安定时,外销量激增,蓄积量减少;战争时期,外销量锐减,蓄积量则增加。民国时期,黔东南杉木贸易较大起落就达六次之多。

如张应强所评述,这个由征派到贸易的过程,其实也是"化外之地"逐步"内化"的过程。大量木材沿清水江顺流而下,以及数量庞大的日用品逆江而上的现实,一方面实现了清朝开发"新疆",使之纳入帝国版图的目的;另一方面也因市场贸易的渐次繁荣给清水江流域这片原为"苗疆腹地"的"生界"带来了全新的体验。在国家力量的强力推进中,市场需求应运而生,伴随着外来汉族移民、商人的涌入,地方社会发生急剧转型。地方精英在寻求自身发展的过程中,也引导着普通民众走向木材采运,成为地方市场体系之一份子。面临地方转型至发展的契机,他们充分运用各项国家政策,将传统与之糅合,找寻发展机遇,巩固自身地位。

(三)"山客""水客"与木行

清水江木材采运,由清朝的"皇木"征派为主到市场贸易为主,实际也是中国封建社会末期商品经济发展的结果。"木材之流动"经清水江由黔省至其他各省

---

❶ 《黔东南苗族侗族自治州概况》编写组.黔东南苗族侗族自治州概况[M].贵阳:贵州人民出版社,1986:153.

❷ 同上。

❸ 《贵州通史》编委会.贵州通史:清代的贵州[M].北京:当代中国出版社,2003:163.

必定给地方带来一系列变化。这些变化产生的最直接也最明显的影响就是不同贸易群体的出现。有关这些群体的事迹,《贵州通史》《侗族社会历史调查》《木材之流动》等均予以专门说明。大批专业人员的出现与专门机构的设立,正是当时清水江流域木材贸易之兴盛、商业竞争之激烈的鲜活体现。

卦治《奕世永遵》石刻提及"山贩",在其他文献中亦称为"山客",或"上河客",以其多居上游山间、伐木贩卖而名。在各种官私文献的记载中,来自上河地区的山客,尤其是出现在"当江"三寨参与木材交易的山客,多被称以"黑苗",他们与卦治、王寨、茅坪三寨苗人本系同类,"语言相通,性情相习",故而能够在三寨苗人的邀约下,与客商"三面议价",完成木植交易。❶ "三江"即茅坪、王寨与卦治,其上游的清水江林区,由产地伐运杉木到三江(即王寨等三寨),搞短运短销,以当地苗侗为主的木商,谓"山客""山贩"或"上河山客""上河山贩";止于三江勘木,来自长江流域各省收购木材运往汉口、南京、上海等地的商人,谓"水客"或"下河水客"。山客与水客间不可直接交易,须经由三寨之木行中介方可成交。❷

关于山客经营木业的情况,贵州省档案馆农林64全宗9372卷有这样一段记载:锦屏木业通例,恒称卖方为"山客",买方为"水客",盖以卖客多来自山间,而买客多来下江各地也。山客放运木植至行户以待价而沽,水客则携款至行户选购木植。水客选定木植后,则由行户约同买卖双方根据当时行情及木材品质议定基价,经双方同意后,水客即应先付木价二分之一,其余半数俟所购木植全部放抵水客木坞内(木坞即沿江能进洪水冲刷之储木处所)即应如数付清。行户除扣取其所应交之各项税捐代为交纳及其所应得之佣金外,其余交付山客。如是则交易手续即称完成矣。❸ 这是民国年间锦屏木材交易的纪实,之前二百余年间,交易情况也大致如此。明后期,清水江的杉木成为商品后,便产生了当地少数民族的第一代商人——山客。至乾嘉年间,随着木材贸易的空前兴旺,便涌现出财雄势大的山客。典型者有姚玉魁、姜志远、姜仕朝三人。嘉庆、道光之际,苗、侗杂居的瑶光(今河口乡)就流传着"姚百万,李三千,姜家占了大半边"的民谣。文斗姜仕朝嘉庆年间趁坌处与茅坪等三寨争江而"广囤木植","购进万数之木,终于获利数倍,大发横财"。❶ 尽管如此,普通山客还是占大多数,他们既承担日常营林,又辗转于木市

---

❶ 张应强.木材之流动:清代清水江下游地区的市场、权力与社会[M].北京:生活·读书·新知三联书店,2006:156.

❷ 贵州省编辑组.侗族社会历史调查[M].贵阳:贵州民族出版社,1988:30;《黔东南苗族侗族自治州概况》编写组.黔东南苗族侗族自治州概况[M].贵阳:贵州人民出版社,1986:153.

❸ 贵州省编辑组.侗族社会历史调查[M].贵阳:贵州民族出版社,1988:30.

❶ 贵州省编辑组.侗族社会历史调查[M].贵阳:贵州民族出版社,1988:30-32.

以获取微利。

相对来说,能以贩卖大批木材盈利的水客就家道殷实得多。黔省本地商人参与"水客"行列较早的是天柱商人,而锦屏人经营下河木材贸易则始于清末及民国年间。从其民族构成看,汉族最多,侗族次之,苗族极少。因来源不同且时间先后有别,下河木商组建成各自的商帮组织。最早进入锦屏地区经营木业的商帮组织叫"三帮"和"五勷"。所谓"三帮",即安徽、江西和陕西的木商。所谓"五勷",一说是湖南的常德、德山、河佛、洪征、托口;一说是天柱县属的远口、坌处为一勷,白市、牛场为一勷,金子、大龙为一勷,冷水溪、碧涌为一勷,托口及辰沅为一勷,贵州天柱及湖南木商合称"五勷"。"三帮""五勷"沿长江各重要商埠直至锦屏,都建有各自的会馆和停泊木排的码头——木坞。

在"三帮""五勷"中,还有不少是兼具皇商特殊身份的大木商。清嘉庆年间,卦治与天柱县的坌处发生争江纠纷,卦治行户文映宏上书政府说"(坌处)惊阻徽、临两商客四十余船,迄今缆陷远口河下,进退两难。诚恐载装重资,防守不及,致生不侧,贻累难当,即历年采办之钦工例木,亦当紧要(嘉庆十一年卦治行户文映宏控告坌处劫船阻商的诉词)"。继"三帮""五勷"后,来锦屏地区的下河木商有汉口帮、黄州帮、武信帮、宝庆帮、金苏帮、衡州帮、花帮等。❶

木行即政府批准开设的牙行。其立案手续,清代须经布政使司,颁发"牒";民国须经省财政厅批准,颁发"执照"后,方能营业。清代文献在记载以三寨为中心市场的清水江木材采运时,指出王寨、茅坪、卦治三寨"岁以一寨人掌其市易,三岁而周""三寨轮流轮值之年,谓之当江",这便是清水江木材采运中极其核心的"当江"制度。三寨也因此被称为"三江"。❷ 锦屏三江行户,是三寨中之王、文、龙,张、杨、刘、吴七姓的代表人物,其中又以王、文、龙等的侗族势力最大,乃至后来数姓把持演变成子孙世代相承。

木行每年需按规定向政府缴纳营业税,清代每年交白银两千两。民国按所得金额提税,还以木行发票为据,向买卖木植者,也即水客、山客征收木植税。木行的主要收入来源于木商交纳的佣金,亦称牙口,一般提取交易额的5%。据民国《中国经济年鉴》统计,民国初年清水江流域杉木以每年外销总值600万元计算,则锦屏、靖县的木行、木栈全年佣金收入为18万元,普通年景也不下10万,加上高利贷、向木商浮报开支及聚赌抽头等收入,全年不下二三十万元。锦屏木行内部一般设经

---

❶ 贵州省编辑组.侗族社会历史调查[M].贵阳:贵州民族出版社,1988:33.

❷ 张应强.木材之流动:清代清水江下游地区的市场、权力与社会[M].北京:生活·读书·新知三联书店,2006:119.

理 1 人,若非开行者自任而是对外聘用者,月薪约白银 30 两,或银圆 30 元;经理下
设文、武管事各 1 人,文管事主管内部事务,武管事专司外事,月薪均为银 20 两或
大洋 20 元;其他还有围量手、杂役、厨司,多则十余人,少则六七人,工资每月 10~
15 两银子或银圆;一般还招用学徒,三年学徒期内无薪,师满方有工资。

行户在充当木材交易中介时,主要任务是代水客找货源,选配木材花色品种,
安排坞子,兑付款价,雇夫撬排运输,结算各种账目;代山客编单木材,上缆子,保存
木材,垫付运费、贷款或预付木价,寻找买主,围码,代交税款。买卖时,行户从中喊
盘定价,具有"一口喊断千金价"的权威。依其职能,行户确非普通交易中介,而是
具备控制木材交易特权的地方封建势力。❶

可以说,当江制度的确立,"山客""水客"及木行作为木材贸易参与者,并以群
体身份的出现,不仅是清水江木材市场繁荣的结果,同时也渗透着王朝意志。人们
可以选择是否参与其中,却不能左右规则的制定,游戏规则的制定者永远都是权力
拥有者。也正因此,清水江流域开发的背景,是国家力量极力渗透、影响地方群体
自身发展的一个过程。只不过,在这个过程中,大多学者关注的是表面宏大的政策
影响,本书则试图在这个宏观背景中找寻一个落脚点,即参与其中并受其影响的落
脚点。这便是我们着力以契约文书、田野口述及其他文献资料为依托,勾画的坐落
于清水江边的锦屏"加池苗寨"。

三、"招什"与"加池"

(一)从"招什"到"加池"

张应强、梁聪等都曾提及,在文斗人眼中,与中仰之"招养"相同,加池原本也
是替他们看山的,叫"招什"。❷ 据说有契约文书可证明,只是笔者未曾见到。倘若
真是如此,加池的名称便经历了由"招什"到"加什"或"佳什""佳池",再到"加池"
的变化,而这一变化一定程度上体现了加池苗寨的发展历程,即由"化外之地"毫
无身份、毫无根基的"流民"或"土著"成为有独立身份,且纳粮附籍的"编户",最后
又逐渐壮大为在地方上具有一定影响力的"加池"苗寨。这一切,离不开"以木植
为中心的社会经济活动"带来的地方社会权力与地位的改变。至今尚存的加池四
合院与村寨内大量契约文书便是最好的实证。

---

❶ 贵州省编辑组.侗族社会历史调查[M].贵阳:贵州民族出版社,1988:35.
❷ 张应强,等.锦屏[M].李玉祥,摄影.北京:生活·读书·新知三联书店,2004:124;梁聪.清代清水江
下游村寨社会的契约规范与秩序——以文斗苗寨契约文书为中心的研究[M].北京:人民出版社,2008:41.

关于"招什",因无具体文字材料,我们难以判断真伪。在田野中,我们也曾就此询问当地人,他们避而不答与文斗的关系,只说都是地方上的大寨子,都曾为地方立过大功。但对中仰之来源,则毫不避讳,说中仰即"招养",因为那边山匪多,文斗和加池一齐找了些有点身手的人看山,以守护门户,这些人后来就形成了村落。

说到"加什"的名称来源,《河口乡志》如此记载❶:

加池,亦名加什,为古青山界四十八苗寨之一。传说清康熙时,加池头人与文斗、岩湾等村头人赴黎平府申报入籍,知府问加池烟户几何,头人回答"九家半"。知府问何为半家,头人答"有一寡妇,故只算半家"。知府便将该寨烟户加到十户计征,故得名。古苗语称"腮锡(dliangb xi)"。

而这个头人,据加池"母猪形"房族《姜氏族谱》载,正是九世祖老三公之姜辅臣。

公聪慧颖达,老成谙练,当村中甲长时,上患拨土司丁粮归府属完纳,旧例与文斗、岩湾三寨夫纳,公□三寨父老分派各完禀,官派定公禀府主说地方困苦,人户极少,难同两寨一共抬。府主说,尔村名加什,莫非只有十家么? 公即回答去未登十家,只有九家半。官回,什该民狡猾,戏侮本府。岂有半家之理? 公复辩明:求官原谅,有一户存一寡妇,如何不是半家? 府主息怒,大笑、称奖灵敏。可谓随机应变。府主将地丁粮分作五爪,偿役我寨只当半爪,文斗三爪,岩湾一爪半,厥册只载丁粮银七分二厘,拆米五升。永为定例。迄今二百余年,厥册仍纳柱口姜甫臣公之名……公葬在母猪形坤山银向龙真穴,正持朝秀,□尖峰高插在远方,将荫育人村,正未有艾发福悠久於不替也。公葬上排正中棺。婆龙氏本排葬此。相传此地先是文斗上寨山,公认龙穴,结美先去写佃,后用计谋买股,子即点穴用事。文斗人不服,双方告状,经官判归公兄弟有。

倘若《河口乡志》与此份族谱记录均属实,这一事件发生在康熙年间,便可说明:其一,自始祖姜大兴于明天顺三年迁入加池寨,并与当地苗民居住以来,直到康熙年间,依然人丁单薄,只有"九户半"。其二,纳粮情况翔实,即"府主将地丁粮分作五爪,偿役我寨只当半爪,文斗三爪,岩湾一爪半,厥册只载丁粮银七分二厘,拆米五升。永为定例"。其三,辅臣曾用计占得文斗上寨一坟地。他看中此地风水后,便向主人佃种。待时机成熟,又购买股份,拥有部分所有权。临死时他叮嘱儿子将自己埋葬于此,以至于双方对簿公堂,因已成事实,且曾有股份,官府判归加池姜家。其实姜辅臣此举在加池苗寨关涉阴地的纠纷文书中十分常

---

❶ 《河口乡志》(内部资料),第43,120页。

见,是地方人霸占田土和佃户争取利益以建立自身地位的普遍方式。这在一定层面上反映,当时地方百姓十分熟悉诉讼程序,他们利用清初政府"以苗治苗"的政策,充分运用地方尊重死者的习俗,有计划、有步骤地实施自己占有他人土地的计划。

至于"加什"何时演变为"加池",地方百姓称是语音相近缘故,认为后者较前者也显得正式些。但从乾嘉以来的契约文书看来,"加什""佳什""佳池"及"加池"等名称都曾用过,似乎并无先后之分。只是关于现在的居住地中寨,倒有些说法。据传,加池先人最初聚居于半山腰的"洋乌",后来因家养的鸡鸭往山上觅食不愿回家才发现中寨。在清水江流域沿岸村寨,这是一个非常有趣的现象,许多村寨的迁居史似乎都与鸭子的先知先觉相关,如文斗、台江偏寨,以及剑河大稿午苗寨等都传说村落的搬迁与鸭子有关。由此可见鸭子在他们生活中的地位,只是这一意象所蕴含的更深刻的地方观念却有待进一步调查分析。

(二)"我是汉苗"

18 世纪以来,加池等地属于黎平县龙里长官司。黎平宋朝为诚州地,明代置五开卫,清康熙二十八年(1689 年),黎平军民府撤"军民"二字改为常府。雍正五年(1727 年)闰三月,废五开卫,改设开泰县。而龙里长官司于"顺治时降,准袭"。❶ 可见在河口地方,加池、文斗、岩湾三寨首先到官府纳粮附籍,不仅映衬了清朝基于地方形势改变所做的机构调整,还体现了加池等寨在地方精英对国家政策、市场发展的充分思考、分析后所采取的因应策略。

与上游剑河、台江等地苗族在清廷压迫下执着于沿袭地方传统、崇尚以古歌形式传承族群文化不同,加池等地方苗寨一直以来为在木材采运过程中赢得更大发展、争取更多利益,主动学习汉文化、响应清廷各项政策,如乾嘉时期的婚俗改革、咸同年间的三营团练。他们在与下游水客、木行极为频繁的交往中,不仅熟识各类木材交易规则,还充分运用政府政策来维护自身利益,如河口贸易碑记载了加池等苗寨山客一齐起诉下游水客协同木行老板越界购买杉木的历史事实。诸如此类,数不胜数。这些行为说明了加池等地方苗寨不断努力去维护自身权益、保持"山客"地位,也就是在这个努力的过程中,他们给自己确立了不同于下游汉人、又有异于上游苗人的另类身份——"汉苗"。

笔者首次到加池时,极具传统文化保护意识的村委 JSH(男,苗族,45 岁)便开门见山地说,"我们是汉苗,是和剑河、台江那些苗族完全不一样的"。他说,"我们

---

❶ 吴荣臻,吴曙光.苗族通史(二)[M].北京:民族出版社,2007:321.

既会说汉语,也会说苗语,而台江、剑河那些地方的苗族不仅穿着奇怪,还有很多女人只会说苗语。我们的习惯和汉族、苗族的也都有很大差别"。常年在外工作的JSHA(男,苗族,35岁)同样说,"我们是汉苗,不和那些'蛮苗'开亲,太远了。像剑河久仰的女人用牛角梳缠头发,她们就是'蛮苗'"。由此可知,首先,他们有意识地强化自己汉苗的身份,也即与周围汉族和苗族都能够明显区分的另一类群体。如郝时远所说,"我的自我定义被理解为对我是谁这个问题的回答",当他们着意于回答"我是谁"的问题时,也即识别"谁非我"的问题。❶ 而"汉苗"便是加池苗人这种"我是谁"与"谁非我"的认同结合。其次,汉苗在他们的概念中是一个值得骄傲的名词,因为他们既不像汉族那样没有特色,也不像"蛮苗"那样太过于封闭。他们不需要苗家人的服饰,也不需要那些"怪异"的苗歌,在他们眼中,自己处于一种特殊地位,是汉族与苗家的结合。最后,在他们心里,虽然为苗,但与汉人更为接近。因为在他们的词语中,对汉人没有明显的贬低。相反,对剑河、台江等清水江中上游的苗族却直呼"蛮苗",这表明他们受汉文化影响较深。在他们的观念中,清水江中上游的苗族是不可接近的,两边不可能开亲。最为重要的是,他们非常强烈地意识到自己在历史上的重要地位,他们对清朝地方木材贸易的繁华仍持向往。在他们看来,清水江中上游的苗疆是化外之地,而自己与清朝更为接近。

尽管如此,《河口乡志》却这样记录乡境内的族源❷:

河口乡境内苗族大体分为两支,一支分布在裕和、培陇等青山界半腰,其与固本乡境内苗族同源,源于广西大瑶山,经黎平县尚重地区而来,徙居乡境时间大致在宋元时期;另一支分布在瑶光、韶霭、文斗、加池、岩湾等村,是乡内苗族的主体。其支系上属于剑河"西"支苗。至今尚流传古歌:"来到振方西,来到羊岔利,集全族祭五届……来到松党故,松计祖宗地"。从古歌中可窥见其迁徙大致线路:江淮—洞庭—榕江—昂英—久脸。昂英、久脸均在今剑河县内。西支人离开久脸后,又分成若干小支在剑河、台江、雷山、锦屏等地不断迁徙。定居乡境内时间大体是元代前后。

也就是说,加池苗家应属于剑河"西"支苗,恰恰是他们自己所不看重的"蛮苗"。对此,加池人并不认可,姜氏"母猪形"房族的《姜氏族谱》记载,姜公维行平蛮有功,"得授指挥之职,移镇驻潭溪司,遂家于姜家屯";始祖有德公,因学识渊博,被婆洞苗民"聘为义学之师""教化苗民习礼攻书""家住于苗巨寨",并"置买田土,成家立业";后来因"中林司楼罗村苗民蒙氏恃众为乱",先祖姜大兴公,于明天

---

❶ 郝时远."中国田野"中的人类学与民族学[J].民族研究,2009(5).
❷ 《河口乡志》(内部资料),第66页。

顺三年,逃至清水河岸,定居洋污。由此看来,姜氏迁徙路线如下:姜维行住姜家屯——姜有德住婆洞——姜大兴住加池洋污。其迁徙原因分别如下:平蛮;应聘为义学之师;战乱。谱牒强调,"我族原系汉民,入此地者,与苗民同井共村而居,交友结亲和睦。用夏变更于夷。依此地苗疆习俗相沿,遂以为常至"。对于族谱中加池苗人原本为汉,系"汉变苗"一说,《河口乡志》表示怀疑❶:

　　　　然自清雍正、乾隆以后,随着朝廷对乡境内区统治的加强,特别是清水江中下游地区木材贸易的发展和繁荣,汉族人大量涌进,汉族文化广泛传播,在封建统治者奉行民族歧视和民族压迫政策的大背景下,原先定居于此的苗族人为摆脱受歧视和压迫的地位,逐渐隐蔽自己的正宗苗族人身世,向汉族人靠拢,或接其宗谱,或改从其姓。清道光末期至咸丰年间,黎平知府胡林翼为对付农民军队,在府属各地推行保甲团防制度,大兴宗谱,修谱之风于是大盛,乡境内各村寨各宗族无不纂修族谱,理顺其族源。至此,乡境内各宗族江西、湖南源流观点基本形成。其中以江西吉安府为最盛,1982 年,文斗上寨姜氏续修族谱时,还派人到江西省吉安市去寻接,然无功而返。

　　当我们谈及乡志与家谱中的矛盾说法时,加池姜绍明认为乡志不一定可信,反而是家谱中的说法,更具有说服力。在此,我们暂且搁置争议,因为无论何种说法,都掩盖不了一个事实,那便是加池人对"汉苗"的认同。

　　按照"当江"制度规划,下游汉人客商与上河"生苗"或"黑苗"人等只能在三江进行木材交易,而三江就成为下河的"汉民村寨"与上河"黑苗"聚居区的分界线。❷ 如此一来,加池等上河地区便应属于"黑苗"或"生苗"区,贸易中心三江才是真正的"汉苗"区。而加池人自古至今对自己"汉苗"的定义原因可能在于:一是在以山客身份参与清水江下游木材贸易的过程中,他们逐渐掌握客话,并积累了一定财富,一方面,通过主动纳粮附籍,争取获得更多更实际的利益;另一方面,他们有意识地向三江"汉苗"靠拢,在学习汉字的同时,通过纂修族谱等方式来表达族群认同。二是因木材贸易,他们融入整个区域市场网络,而较少与上游剑河等地苗族接触,在他们心目中,上游剑河等身着奇装异服的土著才是"生苗"。值得一提的是,咸同年间的地方三营团练虽非政府军,却始终以"苗匪""苗叛"称呼张秀眉等领导的苗民起义。王宗勋认为,他们此举在于取悦朝廷,摆脱"苗夷"身份,获得更多晋升的机会,从而不敢承认自己是少数民族。笔者的观点是,取悦朝廷与争取上

---

❶ 《河口乡志》(内部资料),第 67 页。
❷ 张应强.木材之流动:清代清水江下游地区的市场、权力与社会[M].北京:生活·读书·新知三联书店,2006:100.

升空间只是地方社会精英的想法,或许对于普通百姓来说,因长期以来与汉族的密切交往,导致他们对族属有意识地模糊;也可能是因国家相关政策,如教育等的推动,致使人们从心底深处更乐于亲近汉族。他们不是不敢承认身份,而是为了明确自己独一无二的角色——"汉苗"。

小　结

这一部分,我们主要讨论了清代加池苗寨所在地方的社会政治环境,其实相关内容我们在张应强的《木材之流动:清代清水江下游地区的市场、权力与社会》、梁聪的《契约规范》《侗族社会历史调查》等讨论清水江流域的专著和其他期刊文章中有所了解,在此笔者只不过就加池苗寨这一研究对象之特色进行简单梳理。笔者认为,首先,清廷力图化"生苗"为"熟苗"的苗疆政策是导致地方社会转型、影响区域发展的重要外因,其客观上促进了地方市场由封闭走向开放,为木材贸易的繁盛、契约文书的大量出现提供了前提。其次,地方市场被纳入国家体系,政府根据自身政策需要控制市场,制定系列规则以规范区域木材贸易,由此划分出"水客""山客"及木行等交易群体,方便国家掌握整个区域贸易系统。虽然政府意图无法完全实现,市场有着自己的发展脉络,各群体明晰的交易模式也会因不断出现的种种因素被扰乱,但清廷此举有利于地方市场有序开放,一定程度上促进了象征规范的契约文书之盛行。

正如弗思所分析,环境虽然在人类文化方面起的作用并非主要,却仍给予人类生活一种极大的限制;在一定程度上迫使生活其中的人们接受一种物质生活方式;在限制人们成就的同时却为人们提供必要物质;除此之外,环境还对人们的文化生活起着微妙的作用。❶"九山半水半分田"的自然地理环境,对地方人们的生产生活方式产生了极大影响。对于加池苗寨地方的人们来说,当木材仅仅作为柴火使用时,崇山峻岭只能提供日常所需;而当地方市场逐步建立,木材的作用凸显并成为主要经济来源时,经营山场、出售木材便成了提高生活水平、增加经济收入的重要途径。加池苗人在逐步深入地参与地方木材贸易的过程中,不仅通过利用国家各项优惠政策提升自身地位,如考取功名、捐买监生等,还着力于改革地方传统,以适应时代发展需要,如加池、文斗等寨乾嘉时期的婚俗改革。也正是在这样一个由被动纳入王朝版图到主动参与地方市场的过程中,加池等地苗人开始了新的认同,即同时有别于汉族与"蛮苗"之"汉苗"。

---

❶　弗思.人文类型[M].费孝通,译.北京:华夏出版社,2001:32-33.

在笔者看来,"汉苗"这一词汇不仅表达了地方社会的自主性,还回答了鲁西奇对于《木材之流动:清代清水江下游地区的市场、权力与社会》所提出的"王化"问题。这个问题,某种程度上是本书写作的一个基点,也是本书与前辈学者所强调"国家力量"是清水江民族地区由"化外"走向"化内"过程中的首要因素观点的一种对话。不得不承认,历史层面的解读往往以国家王朝的视角去撰写中央政府每一个政策、每一次举措对地方社会产生的强大影响,诸如《贵州通志》,就连各种地方志也是如此,似乎在地方社会发展的过程中,始终是国家力量在牵引着他们前进的每一个脚步。鲁西奇就曾指出《木材之流动:清代清水江下游地区的市场、权力与社会》暗含此种思想,"他强烈地暗示,清水江地方社会中以地权为核心的所有权观念及对契约的使用,来源于国家秩序系统,是对'汉族地区普遍存在的地权观念在内的社会制度和文化'的吸纳,'是与清朝积极开拓和经营边疆地区欲图同步的汉文化扩张和传播的一个重要结果'"。❶ 我们有充分理由相信,地方社会有着自身的发展逻辑,他们根据自身发展的需要去契合国家力量,从而产生一系列因应策略。在谈及所谓边疆地区的开发历史及其社会建构时,刘志伟也曾说过:"如果国家建造的过程是包含着本地人如何用自己的办法去将自己同中心联系起来,我们与其将'边疆'视为一个承受国家制度扩张的开放空间,不如更多地关注地方上的人们如何运用他们的创意和能量建立自己的身份认同……移民、开发、教化和文化传播的过程,不仅仅是文明扩张的历史,更被理解为基于本地社会的动力去建立国家秩序的表述语言。"❷张应强本人在以国家开发为主线进行叙述时也强调,这不是简单的王朝国家势力介入渗透,而是地方社会被动因应或主动"向化"的过程,其间有许多政治、经济、社会、文化因素极为复杂的交互作用。❸

---

❶ 鲁西奇.化外之区如何步入王朝体系:以木材流动为例——读《木材之流动:清代清水江下游地区的市场、权力与社会》[J].中国图书评论,2007(7).

❷ 刘志伟.地域社会与文化的结构过程——珠江三角洲研究的历史学与人类学对话[J].历史研究,2003(1).

❸ 张应强.木材之流动:清代清水江下游地区的市场、权力与社会[M].北京:生活·读书·新知三联书店,2006:21.

第三章　婚姻家庭文书

　　婚姻家庭作为人类拓展生存资源、延续种群历史的基本行为和组织,总是集中反映着经济、社会、文化的变迁。加池苗寨婚姻家庭类文书中,婚俗改革碑、婚姻纠纷诉状及加池四合院所代表的继承之约,描绘了加池苗民日常生活状况,反映了18世纪以来至民国时期清水江下游苗侗地区的联姻规则、婚姻纠纷类型和个体家庭的演变规律。

一、婚姻之约

(一)婚俗改革

　　20世纪90年代,有地方学者列举了锦屏县境内记录清代区域苗侗人民进行婚俗改革的碑石,如康熙二十九年(1690年)立于敦寨镇平江村的"功德"碑;乾隆五十六年(1791年)及嘉庆十二年(1806年)立于文斗四里塘的"恩垂万古"碑及"千秋不朽"碑;道光十一年(1831年)立于启蒙镇边沙村的"八议"碑;同治五年(1866年)立于黎平县已得寨脚月亮田的"严禁"碑(参与立碑的31个村寨中,黎平18寨,锦屏12寨,剑河1寨);光绪二十四年(1889年)立于彦洞和瑶白两村的"定俗"碑。❶

　　清时锦屏苗侗人民如此频繁地进行婚俗改革之直接原因,在于"姑亲舅霸"及其引发的社会问题。碑文载,地方婚俗"姑舅转亲""或舅揹姑甥,姑霸舅女",其中"舅揹姑甥"即地方所谓"还娘头",指姑姑家女儿必须嫁给舅舅家儿子,只有在舅舅家无子,或虽有子而年岁不当的情况下,姑姑家女儿方可另嫁,但聘礼却要归于舅家,也即"舅公礼"或"背带财礼",并且,大多情况下,舅家"得财方准适人,不满所欲,则不许他字"。如此产生不少社会问题,一方面,舅家拥有特权,要求财礼越来越多,超出百姓所能承担范围,如光绪彦洞、瑶白碑述,"康熙在位时用毛银,舅仪要九两,申扣纹银二两八钱以下。至嘉庆年间用色银,舅仪要银十二两,扣纹银六两……迨光绪以来,得升平之世,普用宝银,女嫁男婚。不得六礼,舅仪勒要纹银数

---

　　❶　姚炽昌.清代锦屏苗、侗族人民的婚俗改革[J].贵州民族研究,1991(4).

十余金"。这便导致了道光启蒙碑所述"姑表分财之规,不无陋弊,或借此而积婚枉利,或因此而悬搁终身,以致内怨外旷,覆宗绝嗣"的惨烈状况。另一方面,舅舅家强娶,姑姑家若不同意,双方便生发矛盾,舅舅家强娶姑姑家女儿为媳,若姑姑家女儿或姑姑家不愿,必然引起纠纷。彦洞、瑶白碑载,因"年发不对,或大十岁二十岁不等",女有"不喜之心,不由媒说,随同后生私走,或去日久未回""舅父要女匹配,或磕数十金,或以拐案呈控,或将屋宇拆毁""屡次上城具控,总是舅公估要姑女之事",以至于地方出现"操戈于私室,产荡家倾,半由子女"的现象。❶ 对此,《河口乡志》也曾加以详细记载,在叙述"姑舅表婚"之地方传统婚制时,强调"姑家养女,定有舅媳""否则争,甚仇杀",女子如若他嫁,必须向舅家支付酬金,加池、文斗等地称"外甥钱",因舅家索要过多,往往使得"富者售尽家业,贫者绝灭香烟"。加上当时因种种因素,抢亲现象严重,引发一系列社会问题,有识之士群起呼吁,认为改革势在必行。❷ 清中期以后,随着汉文化的逐步引入,地方苗侗知识分子以汉族婚姻形式为样板,积极倡导对"不落夫家"和"姑舅表婚"等传统婚姻制度进行改革。禁革的内容如碑文所述,主要在于剥夺舅家特权,禁止勒索财物,反对女子亡故后娘家追回嫁妆,反对"不落夫家",反对男女"行歌坐月",主张仿效汉式婚俗。

而由加池、文斗等地方村寨精英倡导订立,现存于锦屏文斗四里塘杨公庙坪,刊刻于清乾嘉时期的两块婚俗改革碑,就作为古时"地方性婚姻法",影响了清水江下游沿岸近20个苗侗村寨长达200年之久。

文斗婚俗改革碑(一)

圣朝教化已久,诸无异于齐民。而独于婚姻,尚有未改俗者,或舅揹姑甥、姑霸舅女,或男女年不相等。另行许嫁,则聘礼总归舅氏,此等简习,殊堪痛憾,今据文斗、瑶里等寨民姜廷干、李宗梅等凛请给示,前来合行出示晓谕,为此,示仰府属人等知悉,嗣后男女订婚,必出两家情愿,凭媒聘订,不得执以姑舅子女必应成婚,及籍甥女许嫁,必由舅氏受财,于中阻扰滋事,至于控告严究不贷,各宜凛(禀)遵勿违,特示。

一遵刊:府主示:凡姑亲舅霸、舅吃财礼,措阻婚姻,一切陋俗从今永远革除,如违示者,众甲送官治罪。

一众遵:示禁勒,凡嫁娶聘金,贫富共订八两,娘家收受外,认舅家亲礼银八钱,如有违禁者,送官治罪(认亲礼在郎家,不干娘家之事)。

---

❶ 姚炽昌.清代锦屏苗、侗族人民的婚俗改革[J].贵州民族研究,1991(4).
❷ 《河口乡志》(内部资料),第71~72页。

一众遵:示禁勒。凡女子出室,所有簪环首饰,郎家全受,娘家兄弟不得追回滋事,如违禁者,送官治罪。

一众遵:示禁勒。凡问亲必请谋,有庚书斯为实据,若无庚书即为赦婚。如违治罪(在未请示之先已准之索,虽无庚书,一定不易。岩寨树碑之后,必要庚书方可准行)。

一众遵:示禁勒。凡二婚礼,共议银五两。公婆叔伯不得揹勒、阻拦,逼压出事。如违,送官治罪。若有嫌贫爱富,亲魂贪花,无媒证而强夺生人妻者,送官治罪。

众勒其有写外甥女礼银抵人银两者,大皆丢落,不许转追借主。如抗众人,送官治罪。

计开各寨出首头人姓名于后,如有犯禁者,照开甲数均派帮补费用。

以上结亲,有媒证庚书,年纪班辈相当,爱亲结亲,虽然亲不于犯禁,及此乱伦强蛮者,则犯禁。

(略)

岩湾、加池二寨共一甲:生员范文达　生员范文云　范腾凤　范枉周　范文修　姜佐章　姜起龙　姜国儒　姜士周　范文勋

(略)

外勒:凡取(娶)亲,必上娘家备席下贴请房,分众还席毕值,依时候入门,不许守夜及中途会席。

皇清乾隆五十六年　孟冬月　谷旦❶

文斗婚俗改革碑(二)

尝思守正理者,则必受天麻,行邪道者,则必遭王法。是故子必也正名乎有。子曰:君子务本,圣贤已先训之点。况我等地方久沐王化,习读诗书,而岂有不明、返本归源之道乎。兹因以前嫁娶种种弊陋,请示已先禁革。若夫爱亲结亲固已遵从。而定亲礼及过门礼,明则顺之,暗则勒索,与夫干犯伦常等,屡生滋扰,大非所宜。为此,众等齐集重勒,免杜后患,以静地方,云尔是为序。

具体勒条于下:

一勒,凡接亲礼,只许五钱,定亲礼酒,小则一两五钱,大则四两,如多罚冲公。

一勒,凡折毁、拐带、强夺、有妻子弃妻子再娶者,罚钱三十两冲公。照理劝息,若不听罚,送官治罪。

---

❶ 《河口乡志》(内部资料),第72-73页。

（略）

嘉庆十一年三月十六日　立❶

碑（一）开篇便指明"圣朝教化已久，诸无异于齐民。而独于婚姻，尚有未改俗者"，由史料载，加池等寨于康熙年间就曾主动纳粮，成为"编户齐民"，至乾隆五十六年，确实"教化已久"。故而，当见到"还娘头""外甥钱"等所引发的诸类社会问题时，地方精英十分痛心，便"将改革的必要性禀告官府，得到官府认可后，就召集款或村寨头人会议，商议禁革具体规定，而后将诸禁规刊刻于石碑之上，竖于各村寨"。❷ 由此可知，乾隆时期，地方精英已与官府关系密切。受王朝主流文化影响，他们一方面充分利用官府"以苗治苗""化生为熟"的治疆理念和清朝在地方百姓心目中的权威形象，极力争取官方支持；另一方面又灵活运用传统地方组织的社会影响力，以款约形式发布禁革条文，获得民众拥护。改革碑之所以如此顺利立成，正因为地方首人或曰精英们已逐渐成为清朝的"乡绅"，他们在享受接近主流文化带来的实际利益的同时，力图通过各类活动提升自己的社会地位，巩固既得利益。

由碑文看，改革内容十分细致，借"府主"之口表达革除陋俗的决心后，款约便对具体事宜进行了规定：一是聘金八两，舅得礼银八钱，全由郎家出，防止传统"外甥钱"过高带来的负担；二是女子出阁，嫁妆归夫家，娘家兄弟不得追回；三是宣扬官方文化，讲究礼仪，媒妁之言，庚书为据。对于传统婚俗中孀妇再婚所遭受的不公平待遇，碑文亦有规定："议银五两。公婆叔伯不得掯勒、阻拦，逼压出事。"值得一提的是，碑文后加池所列甲长即姜佐章、姜士周，此二人分别为"母猪形""金盘形"房族代表人物，在加池历史上也曾叱咤风云。只是不知，此处改革，各寨甲长包含大家族代表，是否预示着地方活动中宗族参与已成气候、寨内各家族左右地方事务。或许推衍开来，自加池姜姓祖先养蛮迎娶第二任妻子导致姜姓分为"母猪形""金盘形"两大房族以来，两族早已开始了明争暗斗，"养蛮之争"只不过是一个长久的历史问题罢了，争祖风波应该是早已公开的秘密。

碑（二）显示，这次改革是在乾隆年间婚俗改革的基础上进行的，"兹因以前嫁娶种种弊陋，请示已先禁革"。然，"定亲礼及过门礼，明则顺之，暗则勒索"，故此，"众等齐集重勒，免杜后患，以静地方"。相较于碑一，这份碑文内容更为简单但更为细致，其针对婚制实施过程中出现的一些问题进行了规定，如"接亲礼，只许五钱，定亲礼酒，小则一两五钱，大则四两"，明确规定礼钱，防止攀比之风盛行，避免

---

❶ 《河口乡志》（内部资料），第73页。
❷ 《河口乡志》（内部资料），第73页。

铺张浪费、增加民众负担。针对拐卖、抢婚和重婚等现象，"罚钱三十两冲公"，只有在当事人不愿意受罚的情况下，才会送官治罪。如此也算是符合清廷推行的"苗人治苗"的政策。

总而言之，这两次改革的基点都是正统文化中"礼"的实施，也即"教化"或"王化"的结果。其中对于姑舅表婚所带来的诸多陋习的限制，确实对地方社会影响巨大，以至于周围村寨效而仿之，如与加池相隔不远的侗寨彦洞、瑶白也先后立碑改革婚俗。从另一层面来说，乾嘉时期为地方自康熙期间主动纳粮附籍之后进入快速发展的关键时期，由乾隆至嘉庆数量逐渐增多、种类有所丰富的大量契约文书来看，如何更好地适应清政府的各项政策及推进自身利益最大化，让地方精英们颇费脑筋。这两次改革便是地方社会在被纳入清政府的一统秩序后主动示好、革除自身陋习、以遵从主流文化、维护正统权威的决心之最好表现。并且，木材贸易带来的巨大利润，以及由此引发的各种人群之间的日渐紧密的经济联系，不仅从外部冲击着人们的传统生活，还在不知不觉中改变着人们的价值观念，从而引起舅权过分膨胀时人们为维护自身利益群起反抗，只不过，这里的反抗是通过改革习俗、确立新规来实现的。这一点我们从光绪年间确立的三营条规中可以得到更深刻的认识。

1-3-5-089 上中下三营条规(部分)

一议婚姻，宜从古礼。近亲□□□□甚。先辈求亲，只以请男媒为说，即得一话，不放多炮，亦不杀猪隻(只)，至于过门，不是至亲友谊，不必贺赠木联，省此浪费。果是至亲友谊，宜琢料木联，方成体面，□□劝勉。是为厚望□也。

光绪年间确立的这些婚礼程序较乾嘉时婚俗改革所倡导之礼仪更为简单，可见日渐善于经营的人们对于婚礼有了更深刻的认识，"宜从古礼""省此浪费"，在维护正统的同时减少资源浪费，在遵从古礼、增进情谊的同时免却纷繁复杂的婚礼程序，从而通过合议形成规则以更大程度上保证各方利益。

(二)"合两姓之好"

婚姻契约论在人类学史上盛行许久，作为家族或世系群之间的契约，清水江流域苗族通过婚姻，建立起相对稳固的婚姻集团，他们还以亲缘为核心，构建其族群边界。❶ 简美玲通过对清水江流域台江某苗寨的长期调查，认为他们在婚姻法则及行动上都表现出优先选择的交表联姻及村寨内婚的理想。❷ 关于前者，地方盛

---

❶ 曹端波，傅慧平，马静.贵州东部高地苗族的婚姻、市场与文化[M].北京:知识产权出版社,2003:1.
❷ 简美玲.清水江边与小村寨的非常对话[M].北京:交通大学出版社,2007:60.

行的姑舅表婚就是实例。至于徐家干描述同治年间清水江流域苗族男女婚娶,"不须媒妁,女年及笄,行歌于野,遇有年幼男子互相唱和,彼此心悦,则先为野合,而即随之以奔,父母不之问也。必俟生育后始通好焉"。❶ 只是这位汉族官员见到的表面现象,其实在乾嘉婚俗改革后,清水江下游沿岸苗侗村寨遵从款约,实施六礼,"玩山"和"行歌坐月"只是年轻人的一种玩乐方式,真正婚嫁时候,地方还是秉持"合两姓之好"的儒家原则。

汉族传统婚姻的目的是"合两姓之好","两姓"即两个家族。在汉人社会,一般以姓氏划分血缘族群。苗家的"族",更多时候则指亲族。家族与亲族不一样的地方在于,前者相对后者范围更窄,一般指以血统关系为基础而结成的包括同一血统的几辈人。苗家人特别讲究亲族关系。在苗族,哪个人的亲族越多,集团越庞大,这个家庭也就越受欢迎。❷ 加池苗寨因两家交好而不断结亲的现象比较普遍,按地方习惯,笔者将之分为血统婚、扁担亲两种,其中血统婚又分为姑表婚与姨表婚,姑表婚即前文所述"还娘头"。这里我们主要以姜绍明家的情况为例分析。

例 3-1　姜绍明家族婚姻状况

(讲述人:姜绍明,男,65 岁左右,苗族)

(1)家庭成员介绍:我爱人姓范,培亮苗寨人。我儿媳姓吴,锦来苗寨人。四个女儿一个儿子。女儿分别嫁到文斗、培亮、启蒙、广西大化,嫁到培亮范家的老大是还娘头,也就是嫁给了她舅舅的儿子。

(2)与培亮范家的世代姻缘:我的十七世祖姜开让的妻子范连香来自培亮范家;我的十九世祖姜献义之妻范翠富也来自培亮范家;我的姑姑嫁到培亮范家,她的女儿"还娘头"嫁给了我的父亲,也即舅舅的儿子;我的妻子也来自培亮范家,大女儿不到二十岁便"还娘头"嫁给了培亮外婆家。

(3)与锦来吴家的姻缘关系:我的姐姐嫁给锦来吴家,我的木匠师傅就是姐姐的家公,我的儿媳妇又是师傅的侄孙。媳妇的祖父吴炳光与师傅吴炳文是兄弟。

关于姜绍明家与培亮范家的历代姻缘,我们可从下表更为清晰地了解两家世代交好的交往状态(见表 2)。

---

❶ 徐家干.苗疆见闻录[M].吴一文,校注.贵阳:贵州人民出版社,1997:167.
❷ 曹端波,傅慧平,马静.贵州东部高地苗族的婚姻、市场与文化[M].北京:知识产权出版社,2003:7.

表2　加池姜家与培亮范家的婚姻往来

加池姜家	婚姻走向	培亮范家	加池姜家	婚姻走向	培亮范家
开让	←	连香	坤荣	←	
沛清			绍铭	←	
献义	←	翠富	基德	→	
元贞	→		备注:"→"表示女性流动方向;此表以列排序;所列姜家男性代表辈分。		

　　需要说明的是,与锦来吴家泛姑表亲❶不同,姜家与培亮范家是两家世代通婚。据姜绍明所藏契约记录"道光十八年之豪侄开让得买本寨姜朝英之山"可知,姜范两家自道光年间便开始交好,其中存在两次"还娘头",不仅在加池,甚至周围村寨来说都极具典型性。我们从中可以看出:其一,两家世代联姻,既有亲上加亲之意,又在于彼此了解,降低联姻风险。姜绍明自己便说很乐意这种联姻方式,只因时代变化,年轻人的思想更为自主,老人只能作罢。他还说这种情况在地方比较普遍,也是人们理想的联姻方式,像加池四合院姜绍烈家同样与格翁范家世代结亲。其二,姜家与锦来吴家的关系虽然没有与培亮范家那般亲密,却也是在同一家族中来往。麻国庆曾分析,师徒关系是拟制的宗族关系。故而,基于这种扩展开来的宗族关系,有利于扩大亲缘和维护婚姻稳定,也有利于家庭成员之间的和谐。其三,称呼上,他们倾向于血亲的叫法,而不习惯婚姻关系带来的第二重称呼,如儿媳妇称呼姜绍明为舅舅而非家公。值得注意的是,虽然上文我们着重论述了地方基于"还娘头"陋俗进行改革,但并不表示人们就拒绝这种关系,在他们看来,除却繁重的礼金,与非此不可的舅权泛滥,年龄相当、符合条件的姑表婚配还是理想婚姻,清道光以来加池姜家与培亮范家的亲密往来便是实例。另外,姜家与培亮范家及其与锦来吴家的关系演变正体现了时代发展下地方婚配观念及通婚行为的变化,在国家法律禁止三代以内直系血亲通婚的强制条款下,人们采取折中方式,即泛姑表的通婚方式继续实践他们的婚姻理想。

　　与姑舅表婚同样属于血统婚的是姨表婚,这类例子并不多见,因为在苗家人心目中,交表更能体现"我与客"之间的关系,他们也更倾向于姑表结亲。至于扁担亲,按照加池姜绍豪的理解,就是原本没有关系的两家男女互换,他们往往是在结了一次亲以后,觉得对方比较好相处,便意向第二次联姻,比如A家女儿嫁给B家

---

❶　这是姑表亲扩大化的一种现象,以亲属称谓划分姻亲性质,而非血缘关系。

儿子,那么 B 家女儿就回嫁给 A 家儿子,以此类推,两个家族之间的男女互换也可算作此类。除此以外,加池苗寨还有所谓错辈婚,即不同辈分的两人结为夫妻。虽然错辈婚难登大雅之堂,并非人们所希望的类型,其所代表的却是人们在地方社会辈分系统与称呼体系相对稳固下的无奈。"文斗婚俗改革碑(一)"中有言,"有媒证庚书,年纪班辈相当,爱亲结亲,虽然亲不于犯禁,及此乱伦强蛮者,则犯禁"。这表明在乾隆时期便有所谓年纪班辈不相当者通婚,以至于立禁,定为"乱伦强蛮"类行为。

泰勒说,早期社会的婚姻是公民间的一种契约。❶ 黑格尔认为婚姻是男女双方互相约定经营永续性的共同生活为目的的契约。诺贝尔经济学奖获得者格雷·贝克也认为,婚姻是男女双方为了保护自己的利益而订立的长期契约,其目的在于从婚姻中得到最大化的收益。❷ 其实,这些都只是从个人角度理解婚姻的看法,由上述案例我们可以充分了解在加池地方两家交好甚至两族交好的婚姻实质,其中个人被家庭、家族的利益所隐没。据《滇黔七司婚礼记》载:苗族中的宋家、蔡家、罗家、龙家之间,"四家世为姻好"。《黔记》载,古州之洞崽苗,"婚姻各分寨类",即婚姻是按结成不同的寨类的通婚集团之间进行的。❸

由此看来,对于决定一生的婚姻,人们并不愿意冒险,他们更倾向于在自己熟悉的环境与熟悉的人中寻找,这便形成了施坚雅和王铭铭所谓的相对固定的婚姻圈,只不过前者认为通婚圈与百姓的交际圈重合,后者则认为婚姻圈与祭祀圈重合。在贵州省,交通极为不便的过去,就算是邻村,也要翻越几座大山,更何况稍微远点的地方,便仿佛隔了千山万水般。在近亲结婚已为政府所禁止的今天,当事人自己也意识到了姑表婚与姨表婚可能带来的弊端,更何况青年男女自身抵制。这种情况下,人们便选择在原姑表与姨表的基础上扩大范围,在表亲的同族或同寨间选择对象,于是形成了泛姑表婚或泛姨表婚,也即在姻亲的介绍下,推广择偶范围,选择姻亲较为熟识的家庭与个人。如上文姜绍明家与锦来吴家的联姻关系便属于此类。姜绍槐与妻子吴智英的结合亦属此类,其实吴智英家与姜绍槐的舅舅家同为一个房族,并非至亲。而扁担亲之前并无血缘关系,就跟扁担一样,两头门户相当,你情我愿,关系愈加牢固。其实,无论加池人自己所谓的血统婚、扁担亲,还是错辈婚,其所联结的都是不同村寨的两个家族或两个姓氏的世代友好关系。而这,也正是加池传统理想婚姻的实质所在。

---

❶ 泰勒.人类学:人及其文化研究[M].连树声,译.桂林:广西师范大学出版社,2004:379.
❷ 许红缨,刘俊,李明.婚姻家庭关系的经济学思考[J].江西社会科学,2003(2).
❸ 中国人类学会.人类学研究之三:婚姻与家庭[M].南昌:江西教育出版社,1987:273.

二、婚姻纠纷

（一）真假"奸情"

笔者将所收集的涉及婚姻的诉状归为婚姻纠纷诉状,虽然这些诉状是否最后定稿,其可信度如何还是问题,但在笔者看来,这并不影响诉状所透露出来的有关地方婚姻状况的信息,本书所关注的是其中透露出来的历史故事,而非纠纷结局。在我们参考的 17 份诉状中,有 9 份涉及"奸情",其中 2 份"通奸",7 份被告为"强奸",而这 7 份强奸案中,被告人都声称自己被"诬奸"。所诉事实真假,及其背后到底有何隐情,让我们参看下面这几份相互关联的诉状。

1-3-5-142 姜凤池等告姜凤来强奸罪状词❶

告状姜凤池、恩宽为强奸侄媳,悖理乱伦,告恩□究免伤风化及缘。民子恩焕娶妻杨氏过门数载,夫妻合好无异。情因本年正月三十日,民媳因往松野耶借地,离家三里许,突遭惯行强奸,凶估虎霸一方之嫡堂弟姜凤来知民媳□往,预先佩带马刀,藏匿被处,民媳□至,胆将马刀架至媳项,估逼强奸。嗟民媳女流,兼系孕妇,被恶凶扭在地,甘受污辱之奸,哭泣回家,几欲投河自缢。民等再四询诘,始知被恶强奸,当即伸鸣族人姜兆璠等,欲以家法处治。奈系光天之下,法纲难逃。前于光绪十七年强奸族侄姜恩元之妻,现当戒约,可凭赏调即白,今又仍蹈前辙,不悔前□。明系藐国法,而轻视王章,乱大伦而有伤风化。若不告恩差究,诚恐淫乱之俗相□成风矣。情切戕心不已,告乞台前作主赏准差拘严惩以端风化施行。

1-3-5-155 姜凤来逼勒诬奸希图挟诈上诉状

告民姜凤来,年五十四岁,抱□□住加池城一百四十里。逼勒诬奸,希图挟诈告恩严究事缘。民赋性庸愚,守分安命,案不滋突。于□□二十六、七两日,被胞弟兄姜凤池弟兄叔侄平地生波,逼使伊子妇杨氏诬民与其有奸,初则伊媳尚以天良难昧,未恳遽诬词。经伊一家连次毒殴不过,始行诬民与奸属实,矢口不移。果系冤生意外,民即伸鸣姜玉荣等□□。窃思谚语有云,盗则宜脏,奸则宜双。如果无一毫证据,且又无人执获,岂容任其一妇从口诬人。民思维再叩,兹因□民不遂,故逼其媳以奸事大题,意外生枝,欲致民于不了少地,以遂其□诈之私。足见忍残已极,天下有此情理也耶,无又借以伊侄弟吉新、兆祥先年欠有民银,乃伊亲书簿据可质,

---

❶ 本书所使用的婚姻纠纷类诉状均采录《清水江文书》第 1 辑,每份文书均有编号、标题,故不另作说明。

及民屡向取讨,皆被希图估骗,所以自内裁□。似此捏奸冤害,各分所间,偷营所系,如不告恳,差提严究,以儆挟诈,而正伦常。不然其将来盍诈之风愈炽,良民之自内遭疗已无底,止名分亦为所□不已。告乞大人台前作主,赏准差提严究,以儆飞□而保善良施行。沾恩不朽。上告。

与这两份诉状内容相似的还有1-3-5-141(略)、1-3-5-135(略),主题均为姜凤来强奸案。不同的是,1-3-5-141和1-3-5-155是姜凤来自我辩护书,其他为姜凤池等起诉状。1-3-5-141中,姜凤来自称年龄为四十八岁,"上有七旬父母,下生子女八人";而1-3-5-155中,姜凤来自述"年五十四岁",可见相隔几年,姜凤来因强奸嫌疑被指控两次。相同的是,姜凤来为自己辩护时,都声称对方诬奸,企图以此抵消债务,勒索银两。如1-3-5-141,"伊现借民银两,如肯扣除,借账亦可了局。□□□□和□志姜隆□、姜显□理论,又要民艮千两出脏,死甘结认错"。1-3-5-155,"无又借以伊侄弟吉新、兆祥先年欠有民银,乃伊亲书簿据可质,及民屡向取讨,皆被希图估骗,所以自内裁□"。事实真相是否如其所说,因无更多资料,难以确定。但查姜氏谱系可知,姜凤来、凤池、凤岐均为加池"母猪形"房族十八世先人,且同为凤字辈,其中,姜凤来为新三公姜佐章之后,凤岐为新三公姜佐兴后,凤池为新三公姜佐才后。三人同族,本为兄弟。且新三公之姜佐章本为地方首人,从现今所存契约来看,可谓富甲一方,其两代单传,至姜凤来,才生有两兄弟,再者,凤来为长,必定家道殷实。

再看诉状,可以推知:其一,1-3-5-135中"当即伸鸣族人某某等□以宗法处治,奈系凶天之下,法纲难逃,前于光绪十七年强奸族侄某某之妻,现书戒□,可据赏调即白"及1-3-5-142中"当即伸鸣族人姜兆璠等,欲以家法处治。奈系光天之下,法纲难逃。前于光绪十七年强奸族侄姜恩元之妻,现当戒约,可凭赏调即白",可知当时宗族或村落内部自有一套强奸类案件的处罚系统。例如本案,若只发生在宗族内部,便由"宗法处治"或"家法处治",也无须村寨首人出面,以免家丑外扬。但处治结果往往以戒约形式出现,如"光绪十七年"姜凤来"强奸族侄姜恩元之妻""现当戒约",并且,这些戒约可能存在族长手中,否则何来"赏调即白"?这在一定程度上也印证了后文讨论戒约时所了解到的情况,即当村寨发生偷盗类纠纷时,多以戒约形式出现,以示惩戒的同时,为防患犯事者重蹈覆辙提供舆论监督。之前我们了解到加池两大家族因势力均衡而彼此斗得波涛汹涌、历时弥久,这几份家族内部甚至"嫡堂弟兄"间互相指控的诉状同样表明在家族内部也因经济、社会等因素斗争激烈。市场开放的纵向发展、汉文化影响的逐步深入,使得人们之间的关系较传统变得更为复杂,而所谓宗法、家法称呼都是宗族制度在这偏隅一方的苗寨已然成熟的表现。其二,两次案情类似,均告姜凤来强奸侄媳,只是当事人不同,状告人各异。姜凤来六年之内,被诉强奸两次,其中必有隐情,要么确有其事,要么正如其所控诉之遭人陷害,诬告成奸,且目的明显,在于抵赖昔日所借银两,并再加勒索。据姜凤来所述,两位女性当事人都是被逼认奸,"督令双连将妻毒打,要伊妻咬死认奸,指要逼令招□强奸几次";"初则伊媳尚以天良难昧,未愿遽诬词。经伊一家连次毒殴不过,始行诬民与奸属实,矢口不移",证据是"双连自思无凭无据,伊将恍恍惚惚告蚁胞伯姜怀吉,伊伯回言若非真情,断不可讲正言骂散"。至于其中细节,我们暂且不议。倘若事实真如姜凤来所辩解的那样,就说明当时的加池存在一种现象:由于经济交往比较密切,人们之间的借贷关系明显,这种借贷关系的影响某种程度上在血缘关系之上。其三,借贷之后并不代表都能顺利偿还,很多时候存在逃避债务的现象,而诬奸只是逃避的手段之一。也就是说,女人只是棋子,只不过这颗棋子的作用非常明显,以自己的名誉为丈夫或是男性长辈赢取利益,成为他们陷害别人的工具。

(二)男权下的女人们

不仅这些被隐藏的可怜女人成为男人斗争的工具,从其他诉状中,我们同样可以看到类似的命运。史景迁通过抽丝剥笋般描绘"王氏之死"一类看来微小的事件,给我们展现了宏大的历史背景。[1] 大历史背景下小人物的命运那般无奈,却让人深思。当我们看到相较于林业纠纷文书来说,数量十分有限的婚姻纠纷诉状时,我们看到了一个强势的男权社会下妇女悲惨的生存状态,她们何尝不是一个又一个"王氏"呢?

1-2-2-143 为嫌贫悔亲希图嫁富恳窄提究俾有配偶结成婚姻事(部分)

为嫌贫悔亲,希图嫁富,恳□提究,俾有配偶结及婚姻事缘。弱□父尚星在日,早年往加池姻亲□请媒姜继□、姜支□、坤□、渭滨等向姜源林□求亲,承姜源淋凭媒愿许第三女名□□□与□民为□□,甲子年方复请媒登淋家哀求相商,□得□放话酒。至乙丑年正月复请媒□□□□又登门订(定)亲行聘请庚之礼,□通地共□共闻,□媒请□。适及丙寅年以来,因家连不幸遭这□丁,□身父亲□故,母亲守寡抚养民弟兄姊妹六□。时民弱冠无□,衣食缺欠,度日维艰,可怜寡母独居持这多。民稍长,奔波世尘,蓄稍秩点,文□行宽娶卿慰慈母之心。呈以本年正月二十日请亲杨公某某亲往加池恶丈人源淋家商量亲迎过门一切□,杨宿□设等,因彼时

---

❶ 史景迁.王氏之死 大历史背后的小人物命运[M].李璧玉,译.上海:世纪出版集团,上海远东出版社,2005.

已晚,不惟不招待茶饭宿□,反被婉善相劝有□□怒,以息其怒,伊竟躲匿不面客。杨公□处□往做媒姜坤□投宿,次早即请媒证等淋家哀求喜事一节,竟反目不认,恶称我女□□许□范□家,范□要女□□告□□□等。

此种情况,说明至民国时候,地方尚兴提前婚配。也正因此,导致因家道变化而产生各种悔婚现象,从而产生纠纷。这份诉状中,原告父亲先年与加池姜源林有约在先,双方替子女许婚,自乙丑年正月"登门订(定)亲"且"行聘请庚之礼"后,原告父亲病故,家道衰落,及至原告稍长,再次请媒登门求亲,遭到女方父亲姜源林拒绝,并被告知已许他人。为此,原告起诉姜源林嫌贫爱富,"替女嫌夫"。事情结局如何,不得而知,但可以确定的是,姜源林为加池四合院之"晚秋瓜",也即姜绍烈、姜绍卿等人祖父,据姜绍烈所藏资料记载,姜源林三女名叫姜梅春,嫁到了彰化范家,生有二子。客观来看,姜源林为地方首人,且家道殷实,其对自己子女婚配对象的家庭情况自然十分重视,但是否正如诉状中所说,每每悔亲,"替子嫌妻、替女嫌夫",却不得而知。无论如何,因对方家道中落,横生变故而导致双方由彼此合意到门不当户不对并悔亲确为事实。这表明加池地方在推崇"合两姓之好"的理想婚姻类型时,同样讲究门当户对。原、被告双方先前因种种原因互相合意,且来往日久,产生变故后联姻中断,也说明地方结亲遵循古礼,时日较长,容易给双方更多选择的机会,使得徒有形式的口头联姻极不稳定。再者,结合前文选用的 1-1-3-145 姜廷贵串奸案禀告,我们发现,因地处山区,各个寨子结亲并不方便,往往是在按礼行事以后易出现各种变故,如姜廷贵串奸案中,姜廷德之子与廷贵之女"为婚择期于去岁十月十六日完配",却在轿夫前来迎亲时才发现女方早有情人,并隐匿不出。故而,对于古时交通不便、信息不通的加池来说,人们希图更为准确地了解择偶对象的相关信息,除了倚靠亲戚,确实别无他法。于是,在这种对现实的不放心与渴望放心的矛盾中,姑表婚、姨表婚与扁担亲都成了他们为子女择偶的首选婚姻类型。也正是在这一基础上,两姓联姻,世代反复进行,不仅加深了彼此的感情,同时也有助于彼此在同一社会阶层上的互助,及在经济交往等方面的合作关系。联姻便逐渐演变为了联盟,而在这种以男权为主的联盟活动中,女人上演的角色更多时候是一颗棋子。她们无法决定自己的命运,就算有了心仪之人,也只能在父兄的安排下跟一个自己不喜欢的人过日子,倘若选择反抗,如 1-1-3-145 案例中姜廷贵之女逃婚,最后也是被捉回、被耻笑,甚至于,令自己心爱的人官司缠身,成为众矢之的。有时,就算她们听从安排,也可能因各种变故被命运玩弄,如 1-2-2-143 案例中姜源林之女。她们唯有听话与不断等待,才能在这个男权的社会为人所认可。

1-2-5-002　姜甫臣为欺天翻案、违断纵女逼索放死事状纸（乾隆三十六年八月）

告状民姜甫臣为欺天翻案、违断纵女逼索放死事缘。蚁子保宏娶龙隆章之女名剪女为妻，□生一女，蚁子夭折，剪女遂有异心，勾伊父并胞兄剪所盗□银两衣服，当即人脏两获。报明寨县乡约塘兵人等来城具挫，有亲戚李宗科、姜起相等劝息，存伊□面况□家王勉仁等，今蚁出银三十及并牛猪衣裳等项交与龙隆章，顾伊女归家□□，即出嫁□不得阻拦索艮伊清白字样。□□后又出禾十把有龙□□包□，不许伊女再行多行□□字亦确存。不料伊去年五月纵女捏控天星，蒙□艮十二及禾艮分共二十及当取遵结，伊女归家□□断案不犹存。奈龙恶贪索不遂□，又纵女生端逼勒。殊不知去年二月内除牛猪衣布外，伊得艮三十及禾十把，天断又得艮二十及伊女衣食。有余胆敢翻伊清白字样□矮包字后遵。天断仍纵女放死。窃思勾父引兄、盗翁财物、不堪为媳，又得艮归家养命，称贪心不足，但剪女妇道恶恶父逼使刀索短见，□冤莫伸，事经天断。

为此告乞

乾隆三十六年□日告

此份诉状现存两份，内容相差无几，本书所择一份年限更近，也更为详细。这正如黄宗智所分析，因诉讼时间的过长，原告或许会不断呈词，以至于每份呈词只是增加了一些内容。前文提过，姜辅臣为加池"母猪形"房族老三公之一，原为地方甲长，是加池"九户半"传说故事的主人公，据《姜氏族谱》记载，他为地方和家族做了不少好事。这篇诉状正是以姜辅臣的名义写就的，其中控告亲家龙强章借女勒索并纵女放死。据姜辅臣之口，事件脉络大概如下：姜辅臣之子保宏娶了龙强章之女剪女为妻，两人育有一女，保宏夭折后，剪女生了异心，联合娘家父兄盗取夫家财产。事情败露后，双方达成协议，辅臣出资，让剪女归家，怎奈龙父怂恿女儿自杀，勒索夫家钱财。无论真相是否如此，结合地方习俗，我们可以推知的是，剪女在丈夫死后，因只生一女，在夫家并无地位，况且，地方习俗，女儿没有继承权，那么，剪女今后的日子很明显见不到光明，她没有可以依靠的丈夫，也没有可以继承财产的儿子。只有一个最终也会出嫁的女儿，再说家产都在姜辅臣手里，她更是难以自救，唯一的出路便是回到娘家，另行出嫁。但是，很明显，姜家并不乐意她再嫁，因为有毁声誉，故而，姜辅臣出巨资以让媳妇安心归家。（诉状此处并不清晰，但从剪女盗取财物之后，姜辅臣还出银及牛猪衣裳等项可以推出应是要求剪女断了再嫁之心。）谁料剪女并不甘心，遂自杀。至于是否龙父纵死，则不得而知了。但乾隆时期加池女性，尤其是未生儿子的寡妇的命运，从中可见一斑。

再者,《黔南职方纪略》卷六载,"黎平府""地利肥美,物产丰亨,山土种木棉,苗妇勤于织纺,杉木、茶林到处皆有,于是客民之贸易者、手艺者,邻省邻府接踵而来,此客民所以多也"。这也就难怪姜元英弟媳范氏会说自己贫苦,勤于日织了。可见,当时加池女性的劳动已经远远超出了家庭内部劳动的范畴,具有了广泛的社会性。她们勤于耕种、纺织、采集、贸易等诸多方面,在地方经济生活中占重要地位,和男性一起构筑起不同的经济生活方式,共同推动地方经济的发展,同时建立起与男性间互补的两性关系。❶ 但是,尽管如此,她们的自主性并没有得到充分展现,女性极少参与契约便是实证。另外,与贵州其他少数民族,如彝族女性可沿袭土司职权,享有特殊身份和政治实权不同,❷从这些关涉女性但为男人所主导的女性处于失语状态的诉状中,我们也可以看出这一时段加池女性在地方政治生活中毫无地位,这也许是加池地方深受汉文化影响之缘故。

上文通过两份诉状描绘了传统加池妇女的悲惨命运,虽为婚姻纠纷引发的诉状,从中却难以看到女性当事人的话语,要么是父辈的互相指责,要么是男人的玩弄权术。女人的失语成为一种常态,这其实是所有加池婚姻类纠纷文书给我们的总体感受。再深而究之,女人在婚姻纠纷中失语,以及纠纷产生的真正原因,很多时候并非女人本身的过错,而在于男人们的斗争与联合需要女人的参与。纠纷产生,女人只是一个借口,或一个引子。既然非女人本愿尚且如此,女人失语也就成为自然。

三、继承之约:加池四合院

由本节题目看来,似乎矛盾重重,四合院本为一座修建于 19 世纪的庭院,又怎能与契约文书相提并论。只是这四合院的来历非同一般,其建设目的不在于建造屋宇以安天命,也不在于故作高调以炫富有,而是为了"择风水宝地以结晚秋瓜"。

(一)"择风水宝地以结晚秋瓜"

四合院如今是加池苗寨最负盛名的历史文物,2012 年由县级文物升级为州级文物。至今,所有到加池甚至于去文斗的专家学者们都会找机会看看这座已有130 多年历史的老宅子。查阅相关资料,《河口乡志》这样记录四合院❸:四合院坐落在村脚,坐南朝北。东边有一口水井和一眼水塘,水井供应全村的饮用水,水塘

---

❶ 张磊.清代贵州女性生活研究[D].北京:中央民族大学,2009.

❷ 刘锋.百苗图疏证[M].北京:民族出版社,2004:286.

❸ 张应强,等.锦屏[M].李玉祥,摄影.北京:生活·读书·新知三联书店,2004:129.

则供村里的水牛洗澡,同时又起到消防池的作用。西边则是红豆杉、枫等参天古树。四合院为青瓦顶、四合天井、楼式、纯杉木建筑。横排五间,长 14.8 米,进深 19.6 米,占地面积 270 平方米。在结构、布局和使用上,前面为堂屋,后面为正屋,两边为厢房。正屋为五柱七瓜重檐悬山顶三层结构,前堂和厢房为三柱五瓜单檐悬山顶两层结构。进大门穿过前堂即为一长 11 米,宽 5.5 米的镶着青石板的长方形露天天井,天井四角有古钱状的排水孔(水通过暗沟排出屋外)。

至于宅院建造的缘由,史料亦有记载:

楼院修建于清光绪三年(1877 年),距今已有 125 年的历史。当时这家人丁欠旺,主人姜恩瑞已是第二代单传。姜恩瑞时家业颇盛,在加池村属首富,但他年过三十,却已连生四女而无一子。这令姜恩瑞惶惶难安。光绪元年,湖南阴阳先生张炳星游历到文斗、加池一带,已近乎无奈的姜恩瑞怀着一线希望向张先生求助。张先生要他择在今址,"起大屋,接晚秋瓜"。姜恩瑞遂迫不及待地兴土木建房子。纵然,他家林木众多,但他仍不惜斥多金到十五里外的扒洞选购更上等的木料。特别是正堂屋的两根中柱,他要用被称作"木中之王"的紫檀木。经多方寻访,最后在三十里外的贸哨冲购得。运到半路,有一根被一妇女无意踩踏,遂废而重新购买一根(当地风俗,建新房用的中柱、梁木严禁妇女跨踏,否则不吉利)。楼院由湖南宝靖(今邵阳)孙、伍等名工匠负责建造。孙师傅等 8 名工匠负责房屋的设计和木工以及家具制作,伍师傅则负责石工和制瓦。前后历时 3 年,到光绪三年才竣工。顶部盖瓦均为双层,那是恩瑞担心其后人无用而特意预备的。楼院竣工后,恩瑞盼望已久的"晚秋瓜"姜源淋果然出世(以致恩瑞一家将张炳星奉若神明,他死后数十年,后人仍去给他扫墓)。❶

事实上,据四合院传人,年过 80 岁的老人姜绍烈讲,除了建造四合院,当年姜恩瑞还在师傅的引导下,买了党候山场专门用作墓地,把自己的祖父移棺至此,使得其成为党候墓地最早的一块墓,四合院是在买墓地并移棺之后才建成的。故此,正如张应强所说,他(姜恩瑞)建造这座大屋的动机,主要是求嗣而不是为了显富。而结局,也如姜恩瑞所希望的那样,"因四合院的修建而出生的姜源林真正带给了姜家'富贵荣华昌'"。

四合院兴于风水,其族人也得益于风水,那么,四合院的建造真只是简单的"风生楼起"吗?加池的这种风水信仰从何而来?为何这座大宅院能够在黔省的偏僻

---

❶ 王宗勋.加池苗寨的百年四合院及其历史(代序)[M]//锦屏县契约征集研究办公室.加池村姜绍烈家山林契约专辑(内部资料),2003.

山区竖立上百年？张应强认为四合院的出现有其必然性：一方面木材采运活动的兴盛造就了迅速增长的民间财力，另一方面社会经济水平的上升吸引了下游湖南大量匠人和风水先生。❶ 或许我们可以再加一条理由，那便是因与外界频繁接触，地方民众在财力允许的情况下，也开始了主动地模仿与学习，他们在吸收外来文化的同时，秉承自己的传统，于是，象征着子嗣繁盛与汉苗文化结合的四合院应运而生。

（二）"老祖宗的东西"

一如《锦屏》对加池苗寨所列标签为：四合院、山场清册与"斧印"那般，加池四合院的盛名不仅在于其是汉文化与地方自然环境紧密结合的典型及其流传至今的诸多传说，更多是因为四合院所承载的历史遗迹与那丰富的"老祖宗的东西"。

四合院里还保存了大量山林契约文书和清代的开山锄、凿石杵（木把铁嘴，相当于现在的钢钎）、收购木材的斧印、拉木杠、纺纱车、织布机、烤笼、蒸笼、卖鱼花盆、空心木制的小孩摇床、木架铁铳火炮、军棍、练功锁石、清代兵勇帽和衣服、清代刺绣精美的衣裙、雕刻精美的脸盆架和礼品架、瓷制祭器、枕头等生产和生活用具。可以说，是一个小型的清水江苗族林业历史博物馆。❷

《锦屏县志》记载，21世纪初锦屏文书所收集最多的是加池文书，而加池文书最多也最具代表性的便是四合院所藏契约文书。2012年10月，我们有幸看到了姜绍烈收藏的锦屏县契约征集研究办公室整理合编的《加池村姜绍烈家山林契约专辑》。其中，王宗勋《加池苗寨的百年四合院及其历史（代序）》一文对此有较为详细的说明：

契约文书的时间跨度从清乾隆中期到民国后期，前后近两百年。其内容以林业经营生产为主，涉及土地制度、租佃关系、宗法制度、赋役制度、司法诉讼、民族风土人情、宗教崇拜等，其表现形式包括山林权属买卖转换契约、佃山契约、山林股份分成合同、瓜分山场合同、购置山林登记簿、分家关文、出卖山林分银合同、银粮借据、家庭收入支出登记簿、有关山林管理和社会治安的乡规民约、山林权属纠纷调解裁决和诉讼状词及官府的裁决。官府文告、书信、红白喜事收支登记、丧葬法事活动情况记录等。这些契约保存完整，而且在时间上有很强的连续性，有的山块从乾隆中期至清末百多年中的每次权属变化都清晰可见，笔者从中便可以清理出他家族自清乾隆至民国来年近两百年的发展脉络。从这些契约不但可以清晰其家族

---

❶ 张应强，等.锦屏［M］.李玉祥，摄影.北京：生活・读书・新知三联书店，2004：129.

❷ 《河口乡志》（内部资料），第394页。

近两百年经济人口的发展变化,同时也可以看出整个加池村近两百年来经济社会的发展情况。

在这些文献资料中最为珍贵的要数落款为"五礼行加礼"的三本山林座簿(已入选《中国档案大型两册》和《控告姚百万禀帖抄本》)。山林座簿即山林登记清册。"五礼行加礼"(在清代中期,锦屏等清水江中下游从事木材贸易的山贩都有自己的行号和斧印,以便收购木材。"五礼行"即是姜廷德父子的行号)座簿即是姜廷德家族从乾隆到宣统百多年五代人的山林买卖登记清册。共分为 3 册。第一册簿名"业来滚滚",订于清嘉庆十九年三月(1814 年 4 月),记录了姜廷德、姜开明父子在嘉庆七年至同治年间买进 395 块山林的简要情况;第二册无簿名,订于清咸丰九年正月十一日(1861 年 2 月 20 日),记录了乾隆四十五年至道光二十八年 68年间,姜廷德、姜开明父子等当时涉及尾圣等 57 块山场的 245 份山林买卖、租佃、股份分成的契约;第三册簿名"万山归来",订于清宣统元年(1909 年)冬月,记录了光绪至宣统时期姜恩瑞、姜源林父子经手买进 116 块山林的简要情况;河口"姚百万"是锦屏等清水江中下游地区的第一代富商,他出现在嘉庆道光时期,兴盛时所拥有家资逾百万(因而得名),在清水江流域地区至今仍无人能及。都说"姚百万"是因为富不仁而被周围民众联合告垮的,以前只闻传说,未见文献记载。《控告姚百万禀帖抄本》则对"姚百万"及被民众联合告败的事实进行了印证。

当地一位妇女跟笔者说,"原来有人出价一二十万买姜家那些桌子椅子,他们傻得很,没卖,这就叫守着金窝银窝没饭吃吧"。笔者听了后,没有答话,但心里对姜家人更佩服了,他们并不因眼前的贫困而售卖祖先的遗产,而是坚守住那份清贫。虽然大多村民为加池四合院倍感自豪,但是他们中又有多少人能够真正认识到四合院作为历史文物的价值,认识到四合院给加池这一偏僻苗寨带来的财富呢?这些财富不能用金钱来衡量,而是当孩子们在四合院内玩耍时,当他们听闻有关四合院的各种传说故事时,四合院已经成为每一个加池人对于历史的鲜活记忆,成了加池历史最有力的见证。对于老祖宗留下的财富,或许正如姜绍烈老人用那淳朴的语言所道出的:"我们这里以前对山林都是用契约来管理的,我公和父亲经常交代我们,家里出现火灾还有其他紧急情况时,首先要救的就是装契约的箱子。虽然我们家历来缺少文化人,而且我们也知道土改后契约这东西没有价值,但我们相信把这些老文字保存下来肯定是会有用的。至于那些桌子、椅子,就是给我们金山银山我们也不会卖,钱可以赚来,这些遗产却是买不来的。"

(三)四合院人物碑

2013 年 7 月 15 日,笔者参加了四合院后人姜绍卿的上山仪式。死者安葬在离寨子十几里路远的党候墓地,四合院起造者姜恩瑞夫妻及其母亲和"晚秋瓜"姜源林夫妇的五块墓碑便整齐地列于党候山脚。鉴于这些死者曾影响着四合院的兴衰,他们的生辰符合本研究起止年代范围,且其墓志铭、碑文甚至墓碑本身都反映了地方历史的发展轨迹,笔者便考录各碑文以更好地了解四合院及加池苗寨特殊时期的发展史。对于传统契约文书研究来说,笔者自认为此举或可算一小点创新。

下面笔者按照年龄先后列出各位逝者的碑文:

碑 1　范秀贵(姜恩瑞母,姜源林祖母)墓碑

碑文:

没於庚辰年九月二十五日酉时内寝　　孝孙　监生　源林　玄孙　永康　明康　龙康　　姜门范氏秀贵老孺人之坟　　孝男　恩瑞　　生於己卯年七月二十六日巳时受生

墓志铭:尝思饮杯而抱恸我母之口墨犹存,读蓼莪而兴。思为子之报酬多缺以为也,前果未修,四月失□。其实我母年方廿五,竟尔孀居。辜我母操同竹劲,秉苦节于冰霜,誓矢百舟贞丹心於铁石,兼之置田园以光先烈,积阴德以启后人,远返相传人言血间血余了也。生逢乱世,荒废诗书,未就功名,难请旌表,实属辜负我母也。兹鬼镶坟墓,永垂母氏於千秋勉负,数言聊报,亲思於(于)万一而已。

内挽联:龙真穴的钟灵秀,水绕山环降吉祥

这段墓志铭是以姜恩瑞的名义写就的。从墓碑宏伟而又精美的装饰可看出,其时姜恩瑞财力雄厚,不愧为加池首富。墓志铭中写道,母亲二十五岁便孀居,养育自己,可谓十分辛苦。姜母范氏十分能干,积累财富、购置田园,给姜恩瑞的发迹打下坚实基础。孤儿寡母生活尚且能够购置田园,也可想见其家底颇厚。结合桥碑来看,姜恩瑞的曾祖父姜廷德当时生活条件一般,几代单传,相继为开科、凤鸣和恩瑞,由于并无分家析产,财产能够历代累积,故而,姜恩瑞的发迹除了其自身原因之外,祖辈的累积及母亲有意识地购置田产也是重要因素。再者,恩瑞在墓志铭中写上"生逢乱世,荒废诗书,未就功名,难请旌表,实属辜负我母也"。可见咸同兵燹、三营团练影响了地方正常秩序,以至于如姜恩瑞这等家道殷实者也无法正常就学而"荒废诗书",这从另一个角度也说明追求功名、跻身于王朝权力体系为当时

苗民对子女最大的期望。

碑2　姜恩瑞墓碑

碑文：

大限殁於民國五年十月十八日卯时正寝

孝孙　盛

昌　贵　富　华　荣

民故恩深系为姜公讳恩瑞老大人之墓

孝男　前清监生源林

原命生於道光二十三年三月二十二日未时

墓志铭：吾表弟源林建修父墓以墓志嘱，予不惴（揣）冒昧遂授笔，志之以表吾姑夫为人。世云，吾姑父为人在世所能尽者，忠孝节义而已。誌吾姑父以忠，吾姑父生长僻壤，虽未得见用于朝廷事君以忠，亦常受府尹委为甲长，辨事以忠，人称为忠厚长者，此吾姑父以忠尽人道之一世，有然志，吾姑父以孝，吾姑父岁平，失父虽未得尽孝父亲，而在母亲之生事葬祭以礼，人言无间，此吾姑父以孝尽人道之仁也。然有志，吾姑父以节举凡创造屋宇，广置田园，嫁娶男女，花费银钱皆由节用而得。后世子孙必有望者。为此，吾姑父以节尽人道之三也。有然志，吾姑父见义，凡见利时，势必思义，为临财毋苟得。又次以义方教子入监扬名，吾姑父以义尽人道之四也。然吾举吾姑父能尽此四大瑞以志流传百世不朽云。内侄范锦香题。石匠伍永葵刻。

碑3　姜恩瑞之妻范翠玉墓碑

碑文：（略）

挽联：毓秀钟灵根培远，发祥呈瑞泽流长

墓志铭：吾尝问吉语有云，欲享福田，须平心地若，吾姑母福田之广者皆因心地之平也。果何见哉？试观寿运，九旬眼观三代，一世无病且而丰衣足食、大厦华居，可见福也。又思吾姑母年方十六出嫁，孝敬姑婆，尊敬姑父，人称为内助之贤，生一男四女，能读能纺，继而男大成家，女大成室，皆有余庆，可见广也。正所谓根能培者枝必茂，积之厚者流自光，是故人生在世，必定生前有美德，死后得佳穴。今也吾姑母得葬以佳穴，兼砌佳城。亘古烈烈，后代子孙绵延瓜瓞。聊作墓志，孝思维则。

外侄范锦香敬题。

　　相较于恩瑞母亲范秀贵之碑来说,恩瑞夫妻之墓碑没那么雄伟,但因立于监生姜源林手,较周围其他墓碑还是十分显眼,挽联、墓志铭及碑文等程式也完整。由两人墓志铭看来,为侄子范锦香所题,内容包括两人生平事迹,从中我们不仅可以了解恩瑞夫妻的生平,还能推知加池传统文化中关于男女两性的理想类型。如姜恩瑞,"吾姑父为人在世所能尽者,忠孝节义而已"。"受府尹委为甲长,辨事以忠";"在母亲之生事葬祭以礼,人言无间,此吾姑父以孝尽人道之仁也";"以节举凡创造屋宇,广置田园,嫁娶男女,花费银钱皆由节用而得"。"以节尽人道之三也";"凡见利时,势必思义","以义方教子入监扬名,吾姑父以义尽人道之四也"。由此看来,汉文化中的主流思想忠孝节义于彼时已成为加池这一偏僻苗寨的理想人格。又如恩瑞妻范翠玉,"一世无病且而丰衣足食、大厦华居,可见福也"。"孝敬姑婆,尊敬姑父,人称为内助之贤,生一男四女,能读能纺,继而男大成家,女大成室,皆有余庆"。寿运昌隆,大享福田,如此人生,为人羡慕。可见作为女人,只要生儿育女,孝敬老人,便能成就"内助之贤",不仅生前为人敬仰,死后亦得佳穴。看来,主流文化中的理想人格已经深深嵌入地方,为普通民众所乐求。再者,由碑文中,我们亦可以看出地方上对于功名利禄的追求,如"以义方教子入监扬名",对于他们来说,功名利禄便是与清王朝或者说汉文化亲密接触的最好体现,也是提高社会地位最有效的途径。这一点表明,地方精英多主动儒化、汉化,以获取更多社会资源,提高自身地位,并为先辈和后世扬名。

碑 4　姜源林墓碑

碑文:

恊父道莫忘父德

本命生于丁丑年七月二十五日巳时建生东来

孝男　盛
　　　　富　华　荣　贵　昌

民国故恩考姜公讳源林老大人之坟墓

孝孙绍
　　　榜
孝孙　勇　卿　奎　彬
　　　烈　平
曾孙基
　　　栋　翔　麟　卓　维
　　　堂

大限殁於丙戌年八月初二日酉时寿终西逝泉
寿七十岁
事职当盖子情

碑5　姜源林之妻范青枝墓碑

碑文：

```
亲  思  有  感  可  刊  碑
原命生于甲戌年三月十四日亥时受生东    公元一九七
七年清明撰
                孝男盛（富华荣贵昌）
乾      民故慈妣姜门范氏清枝老太君之坟墓
        向
母德难□
                大限殁于甲申年二月初一日寅时
寿终享受七十一岁
        砌石
```

　　姜源林与妻子范青枝的墓要朴素得多,碑文也更为简单,相较前几位的墓碑,省却了挽联和介绍生平事迹的墓志铭,一方面客观上表明当时四合院房族难寻先前辉煌;另一方面也在于当时正值"文革"时期,碑文简单自在情理之中。

　　附:加池四合院主要成员阴宅位置

上坎　　姜开科墓　　杨景风墓

中坎　　范翠玉墓　　姜恩瑞墓　　范秀贵墓　　范清枝墓　　姜源林墓

下坎　　姜盛昌墓　　姜盛发墓

　　由以上碑文及阴宅排序可看出:首先,范翠玉为姜恩瑞妻子,姜源林母亲,格翁人;范秀贵为姜恩瑞母亲,姜源林祖母,格翁人;范清枝,姜源林妻子,格翁人。据姜绍烈所称,三人虽然没有直接的血缘关系,却也同属于一个大家族,是旁亲,称呼上也遵从姑侄身份。范秀贵属于太公之女。这说明加池姜家与格翁范家历代结亲,遵从泛姑表亲婚制,"合两姓之好"。其次,据姜绍烈介绍,姜恩瑞愁于无后,湖南的风水先生张炳星建议姜恩瑞起造新屋时,还需迁移祖坟。于是,风水先生在党候挑了一块墓地,择日举行一整套仪式后便将原本埋葬于"板里溪"的祖父姜开科迁去,开新第之前的迁阴宅,从此,党候便成了四合院一族的主要墓葬地点。在姜绍烈看来,虽然如今的党候墓群并非四合院姜家一族所有,其中还包括了金盘形家族的主要成员,但是,党候依旧是给姜家带来时运的吉祥象征。最后,从加池四合院起造前后几代主要成员的墓碑位置来看,姜开科为姜恩瑞之祖父,与妻子并排,葬于上坎;中坎墓群,姜恩瑞母亲位于中间,其右面为儿子媳妇姜恩瑞及其妻子,左面为姜源林及其妻子。自左而右排列依次为女性—男性—女性—女性—男性,当笔者向姜绍烈问及这种情况时,他表示并无特殊规律,只是由于过世先后顺序不同而有不同位置安排。但当笔者指出恩瑞母亲,也即源林祖母位于中间应该为大,并且以墓地所处方向来看,姜恩瑞夫妻与姜源林夫妻都是男左女右的排列顺序时,他表示认可。在笔者抄录碑文时,便发现自姜恩瑞母亲始,至源林夫妇终,墓碑的款式、形状都由大气、豪华至于普通,似乎由此便可以看出一个家族由辉煌到没落的景象。再者,从各碑文的墓志铭可以看出,因为造墓碑者往往为死者的后代,我们便可以知道其后代当时的经济境况。姜恩瑞母亲的墓碑由姜恩瑞造就,结合姜绍烈所说党候墓群最初为开科始可知,其母亲必定是在姜恩瑞起造新居,也即四合院之后才过世,而当时可谓四合院家族的鼎盛时期,故而,其母亲的墓碑也建造得十分豪华、显贵;姜恩瑞夫妻的墓碑相较而言,虽然华丽,却少了些气势,但其中家底之深厚亦可见一斑,由其墓志铭可以看出,墓碑应该为姜源林时所立,而姜源林前半生四合院家族还是得到很大发展,只是后来由于时局动荡,木材生意才日渐衰落;至于姜源林夫妇的墓碑,在这一排的墓碑中便显得十分简单了,与普通墓碑并无二样。姜源林生有"荣华富贵昌"五子,一方面,由于时局动荡,五子境遇及生意并不如祖父、父亲,另一方面,姜源林家财乃上下三四代单传所积累,到此时,五子平分家产便各自显得单薄了。

有关四合院主人的具体事迹,我们还可参看《加池苗寨的百年四合院及其历史(代序)》一文。

从所收集到的文献资料对这家历史最早可以追溯到清乾隆中期。姜廷德(1767—1822年)是有文字记载的最早先祖,从文献资料来看,他是一个颇富心计、善于经管山林并也从事清水江木材贸易的人。他从乾隆到道光年间共计买进山林三百多块,奠定了其家族经济基础。廷德生有两男两女。两女情况不详。长子开明(1795—1857年)从小随父经管山林和从事木材贸易,在他手中也先后买进山林百多块。次子开科22岁时散排丧命清江,仅留下遗腹子凤鸣,家业遂由开明掌管。然凤鸣也是寿缘不长,在与格翁秀才范文通之女成家并遗下独子恩瑞后,在22岁时也匆匆离世。恩瑞成年时,正值清水江中下游地区动乱后期,文斗、加池等村寨仍在组织团练(即三营)抵抗台江张秀眉、天柱姜应芳领导的苗侗农民起义军。根据"有人出人,有钱出钱"的原则,作为独子和加池村首富的姜恩瑞在捐献出相当部分田山等家产后,也亲自充丁参加打仗。因考虑自己已属两代单传,尚未完成传宗接代任务,因而在打仗中总是冲在后逃在前。动乱结束后,姜恩瑞利用所余家资建了这座大宅院。在宅院建成的当年,姜恩瑞盼望已久的承嗣人姜源林出世。心病已除的姜恩瑞此后便悉心经管山林和从事木材贸易,家业于是较前更为充实,原来由长公姜开明掌管的山林田土绝大多数被他收了过来。由于对"晚秋瓜"源淋特别金贵和溺爱,使得他形成了公子哥儿习性,不好读书而喜弄枪棒,专与江湖上的武人往来,曾一度上青山界一带为强梁。因担心绝后,姜恩瑞便派人到青山界将已是小头目的源淋押回家看管。"改邪归正"后,姜源淋接替父亲管理山林,同时也下河做些木材买卖,家业能守父成。源淋共生育盛荣、盛华、盛富、盛贵、盛昌等五子三女,按"五丁抽二"的原则,两个小儿子外出当兵,但均有去无回。民国 33 年(1944 年)余下的盛荣、盛富、和盛华之子绍烈分家,家道由是渐渐衰落。❶ 到 1962年土地改革时,仍居住在老房子中的四户均被划为中农,所有的山林在 1957 年的林业合作化中悉数交归集体。现在,老房子的主人们已分成 6 家(即绍烈、绍奎、绍平、绍榜、绍卿、绍勇),共有人口 33 人。❷

(四)分家析产

其实,四合院不仅是姜姓家族的遗产,也是整个村寨的遗产,其发展轨迹正是加池寨 18 世纪以来至民国时期的缩影。四合院建造的目的在于求得子嗣,建造成功的前提却在于因单传而积累的巨大财力。同样,姜源林得以维系宅院所代表的繁盛也在于他是姜恩瑞的独子,那么,当姜源林生得五子,以求"荣华富贵昌"时,正逢乱世,加上各子均分的传统继承原则,四合院不可避免地走上了衰落。继承,对于加池四合院家族来说,极具意义。张应强、王宗勋均曾分析过加池四合院起造的原因之一在于姜家几代单传,财产不易分割,能够通过继承遗产不断累积财富,从而为最终成为加池首富打下基础。正如弗思所说,每个群体都有能使其延续生存的原则,即人们出生后,必须根据某些原则结合到群体中去;人们死后,他们所有的东西,也必须按规定传给后人。❸

1-1-5-140　姜胜荣等分担母亲丧葬费用并共同受理所遗田产清单(民国三十三年二月十九日)

立分发达清单合同,姜盛荣、盛富、盛贵与绍烈四人,情因家慈葬等合共费用□元。今将此四股均分负担,无人应负二元五角,该此数系媳等四人□出。今将母亲

---

❶ 王宗勋此处所说与后文引述四合院后人分家文书矛盾,事实应该是盛昌一人战死。后文分家四户分别为盛荣、盛富、盛贵及盛华之子绍烈。

❷ 加池四合院家族谱系,可参看附录。

❸ 弗思.人文类型[M].费孝通,译.北京:华夏出版社,2001:89.

私制衣之田二坵,地名大捕光,界至:上凭元瀚之田,下凭本名□分之□田,左凭梦海之田与大□路为界,右凭梦海之田为界,四抵分清。今将此田付与四□媳共同管业,日后四此合清,世袭为之发达,永远为□。

执　范志超　族　姜元瀚　姜文煜等代笔

盛荣存一□盛富存一□盛贵存一□绍烈存一□

民国三十三年二月十九日

1-1-5-142　姜胜荣等立分家产合同（民国三十三年古历二月二十日）❶

立分关发达人姜盛荣、姜盛富、姜盛贵、侄姜绍烈四人,为因家发人多,难以支持,各人自立门户,合商议,经请亲族当凭,将祖遗田地、兰坪、油山、坐屋均分。地基:寨中皆松地基、屋后地基、小屋之地基及仓屋地基,当议四人所共。其余分列第号天地元皇四字,分落照字,各占各管,分别记录:盛荣占天字。皆从乜拜田坵约谷七担,污榜桥头田一坵一石,五污榜岭田共四坵十四石半,皆余田一坵五石,皆培计叁坵贰石,一培丢荒田□坵□石,合共□石。油山当加一块,乜□一块,屋脊一块,兰坪仓背火炉房左一间。除父亲养膳田塘一坵约谷四石,乜中田三坵约谷五石,皆度明禾田一坵十四石,皆当生田叁坵谷二十担,补(补)省田贰坵谷六石,共该田面四十九石。党吼党周一概归祭祀之田。冉中田一坵,皆□发连田一坵归天字号管业。其有灶房四人所共。恐后无凭,立此分关合同为据,远永存照。

外批:高迫冲头田贰坵,除着盛荣大哥长子约谷四担,其有田边及油山之老杉木叔侄四人所共,将老木砍尽以后,子木各管各业。叔侄以后不得异言。此批山场杉木四人所共。

凭亲族　范志超　姜元瀚笔

中华民国三十三年古历二月二十日

与1-1-5-142内容相似的是1-1-5-143、1-1-5-144,这四份文书中,1-1-5-140是有关母亲丧葬事宜的财产处理情况,其他三份为分家文书。也即是说,母亲过世后,姜盛荣等才开始着手分家事宜。1-1-5-140中,母亲丧葬费用除了四股均分外,尚有剩余"系媳等四人□出"。故而,"将母亲私制衣之田二坵""付与四□媳共同管业"彼此两清。由此说明,因姜源林当时为加池富人,妻子有私田的可能性有两种,一种是娘家赠予的姑娘田,另一种是父亲过世后给母亲留下的养老田。因其母亲范青枝属格翁人氏,格翁与加池的田地并无相连,故而后者的可能性较

---

❶ 因这三份合同内容相似,时间相同,均为姜胜荣等立分家产合同,只是持有人相异。所以本书省略引文,但一起分析。

大。另三份分家合同其实为同一份,据内容看,应该还有姜绍烈所藏分关文书列于其中。据四合院家族谱系可知,自姜源林生五子,即第六代"富贵荣华昌"后,第七代在此基础上有男性六人,也即六位后人;第八代共有男性十人,即十位后人。又因为分家析产以最初来分,而非最后几个后人,也就是说,因盛昌早年在镇远师管区学兵大队服役身亡,尚未成家。无论姜源林五子各自有多少个儿子,这份家产只能分为四份,盛荣、盛富、盛贵及盛华后绍烈各占一份。值得注意的是,在姜源林后,姜盛荣因无子而收养了盛富之子绍平为继子;姜绍烈因无子收养了绍奎之子基梁为继子。这也正契合了中国传统家产不外流的原则。《河口乡志》对境内继承传统有如下记载:

苗侗族兄弟分家,过去要先给父母留出"养老田",因长子较早参加家庭劳动,有的也给长子留出"长子田",然后平分家产(包括山林、田地、现金、生产、生活用具)。女子无财产继承权,另有平时或出嫁后由父母赠给少量的"私房田""私房林"或帮助积累一些"私房钱""私房谷",为女子出嫁后解决部分困难。儿子分家后,父母多跟随未婚或幼小的儿子居住,家庭用具、父母田产亦归小儿子所有。但父母去世后,如果后事由兄弟共同负责处理,其父母"养老田"依旧由兄弟均分,如果由小儿子一人负责,"养老田"则归小儿子一人所有。无子女老人由房族侄子赡养,死后财产归赡养的侄子。无亲侄子者,由房族供养的,死后财产归房族。❶

从前几份分家合同中,我们还可以探知部分加池传统的继承原则。首先,各子均分,无后者则从兄弟中过继,以防止财产外流。另,财产均分外,尚留有长孙田,如"高迫冲头田贰坵约谷四石,除着大哥盛荣长子,其余田边及油山之老杉木断共以后,将老木砍尽以后,子木各管各业,山场杉木未分,叔侄四人所共"。其次,分关方式为抓阄,先将各家产归类分号,然后让叔侄间抓阄定业。这一方面避免直接分配的偏颇,另一方面也暗示天意如此。此外,瓜分遗产的过程中也严格遵守一定的中人制,这几份分关文书的中人为姻亲范志超及族人姜元瀚,即父母双方亲属均有代表参加,意味着家产瓜分时,母舅一方,及叔伯一方均须有代表,也即血亲与姻亲都具有监督权。有关收养、过继情况,我们可以通过下面送继嗣字探知一二:

1-3-5-110　姜连生送继嗣字(民国六年十二月十九日)

立送继嗣字人□□姜连生,为因加池□姜凤灵系乏嗣续□承宗□,今我胞弟名唤天培,兴其树□同泉源相共,不□昭穆相当,而且爱敬□洽,凤灵愿权胞弟天培入继为子,我愿听伊出继为嗣。自承继以后,应遵养父养母之教言,盖为子为兄常道,

---

❶ 《河口乡志》(内部资料),第76页。

在我日后以及房强外人□□□□□异言,□□无凭,立此送继嗣字以□□执远永存照。

凭中唐弟苟、姜风凰、风德、范志连

胞兄连生亲笔

民国六年十二月十九日

这份民国初年的送继嗣字将送嗣原因、程序及各项承诺一一写明,表示"为因加池□姜风灵系乏嗣续□承宗□",也即姜风灵无后,而"我胞弟天培"与其本为同源,且双方关系融洽,风灵主动请求想将天培"入继为子","我"则"愿听伊出继为嗣"。谈妥之后,双方在亲族朋友等的见证下,立继嗣字,并许偌日后谨遵"养父养母之教言""为子为兄常道",为免外人异言,立字为证。通过姜绍明所列谱系,我们了解到,姜绍明高曾祖沛清有三子,将老二献瑞过继给弟弟沛仁为子;姜绍明二伯坤宁有二子,将老二绍章过继给弟弟坤宏为子;加池四合院后人姜盛富有五子,将老二绍平过继给哥哥盛荣;姜绍烈之子基良亦为堂兄之子送嗣。这几位送继嗣者均为家中老二。可见加池苗寨同宗支中送继嗣的情况较为普遍。

小　结

乾隆和嘉庆年间的两份"文斗婚俗改革碑",让我们了解到地方在此之前的"姑表婚制"已成陋俗,经地方精英的推动,在政府的授意下以传统款约形式约束着人们的行为。然而,对陋俗的改革并不表示姑表婚的绝迹,我们发现,以姜绍明等家为个案的通婚状况,正是地方文化对"还娘头"类姑表婚、姨表婚以及扁担婚等理想联姻类型执着追求的生动体现,而这些都是地方百姓对于"合两姓之好"之婚姻本质的认识观念在起作用。因历代相对固定的通婚家族或曰通婚村寨,加池与周围村寨如文斗、岩湾、锦来、格翁、韶霭、南路等形成了婚姻圈,也即王铭铭所谓的通婚地域。正如他在分析溪村婚姻安排时所说的,通婚地域形成的社会基础,是把婚姻看成是超个人、超家庭的事,也即将婚事与家族和社区紧密联系起来。❶

在布朗看来,甥舅之间的特殊行为模式是由母子之间的行为模式衍生出来的,而母子模式本身属于家庭内部社会生活的产物。❷ 那么,"还娘头"为主要特征的姑舅表婚,以及废止"还娘头"后新郎给女方舅家的巨额补偿又该如何解释呢? 是否真如有的学者所认为的,只是母系氏族遗留下来的舅权象征而已吗? 或许,是舅

---

❶ 王铭铭.社区的历程:溪村汉人家族的个案研究[M].天津:天津人民出版社,1997:46.
❷ 布朗.原始社会的结构与功能[M].潘蛟,译.北京:中央民族大学出版社,1999:30.

家对自己先前出让女人的一种索赔？无论如何，舅家对外甥女具有优先权的现象在清水江流域十分普遍，这种婚姻制度的产生必定有其特殊的地理因素。或许是因为在交通不便、人口较少，为满足家族繁衍的现实要求下，姑舅表婚以其资源共享、纯正血统的特点，曾对地方人群的生存发展发挥了重要作用，以至于当客观环境得到改变之时，仍然以另类方式展现这一传统？也或许，在明政府实施大量屯军后，随军人员不可能都有资格携带家室，地方宜婚女子因此成为首选，这样的话便影响了地方男女比例，使得适婚对象短缺，从而近亲结婚，保证传承。当然，这些都是笔者的主观臆断，事实是否如此，还有待进一步论证。

但是，从这些规定中，我们看到的更多是基于家庭利益，如对于女子嫁妆、彩礼钱等的限制，都有利于普通家庭节约婚姻花费。对于婚姻当事人，碑文并无过多文字，就是针对重婚、抢婚等现象，也只是简单地以罚款定性质，个人尤其是女人的角色被完全淹没。甚至于，女人作为个体的生存利益也被掩饰在男人的金钱交易中。数量不多却又引人入胜的婚姻类纠纷诉状便是实证。针对这些婚姻纠纷文书，我们没有从法学视角进行案件分析，而是从女性人类学视角，运用社会性别的方法对诉状背后的女人及其生存状况进行了简单分析，并在此基础上，深挖纠纷产生及女人们失语的原因不在其他，而在于女人只是男人们彼此或联合或斗争的工具。

谈及家庭，四合院一家的发展脉络是我们在讨论加池婚姻家庭时不可逾越的典型。诸如四合院因求子嗣而被起造所隐含的地方家庭、子嗣观念；大量历史遗存以及这些遗存对四合院历代主人与加池寨所饱含的深意；四合院各位历史人物之碑文以及墓碑不同的华丽程度所暗示的家庭发展轨迹；其分家文书体现地方家庭继承诸原则，加池苗寨分家的方式依旧没有逃离一般模式，如韦伯所说，"分家不可避免的结果是产生各个分离出来的家庭某些特殊的权利。这种分割可以做到在领导经营工作上权利完全分开和自主，但同时仍然保留着令人惊讶的家族共产制度的一大部分"。❶ 表现在加池，诸如无男丁的家庭财产转让给亲兄弟后人，以及房屋地基、山场田地等不动产上的亲族先买权。

婚姻家庭原本就是人类学主要传统课题之一。麻国庆将家分为家庭和家户两个单位，前者是以婚姻为基础的血缘结合的生活单位，后者是一个超血缘的单位，两者共同构成了中国社会血亲关系和地缘关系的基础，其表现形式为家庭—分家—(宗)族—姓；家户—村—乡镇—城市—都会—经济区域……❷布朗在分析舅

---

❶ 马克斯·韦伯.经济与社会(上卷)[M].林荣远,译.北京:商务印书馆,1997:402.
❷ 麻国庆.家与中国社会结构[M].北京:文物出版社,1999:12.

权与姑权时便指出,大多数原始社会中,个人间的社会关系很大程度上要在亲属制度的基础上调节。而这,是因为每一种公认的亲属关系都会明确规定相应的行为模式。❶ 事实是,不只在原始社会,就是在我们熟知与亲身所处的现实社会,我们也不得不理顺各种亲属关系,从每种代表亲疏的称呼中来决定自己的行为,何况处在帝国统治时期的加池苗寨。加池当时通行的姑舅表婚以及下文将着重分析的亲邻先买权等契约规范亦应属此类。韦伯认为,尽管个人在某种规模上可能丢掉习俗,而不会引起不赞同,但在实际上,大多数人却极难摆脱它,因为习俗的改变只能缓慢地通过模仿另一些人的某一种别的习俗来实现。并且,大多时候,"习俗"影响着地方经济水平,是一切"经济"的基础。❷ 表面看来,文斗婚俗改革碑只是削弱舅权的表现,其实质却是对传统姑舅表婚习俗的抵抗,改革前的繁重婚资是对未与舅家结亲之舅舅的补偿。在木植贸易日益繁盛,私有权思想深入人心的大环境下,姑舅表婚所倡导的"资源独享"与"肥水不流外人田"的思想不合时宜,只有冲破这层障碍,人们才会真正放开思想,接受外来人群与外来文化,也只有这样,才能反过来促进地方经济发展。在经济发展缓慢,市场相对封闭时,人们通过亲上加亲的联合来巩固自身势力,保存自己权益。然而,当经济发展相对迅速,人群交往更为密切时,不同族群、不同利益群体之间的资源流动就成为必然趋势,既然不合时宜,自当改革或废除了。那么,改革后,定会有另一种"习俗"成为替代,这便是韦伯所谓的"模仿另一些人的某一种别的习俗"了。只是,此时代表着正统与相对先进的汉文化与儒家传统不仅成了模仿的第一选择,而且通过经济联系和各类政策已经渗透到了人们的日常生活之中。对于地方百姓来说,婚俗改革碑的树立,只是从形式上确立这一外来习俗的公平性、合法性与正当性。

---

❶ 布朗.原始社会的结构与功能[M].潘蛟,译.北京:中央民族大学出版社,1999:19.
❷ 马克斯·韦伯.经济与社会(上卷)[M].林荣远,译.北京:商务印书馆,1997:356.

第四章　社会组织文书

与婚姻家庭相比较,社会组织更为宽泛,也更具社会性。无论是款营,还是宗族组织,地方精英在其中均发挥了重要作用。从加池苗寨社会组织文书中,笔者发现,地方自组织由款到营的转变、宗族体系逐步确立的事实表明,地方精英为首的社会主体在糅合王朝政策与地方传统中稳固自身地位,并日渐成为王朝政权与普通民众之间不可或缺的中介,发挥着桥梁作用。

一、由“款”到“营”

(一)“大款”

关于“款”的文献记载始于宋代,李诵在《受降台记》中说,淳熙三年(1176年)靖州中洞“环地百里合为一款,抗敌官军”。朱辅的《溪蛮丛笑》中载“彼此相结,献血叫誓,绥急相救,名曰门(盟)款”。可见侗款于宋时已十分普遍,且其主要功能在于军事防御。根据规模大小,款组织逐级分为小款、大款、联款三种形式。《从前我们做大款》的款词如此说,“从前我们做大款,头在古州,尾在柳州,古州是盖,柳州是底”。《六洞款词》中也有记载:“立款规模,上至古州,下至柳州,五十江河,侗村各寨,处处立碑,众人皆知,个个明白,人人从规。”❶

款是地方传统社会组织,在封建王朝势力进入之前便已存在。瑶光、裕和等寨称为“鼓”,有的又称为“鼓社”,在清水江中上游苗族地区,一般称为“议榔”,清水江下游侗族地区则多称“款”。两者性质相同,都是民间自发政治军事组织,相当于村寨联盟,是侗族与苗族以地缘关系为基础建立的村寨组织,其规模大小不等,小的或许为一两个,大的由几十个甚至上百个村寨组成。如“青山界四十八寨”大款,便包括了黎平、锦屏、剑河等地的苗侗村寨。《河口乡志》记载❷:

乡内最大的款是今青山界周边黎平、锦屏、剑河三县交界地区的“四十八寨”大款。青山界“四十八寨大款”是今黎平县的己得、己迫、乌潮、己迫上寨、岑同、乌

---

❶ 《贵州省志》编写委员会.贵州省志·民族志(上)[M].贵阳:贵州人民出版社,2002:298.
❷ 《河口乡志》(内部资料),第79页。

腊、苗丢、高下、苗举、唐错、平空、高仲、高练、岑己、格东、八东、平信、岑弩、岑拾、苗格、鄙栽,锦屏县的苗吼、培亮、宰格、苗庄、苗里、扣文、九丢、晚楼、美罗、控俄、格朗、卑祚、苗亘、瑶光、苗馁(今韶霭)、文斗、平鳌、彰化、塘东、番鄙、摆尾、格翁、锦中、中仰和剑河县的高椅、康中等48个苗侗村寨。

其间很多村名有所变化,虽然这份四十八寨大款名单中没有加池,但据《河口乡志》介绍,"加池,亦名加什,为古青山界四十八苗寨之一"。"四十八寨"大款是乡境内最早最大的民间自发军事组织,幅员300多平方千米。最高军事首领即公众民主推选出的款首,各寨彼此依赖,互相支持,一寨有事,其他村寨均全力支持,从无退缩。相传明朝中期,四十八寨款民因反抗官府苛征,集体上青山界设寨而居,至今界上仍存有当时建筑的屋基和寨墙基。除抵抗官府外,他们还联合抵抗周边前来侵扰的盗贼。❶各村寨自愿参加"款",款有款首,由各寨老推举产生。起款即为召开款级会议,其会议结果多以款约形式出现,款约民主制定、共同遵守。起款原因有二,一是处理内部重大问题,如涉及全局性的社会问题。典型如上文所引用的文斗婚俗改革碑,便是地方首人为应对婚俗弊端而发起的婚姻改革,并以款约形式确立下来。二是抵御外敌入侵,维护各村寨的安全。如18世纪以来咸同兵燹时,"六洞"大款在款首梁雏干领导下,举行"六洞"大款会议。款词说:"今天我们捏成一团,扭成一把;联结像鸭脚板,不像鸡脚叉;联合能战胜敌人,分散被欺压;到打仗的日子,个人出征;列队抗敌,四处呼应;喊到哪村,哪村来;喊到哪寨,哪寨杀。"❷款的作用与任务主要在于:对内保护公私财产,调解纠纷,维持地方秩序;对外彼此相援,抵御外侮。

虽然田野过程中,笔者没能收集到加池当年参与青山界四十八寨大款的相关文献资料,但从周围一些碑文中了解加池参与的实证。如"文斗风俗改革碑(一)"中,"岩湾、加池二寨共一甲","文斗婚俗改革碑(二)"中,加池寨姜佐兴亦有留名,时间分别为"皇清乾隆五十六年 孟冬月 谷旦"与"嘉庆十一年三月十六日"。由此看来,"款"组织亦有变化,尽管仍为民间的自组织,还是打上了朝廷"王化"的痕迹,不仅以国家正统时间限定款约,而且在记载各寨寨名与人名时,使用政府统一的管理单位与资格称呼,如"岩湾、加池二寨共一甲""生员范文达"等。正如《河口乡志》所说:

清代康熙以后,随着官府对县地统治的加强,各村寨陆续向官府"输粮入籍",

---

❶ 《河口乡志》(内部资料),第257页。
❷ 《贵州省志》编写委员会.贵州省志·民族志(上)[M].贵阳:贵州人民出版社,2002:298.

接受官府统治。"款"组织逐渐松动散驰,"款"规逐渐演化为乡规民约,至今县内多处地方仍保存有清乾隆以降各村寨集体订立的乡规民约,较著名的有文斗《六禁碑》、文斗《婚俗改革碑》等……清代末期至民国初期,社会动乱,匪患严重,在黎平府的倡导下,各地区又恢复了"款约"的形式,以维护社会治安。随着社会发展、国家的巩固、法制的健全,"合款"作用范围越加缩小,其他组织也自然地趋向松驰与消失。❶

事实上,笔者此处提及"款"的目的,并不在于深入分析加池所在"大款"的性质与功能,❷而在于了解加池苗寨所参与的社会组织的沿革变化,了解款作为地方民间自组织对于以后地方社会组织尤其是诸如"营"这一军事组织的影响。无论从哪个角度看来,之后地方产生的军事联盟"营",都承袭着"款"的组织模式,并呈现新的时代特点。而"三营",正是黎平府利用四十八寨大款组织之余威而发起的下迄平略、上迄瑶光的清水江沿岸地区最著名的悍练。王宗勋如是说:

清康熙以后,四十八寨款组织政治上逐渐松动和瓦解,款内各寨先后主动向官府纳粮附籍。但在宗法上,大款内各小款之间仍有着较密切的联系并经常组织活动。清乾隆五十六年(1791年)、嘉庆十一年(1806年)、同治五年(1866年),瑶光、文斗等四十八苗寨头人先后三次聚集商议改革婚俗事宜,形成若干条规,有的条规现在仍在遵循,四十八苗寨款残余为三营的创办提供了组织基础。❸

王宗勋此论在1-3-5-089上、中、下三营条规中得到生动体现:"一议合款。原期痛痒相关,我们情同共揖、唇齿相依,一家有惊(惊),合家救之,一寨有惊(惊),合寨救之,相友相助,毋稍躲闪,竟分畛域。自议之后,愿大众齐心,家家相扶持,寨寨相联络,并无殊于此界彼疆,则外匪闻风远遁,而地方乐业相安矣。""一议不准偷田园谷菜,并杉木、油树。窃我地方山多田少,谷菜固是养命之源,杉木亦是资深之宝,不知费尽艰辛,而后栽植得出。此后遇偷窃,贼赃两获者,大众罚钱一千三百文,仍将贼人声传大款,议连者逐出境外。"可见虽为三营,仍用款称;虽是团练,其建立目的仍为款中各寨"相友相助""家家相扶持,寨寨相联络"以保"地方乐业"。

(二)"中营"

如上文所述,三营为青山界四十八寨大款的残余,经政府倡导、地方协同得以

---

❶　《河口乡志》(内部资料),第80页。

❷　徐晓光.款约法:黔东南侗族习惯法的历史人类学考察[M].厦门:厦门大学出版社,2012.

❸　《河口乡志》(内部资料)。

形成了军事组织。笔者之所以对其详加描述,原因在于加池苗寨为当时三营之"中营"一分子,其事迹在《三营记》及"母猪形"房族的《姜氏族谱》中略有记述。这里采用的资料大多来自于《河口乡志》及其所收录的《三营记》与王宗勋之《悍练三营评述》,目的在于通过三营的事迹突出加池及其地方在清水江下游历史上的重要性。

三营所在地方为"黎平北路之清水江,距城一百四十里左右一带地方,上自瑶光,下至平略沿河一带"。其发起于咸丰初年,终结于民国元年,前后存在 60 余年,对地方社会产生了重大影响。三营中,上营以瑶光为核心,包括今瑶光、塘东、韶霭、格翁、锦来、锦中、裕和、培尾等寨,营部驻瑶光;中营以文斗为核心,包括文斗、加池、岩湾、九佑、中仰、南路和平略镇平鳌,营部驻文斗;下营以平略为核心,包括平略、八洋、甘乌、彰化(即三板溪)、五星、林星、寨早、岑梧、永宁、归朝,营部设在平略。❶ 其前身虽为青山界四十八寨大款,发起的前因却在于清道光年间湖广恶匪横行,以至于文斗、加池、平鳌、岩湾四寨自行组织团丁抵抗并催生出规模更大的三营组织。

道光初年,有湖广恶匪号称"草上飞""落地飞""独眼龙"……等数十人,占据平略、张化、南包地方,串拴沿河一带地棍,掳掠妇女,霸斫杉木,强放木排,劫寨拱屋,捆人索价,偷牛盗马,沿河一带受害者数百家,记赃数十万。虽多具控,无如左右有人,愈控肆蜂毒,无法无天。至十三年冬月,文斗寨姜济歧、姜载渭……平鳌寨姜起灿、姜起书……岩湾寨范绍学、范绍昭……加池寨姜之谟、之林、之毫、姜廷瑜、开明、开让、光秀等创首捐资,合以"聚匪抢劫"等情首出控告,屡请差兵严拿。数年之久,结成巨敌,被伊屡次黑夜入各寨纵火,有不能两立之势。嗣得道宪、府主清廉爱民,赏准"格杀勿论"告示,并饬差兵协同四寨团丁出至平略严拿杀死三人,生拴十余人,得歃血名簿一本、色线号钱数十,捆解至城枭首,余党远窜,始得安然。四寨公私上四十余禀,银钱费四千余金。❷

可见道光年间四寨已然协同组织团丁抗匪,且初具规模。此中记载加池寨姜开让等创首捐资,其实,在之后的团练中,姜开让也是频频捐资。"母猪形"房族的《姜氏族谱》就曾如此夸耀这位先人:"(开让)公性质明敏,喜理财产,广置田地,又能乐善好施,恤孤睦邻。故家颇小康。而栽培子弟。时值岁饥,亦肯分多润寡,族中之贫乏困苦悉均沾体恤。苗叛逼境,警报频仍。团议捐田。公亦踊跃输将。虽

---

❶ 《河口乡志》(内部资料),第 257 页。

❷ 《河口乡志》(内部资料),第 257 页。

肥美田,业不顾惜。公堪称富而好礼,积财能施舍也。所以后嗣昌隆,奕叶不替耳。"据调查,开让即姜绍明先人、姜元贞曾祖父。

至于三营的形成脉络,王宗勋的《悍练三营评述》中十分详尽:

道光十三年,文斗姜济歧等发起组织文斗、平鳌、加池、岩湾4寨采用富家集资和卖木见十抽一办法,筹银四千两,组织乡丁协助官兵清剿,三营显现雏形;道光末期,太平起义爆发,清廷命各省取兵于民,办团练自保。黎平知府胡林翼为办练自保,想起了残存的原始款约组织,对之加以改造成为团练。咸丰元年(1852年)胡林翼巡视清水江,至文斗等地,对各寨自发组织力量自保、社会秩序井然大加赞许。按其所倡导的团防保甲办法,令文斗武生姜含英、瑶光举人姜吉瑞负责组织保甲团防。咸丰五年(1856年)台拱张秀眉、天柱姜映芳先后率领苗侗族农民起义,因得木利而较富庶的清水江中下游自然是其与官府的争夺之地。文斗、瑶光等寨绅耆以"历来传为善地","自来未被贼入境",组织平略至瑶光各寨"加整军械,重办粮草,整军以待",并在其南部山梁上的甘薅、大坪、高贞三处要隘设置关卡防守。次年九月,余老科部队进驻婆洞(今启蒙),瑶光姜吉瑞率瑶光、韶霭、塘东、格翁、井宗、苗吼、培亮、甘塘团丁驻甘塘坳,称为上营;文斗姜含英率文斗上下寨、平鳌、岩湾、加什、中仰、九佑、张化、南路、鸠怀、丢休、松离团丁驻守大坪九岗坡,称为中营;瑶光河口姚廷桢率甘乌、八洋、平略、新寨、岩寨、华洞、岑梧、高员、归故团丁驻守高贞坡,称为下营。深为黎平府所依重、得到胡林翼等赏识的清水江三营正式形成。❶

三营成立后,于咸丰六年(1857年)底,由余老科(正纪)起义部队手中解救了黎平府城,从此,三营成为朝廷的"救火队","只要府属有重大战警,知府即飞调三营,三营即迅速出动前往,基本上是团到警除"。然而,因种种原因,三营各营有别,一如王宗勋所述,"初时,三营以上、中二营为强。咸丰八年(1858年)后,黎平府调上下两营充官兵驻守黎平,三营地区的防务基本由中营承担。同治二年(1863年),上营总理姜吉瑞在今称之为从江下温的地方战死,继之者能力稍逊。下营人因有不服外人管束心理,兼之总理姚廷桢奉令在下营地区征收木税充饷,因征罚过重,致民众生怨心散,于是'虽有三营之名,然只有一营之实'"。❷ 光绪二十年四月初八日所立上中下三营条规❸如是说:"盖闻团规不整虽有守望相助之,而约束恐懈,约束即(既)懈,虽有和衷共济之□,而元气已伤,所以欲培元气,莫善于严,约束欲□,□……□,莫先于整团规。如我上中下三营地方,近来盗匪横行,不独团中

❶《河口乡志》(内部资料),第260-261页。
❷《河口乡志》(内部资料),第259页。
❸ 1-3-5-089上中下三营条规。

受害,即邻近往往遭劫,总因人心涣散、团练不行故耳。于是特邀集三营绅耆人等,合齐大款,重整团规、会议禁条,使家家相劝惩、寨寨相联络,以期闾里,无所容奸,而地方渐臻醇模矣。"看来,至光绪年间,团练渐松、人心涣散,以致需"合齐大款,重整团规",设立"会议禁条",使"家家相劝惩、寨寨相联络",达到建团之目的。

王宗勋认为,三营在地方产生的效应有以下几点:一是保护了地方安全。二是替地方推出了一批人才,如"效力于曾国藩帐下、率兵首破太平天国都城天京的一品总兵朱洪章"。加池坟山呈"母猪形"的姜氏房族《姜氏族谱》亦记载,"其时,黑苗作乱,胡文守黎。捡民如赤。设碉楼。今地方办团练,仿古寓穴於农之法。委公充当中营团总。(五公大荣)本文武全才,练士步伐有法。临阵队伐整齐。堵守关隘森严,战无不克,故能保全地方一带无恙。"与姜大荣类似,因立有战功而获得朝廷虚衔的还不少。三是为地方留下了一大批文物古迹,能够有效促进地方当下的旅游发展。除此以外,笔者认为,三营还给地方民众留下了极为可贵的精神财富,那便是在抗击匪徒时,地方高度一致的团结精神,或许正是这股精神,一直推动着这片青山绿水的发展。支持官府、抗击"匪徒"的三营增强了地方苗民的自信心,以及他们对自身所谓汉苗身份的认同感。三营作为一种朝廷倡导下初具规模的地方自组织,其采取战时为兵、无事为民及军费自筹,有钱出钱、无钱出力的策略,有效地协助政府处理地方危机,这对当下提倡完善各类社会组织具有一定的借鉴作用。

二、宗族

(一)加池宗族体系

宗族,亦称"家族"。"族"是一种以父系为单位的单系亲属集团,又是家庭的联合体。宗族的主线按照父子相承的继嗣原则上溯下延,支线排列的次序根据与主线间的血缘关系之远近而决定。普里查德在《努尔人:对尼罗河畔一个人群的生活方式和政治制度的描述》中如此定义:宗族是指一组活着的父系亲属,他们传自于那条特定谱系线脉的始祖(founder);从逻辑上说,宗族也包括那些由始祖传下来的已经去世的人,我们有时在使用这个词语时也把他们包括在内了;但是,只有在其谱系辈分被用来阐明生者之间的关系时,这些死者才具有意义。❶ 我国传统宗族制度中,家之父受制于族之宗子,即所谓"父,至尊也""大宗,尊之统也"。为突

---

❶ 普里查德.努尔人:对尼罗河畔一个人群的生活方式和政治制度的描述[M].褚建芳,等译.北京:华夏出版社,2002:222.

破"江村"作为一只"小麻雀"的局限性,弗里德曼曾试图通过"宗族"这一我国乡村极具典型性的组织模式反映整体社会面貌。其目的是否已经达到,笔者不敢妄作评论,但至少说明了宗族在我国农村社会的重要性。这一节首先梳理加池苗寨的宗族体系,然后选择具有代表性的个案以充分说明加池人根深蒂固的宗族意识,以及这种意识从古至今影响着加池人生产生活的方方面面。

那么,先让我们看看《河口乡志》对境内宗族组织的描述❶:

河口乡境内……普遍存在宗族组织。在同一个村寨居住的村民,竟自溯其亲缘,组成各自的亲族集团,俗称"房族"。辈首、精明者为族中之长。户数不多的,不论多少代都是一个房族。反之,人多、派系广的则从"大房"又分为"小房",划分后,虽然他们之间存在亲房远族之论,但依然保持有联系。个人、家庭,一旦遭受灾情或发生对外有牵涉,自身不能处理的事,一般都集中家族小房来办理;偶遇大争议,则动众全族,即使早已搬迁他村的也一并齐聚,在非经行政裁决而民间自行解决的事件中,时有以强凌弱、以群欺寡、人多势大的情况发生。家族组织的关系显得有比无好,多比少强,聚居大姓村中的小姓,自觉孤立,遂自愿与大姓结为异姓家族。

譬如,在加池,杨姓因才来三代,只有两户人家,而且其与姜姓房族是舅甥关系,所以,杨姓大多时候与姜姓互助,关系更为密切;虽然姓氏不同,其各项活动也均形同于一个房族。在河口乡上游的剑河革东,邰某也曾跟我们说过,一些人丁单薄的小房如不依附大的房族,在村里就难以立足。以前很多小姓还会通过改姓讨好大姓,现在不改姓了,但一定要请大房族所有人吃一餐酒席,举行一个仪式,表明加入大房族,以后有什么红白喜事要互相往来,有大事也要彼此帮忙。

加池以姜姓为主,其他如杨姓、马姓只有几户人家,从所收集的契约文书看来,虽然之前也曾有过龙、范等其他姓氏,仍以姜姓为主。据调查,加池姜姓房族主要有:以姜明月两兄弟组成的房族;以姜绍槐、姜绍烈、姜绍明等为代表的"母猪形"房族;以姜纯忠等为代表的"金盘形"房族;以姜修璧、姜国文等为代表的养楼后裔一族;以姜绍波等为代表的房族。姜明月一房据说是来加池最早的一房,只是人口不发。母猪形房族目前在加池五大房族中人丁最繁盛,有130多户。养楼后裔一族与"母猪形"房族、"金盘形"房族关系密切,其祖先养楼与后两房族祖先"养蛮"为同胞兄弟。也有人说,养楼一族因为人太少而依附养蛮一族。姜绍波一族只有5户人家。

其实,从字辈上我们也可以看出各个房族的区别,姜绍槐说:"姜明月他们一房

---

❶《河口乡志》(内部资料),第80-81页。

有两户,姜绍波也是一房,他们也是跟我们的字辈,我爸他们是'齐'字辈,他们就是'锡'字辈。但是他们也不发了,也不知什么原因他们和我们一个字辈。姜绍波一房有5户。'金盘形'房族有三四十户,我们这支大概130户。要细分的话,'母猪形'房族又可分为三四房。"同样是"母猪形"房族的姜齐友介绍说:"我们都是老三公的,包括绍明一房、绍烈一房和我们,其中我们这一支公最发。后来新三公下来,绍槐和齐柏他们那支公就只有几家,也是我们这一支公发得最多。"在他们的概念中,宗族是按同一个祖先来划分的;房族是按太公来划分的,如"母猪形"房族就因有老三公、新三公而按其支系划分;最小的房族是由可推算的祖太下来的,如姜齐友与姜绍槐虽然同为"母猪形"房族下老三公一房,后来又细分成不同房族。对于他们来说,这样一个个层级下来,是为了便于分清支脉,处理日常事务。一般来说,如果是家庭小事,或许兄弟之间推广到一小房便可;如果是婚丧礼仪,则需要顾及整个大的房族,虽然同一宗族的也会到场,但是从礼金及帮助的程度来说,都不如血缘关系更为接近的小房。

(二)"养蛮之争"

2012年10月的一个下午,在拍摄完姜绍豪所藏清乾隆至民国时期近700份契约后,笔者表示想深入了解他们的家族历史,姜绍豪便主动介绍了位于山腰的"养蛮"祖坟。据说,这块坟地左青龙右白虎,直面清水江的汇流处及河对面的莲花山,地形好、风水好。"养蛮"的墓碑很新、很雄伟,碑顶是两只飞翔的鸟夹着一个福字,下面则是相互嬉戏的鸟儿,中间刻上"万古佳城"几个大字,石碑左右两面是一副对联,即"正脉真血统永远发达,冒祖夺宗者灭族亡家"。里侧还刻了四段文字,由右至左、由上至下分别为:日月行□总由东,万里碧晴蔚蓝空,裔封祖公成马□,孝□坟落枝□叶;悠悠江水似玉带,耸耸奇峰饶佳城,蝶恋花暖翩翩起,英魂升座紫气莲。肝胆气节报祖宗,浮生乡村如蚁聚,竞来此地结灵钟,脉自昆仑入黔中;永佑儿孙作奇童,爵薄祖难报深恩,□谨将墫酒□□,坟□千□□□。

关于那副祈祷与诅咒并重的对联,"母猪形"房族一长者姜某如是说:"那是两家闹起矛盾以后,我们'母猪形'立的,一来说明我们心里坦荡,二来也为了震慑他们,因为他们确实不是养蛮的后人。"据"母猪形"房族族人讲述,其先祖养蛮最初是从江西来的,他有两个爱人,江西原配去世后,他找了一个塘东苗族女子,这个女子过来时还有一个随娘崽,所以养蛮就算是他的养父。养蛮和妻子过世后,原配生的孩子是一房,也即后来的坟山呈"母猪形"房族,这个随娘崽另立一房,即坟山呈"金盘形"房族。双方分开后,谁也不服谁,但他们每年清明都去祭拜养蛮。虽然双方都想独自祭拜,但因为清乾嘉到民国时期双方都势均力敌,甚至于有段时间坟山呈"金盘形"房族家族还要势大,"养蛮之争"便拖了下来。直到之后,坟山呈"金盘形"房族遭遇各种重创,十分势微,反之,坟山呈"母猪形"房族发展庞大,整个加池的村委干部几乎为其房族人包揽,"养蛮之争"列入日程。终于,"母猪形"房族首先发难,以墓碑太旧、碑文不清晰为由,提出要与坟山呈"金盘形"房族重新打造养蛮墓碑,并说,要么一起立块新碑,要么以抓阄形式将"养蛮"墓划分两块各自立碑,分别敬奉养蛮。原碑文符合自身谱系记录的"金盘形"房族当然拒绝,于是双方闹起纠纷,并告上法庭。当时,县法院派工作人员来加池勘察,没料被"母猪形"族人追打,无法进行便落荒而逃。就这样,"母猪形"房族凑钱立了新碑,在竖碑那天,遭到"金盘形"房族阻拦,双方互殴。至此事情闹大,"金盘形"房族族人三番五次请求政府调查判案,当时的文斗乡政府秉着稳定地方的大原则,在查看了两个房族呈交的历史资料后,判定彼此均有失误,双方也都是养蛮之后,本为一家,没必要争夺,意欲如此息事宁人。"金盘形"房族族人不服,他们认为,"母猪形"房族由于日久,难以寻根,历来养蛮之坟都为"金盘形"族人管理,"母猪形"房族此举纯粹是趁着势大,争夺祖坟,而对方所谓随娘崽一说,本为子虚乌有之事。尽管如此,当时才不过三四十户的"金盘形"房族在面对来势汹汹、有百来户之多的"母猪形"房族时迫于无奈,只得作罢。虽然"母猪形"房族姜某认定,"纯正血统永远发达,冒祖夺宗者灭族亡家"这副含有"诅咒"性质的对联刻上以后,"金盘形"房族几位积极分子均死于非命,对方后来慑于神威,不敢再争。但"金盘形"房族族人JCZ讲整个寨子属"母猪形"房族最为势大,其他小的房族要么依附于他们,助纣为虐;要么不敢作声,免得引火烧身。被孤立的"金盘形"房族无奈之下,便只得放弃,只不过从此以后,子孙后代都难以寻根,确为宗族不幸之大事。谈论至此,老人将其所收藏、整理之部分材料拿出,以说明事实。

1. 乡政府调解书

关于对加池村坟山纠纷调解意见书

原告:JCZ、JXG,加池村金盘形

被告:JQB、JQX,加池村母猪形

案由:坟山纠纷

双方共先祖姜养蛮坟归属发生纠纷,姜养蛮葬于加池寨脚,地名:皆里德。

原告方多次到乡政府反映,要求乡进行调处,乡政府也进行多次调解。原告和被告都有文字到乡政府继续要求调解。经三月二十二日和四月二日分别在加池及乡政府召集双方进行协商调解,双方在发言中都认定只有一个姜养蛮,而且地点相同。

原告方原碑文(中)养蛮生清朝顺治年,没雍正年,无确切庚甲年代。被告方现正加工的碑文明朝万历癸酉年,即 1573 年,没顺治壬辰年,即 1652 年。

双方为原碑文只有孙子名,而无儿子名和原告方用奶名,被告方用书名的争论。无据可查。乡政府认为,①双方对姜养蛮生卒年代属历史记载误差,双方家谱及碑文用奶名和书名也属于历史问题。双方对此证据不足,证据不充分。任何一方认为姜养蛮是其先祖的意见不能成立。原告和被告都是姜养蛮的后代;②双方的碑文如何确定应本着有利团结的原则进行协商;③若协商不成,按公民权利向人民法院起诉;④在起诉、诉讼过程中及法庭判决前,若一方引起事端,发生打架和流血事件,由司起事端方负一切后果责任。

文斗乡人民政府

一九九〇年四月十二日

2.金盘形 JCZ 关于养蛮碑文的考证

(1)"金盘形"坟山之房族推算如下:

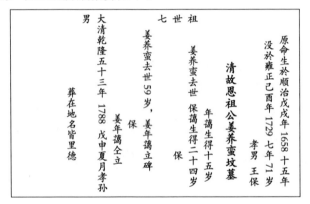

(2)养蛮妻卧勇:

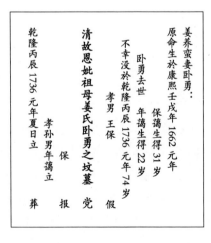

（3）坟山呈"母猪形"之房族"伪造"新碑：

> 正脉真血统永远发达
> 生於明朝万历癸酉 1573 元年正月廿一日午时
> 府桥　　　明　文海　佐章
> 府三　良富 世辅元 世佐财　合保
> 世保世良三　　　九　臣　十　兴
> 七丁八良富　严富　美保　包柳
> 严富　　　　　　　岩保　包美
> **故六世祖考姜公讳养蛮老大人坟墓**
> 没於顺治壬辰 1652 九年十一月十三日戌时时寿
> 七十九岁
> 冒祖夺宗者灭族亡家

JCZ 解释，据被告文斗乡 JQX 说：养蛮的妻是范华英，生明朝隆庆六年，殁顺治八月十五日，葬在小凤形，寿七十八岁。我原告人答：前些年，你被告的人都来卧勇处挂清，为什么又不来挂呢？看卧勇坟刻定写有国号，看事情不对了，又才解变范华英。此其非理之一。

事实上，如果要推究，倘若 JCZ 一房的观点正确，养蛮为顺治年间人，那么"母猪形"房族整个族谱都将修改。其祖先姜辅臣代表加池在康熙年间去黎平府"附籍"的故事都为虚构。我们记述整个事件过程，目的不在于判断是非，而在于了解加池人的宗族意识。表面看来这是发生在当代的争祖先事件，其实质却是几百年来加池人积淀的祖先信仰。再者，如笔者在前文所说，"母猪形""金盘形"两族成员在乾隆年间便开始以相对独立且极具代表性的身份同时出现在各种公共场合，双方实力均衡，互相牵制的同时又保持千丝万缕的联系，或许从那时起，"养蛮之争"便已是暗潮汹涌，只不过被掩盖在彼此制约的实力中罢了。宗族制度在中国传统社会的重要性，很多学者都已经进行过较为详实地阐述，在王铭铭看来，宗法制度一方面是中央集权有意识地对其民间化以增强对民间社会控制的结果，另一方面又导致民间社会中乡族组织的蓬勃发展而削弱了清朝在地方的势力。他还从不同角度对家族的功能性做了分析，认为溪村的个案表明，象征角度看，家族是一种仪式的合作体和社区认同的符号；社会角度看，家族代表一种社区的组织形式；经济角度看，家族代表一种生产、交流的单位与媒介。而从生活在社区中的一般人民的角度看，这三者同是生活流程中的组成部分，不可划分。❶ 那么，对于参与"养蛮

---

❶　王铭铭.社区的历程：溪村汉人家族的个案研究[M].天津：天津人民出版社,1997:87,169.

之争"的"母猪形"房族与"金盘形"房族,在这一系列的争祖坟的过程中,不仅强化了各家族的认同意识,使得"养蛮之坟"成为他们彼此确立身份、强化整体的认同符号,而且,在他们相争的过程中,两个家族又各自形成了较为独立的自组织。并且,在这场村寨宗族组织的博弈中,村落其他小姓房族也都在衡量力量大小、利益多少的同时发表意见或保持缄默。可见,这是村寨内部的一次争夺战,编排着新时代的村落利益格局。

三、认同公约:加池《姜氏族谱》

(一)加池《姜氏族谱》

家谱,又称谱书、宗谱或族谱,古书中又称"家碟""家乘",这是普通百姓的称呼,而皇族的谱书则称为"玉碟"。有关其定义,我们可以参考徐建华的表述,即家谱,是一种以表谱形式记载一个以血缘关系为主体的家族世系繁衍及重要人物事迹的特殊图书形态。❶ 正如濑川昌久所说,日本在历史上学习了中国传统文化的方方面面,却始终没有把中国宗族制度真正融入自己的社会。他认为,中国宗族社会最富特色的或许就是族谱的修纂了。而且,在某种意义上,族谱是分析宗族活动以及隐藏其背后的父系理念和历史意识的最理想的资料。❷ 故此,虽然笔者手上的《姜氏家谱》不是很全,但当看着占加池大半人口的姜姓坟山呈"母猪形"房族中的一些精英在致力于重修家谱,以及因此而发生各种现实矛盾时,不禁更为深刻地体会了濑川昌久的话。

在加池苗寨,笔者主要收集了姜齐柏所藏手抄《姜氏族谱》、姜绍明所藏《姜氏族谱》、姜纯忠所藏《姜氏族谱》及姜绍明、姜纯忠各自所梳理的新谱系。后两者我们留待下一部分阐述,这里主要介绍分别由"母猪形"姜氏房族与"金盘形"姜氏房族收藏的两份《姜氏族谱》。需要说明的是,姜齐柏所藏手抄本与姜绍明藏本为同一版本,故放在一起分析。

首先介绍姜齐柏所藏手抄本与姜绍明所藏本。这本族谱相较于我们在中仰收集的几本《陆氏族谱》,体例虽不甚严谨,没有所谓的序言、凡例及族规等,对祖先事迹的介绍却较为详细。族谱首页便回顾了祖先的迁移路线❸,因"八洞蛮王作乱我族",姜氏祖先维行公又有勇有谋,被授"指挥之职",并"驻潭溪司",举家迁移到

---

❶ 徐建华.中国的家谱[M].北京:百花文艺出版社,2002:1.
❷ 濑川昌久.族谱:华南汉族的宗族·风水·移居[M].钱杭,译.上海:上海书店出版社,1999:2.
❸ 参看本书第二章第二节。

姜家屯以方便随军"平蛮"。至于由何处来,则未作说明。"我族"或许为"汉","蛮"则必定为当时的苗侗了。"始祖有德公""聘为义学之师,教化苗民",因与当地苗民关系融洽,便举家"住苗巨寨","置买田土,成家立业"。后来,又因为地方战乱,转移他处。终于,先祖姜大兴颠沛流离后,逃到了清水江沿岸的加池苗寨,"时明天顺三年也"。故而,自此后,各位先祖在加池叱咤风云,枝繁叶茂。这些在前文所引《姜氏族谱》材料中亦可得知。

姜齐柏所藏手抄家谱,因无具体年月,以及相关书页,所以,在摘录材料时,并没有标明具体页码。再且,因姜齐柏反复强调不能让其家谱外露,有关家谱内容事迹,也不愿细谈。因此,以上摘录材料都是为了服务于整体时间、事件背景而选录的。如姜大兴之开创基业,便可以帮助了解"养蛮之争"的具体事项。再如姜兴周设馆训蒙可以体现当时加池地方的文化氛围相对其他苗地来说较为浓厚。另姜辅臣之"九户半的故事"可与加池村寨史结合来看。而姜绍明所藏家谱为行书打印版,时间为2008年3月27日。据姜齐柏所说其手抄家谱时间来看,或许后者是在前者的基础上整理而成亦不一定。只是所藏双方都表明不知道对方有家谱,也都表明不能轻易外露。

通过"养蛮之争"部分材料得知,"金盘形"房族的族谱与"母猪形"房族的族谱应各成体系,虽然均为加池姜姓,却因两房族之间的间隙而未能合并整理。相较于"母猪形"房族所藏,姜纯忠所藏《姜氏族谱》显得更为正式,体例与传统谱牒相似。如首页《姜氏老谱序一》:

闻之礼大夫不祖诸侯,诸侯不祖天子,士庶人讵敢冒托古帝名臣而祖之也哉,况代远年湮天潢大派莫能悉辨。故礼又云,天子以开国为祖、承统为宗,公卿大夫以受命赐爵之初为始祖,士庶人以迁居创业为始祖,其亲同其义一也。顾奕叶递传,生齿日繁,若不为谱牒以联之,则数传而后至或视亲谊如路人等,骨肉若秦越角弓之诗葛藟之刺,不由不作……至巳陵为吾族发源地,西蜀黔中是又吾族迁溆后移徙诸处者也合而修焉。是又不能不望后之继起者。是为序。

庠生英儒氏　　隽拜撰

民国二十七年　岁次戊寅　　孟夏月　　翻印

公元一九九四年岁次甲戌　　仲春月　　翻印

这部分序言不仅说明了最初修谱的原因,即"顾奕叶递传,生齿日繁,若不为谱牒以联之,则数传而后至或视亲谊如路人等,骨肉若秦越角弓之诗葛藟之刺,不由不作",也说明了当时修谱的普遍性。再者,修谱可以使人们知道自己从哪里来,了解祖先的丰功伟绩,从而增强自我认同,提高宗族的凝聚力,正所谓"第枝叶既茂,根本有自,将姓氏之何由,而昉迁徙之若何而始,俾知某祖忠孝某祖廉节,则亦诱之善之微意,而先代之源流庶有以知其底悉也",并且最终能够"父与父言慈,子与子言孝,兄与兄言友,弟与弟言恭"。由此看来,完全是儒家文化的一套礼节。当然,在序言中,作者追溯姜氏祖先来源,所谓"姜自神农,育於姜水",其后也一直是辅佐王朝的得力助手。遗憾的是,这部分序言中没有时间,结合后文看来,应为 18 世纪。可见,如上文所说,由于大量汉族移民的迁入、地方市场的逐步开放,地方精英为争取更大利益,以更快地适应由汉文化织就的一套游戏规则,在官府的极力提倡下,以纂修族谱为凝聚宗族力量之途径,加快了这块原本为"生苗"的"新疆"纳入王朝体系的步伐。

(二)"寻根"与主动儒化

濑川昌久在其《族谱:华南汉族的宗族·风水·移居》一书的序言中说,自己最初到香港新界进行田野调查时,并没有着力于地方家谱的研究,而是在过去十多年,且对家谱进行了系统整理以后,观念才真正有所转变。他说:"那时始终只是把族谱田野资料当旁证材料,或是关于村落、宗族以往历史的辅助性资料来看待。……大约在最初的田野工作过去十年以后,……我才开始比较正式地对以往所收集到的族谱,从各个方面做进一步深入的研究。其结果,惊异地发现了族谱中反复描绘的人们历史的深度,以及由此而反映出的真实的社会意义和文化意义。"❶如前文所引《河口乡志》对地方纂修族谱情况的描述,"自雍正、乾隆后,随着朝廷对乡境内区域统治的加强,特别是清水江中下游地区木材贸易的发展和繁荣,汉人大量涌入,汉族文化广泛传播,在民族歧视和压迫的大背景下,许多当地苗族隐瞒自己的苗族身份,向汉族人靠拢,或编撰族谱,或改为汉姓"。地方村寨依照祖传族谱,寻根溯源时却往往无功而返。事实上,加池地方热衷摄影并打算重振家族雄风的老人姜绍明因重修族谱,也曾打电话到江西吉安去寻求帮助,但被告知原族谱上的吉安境内的地名并不存在。或许像来新夏等在《中国的年谱与家谱》中对少数民族家谱纂修情况所叙述的那样,在接受汉文化的洗礼后,许多少数民族也开始重新构建自己的所谓正脉血统。他还以满族兴修族谱为例进行了详述。❷ 至于加池苗寨各类族谱是否也如此,我们不得而知。但笔者从姜纯忠所藏《姜氏族谱》看到这样一段话:

---

❶ 濑川昌久.族谱:华南汉族的宗族·风水·移居[M].钱杭,译.上海:上海书店出版社,1999:9-10.
❷ 来新夏,徐建华.中国的年谱与家谱[M].北京:商务印书馆,1997.

闻之礼曰万物本乎天,人本乎祖,是故天子以开国为祖、承统为宗,卿大夫以受命赐爵之初为始祖,是庶人以迁居创业为始祖,是为之贵贱不同,而各本乎祖则一也。姜氏之姓肇自神农,育于姜水,因以为姓。……予祖广公自巴陵任武弁,从将军胡公大海辟黔楚边疆,营卫伍、开铜鼓,平定功成分播营丁,迤迟州县垦田。自瞻此广公占潊土屯居鹤田,而本族始祖所由昉也。……今□□众同志襄厥事,由本宗迁潊始祖以来为之上溯其源,下究其委,逝者详生殁窆穸,□者编。娶育甲庚虽迁黔迁蜀,未获合修。而鹤田一带之本源支派继继承承亦可籍,是以流传于无穷矣。是为叙。

嘉庆二十五年 岁次庚辰 季秋月 稿
十二世嗣孙邑庠生疏之氏贵密拜撰
民国二十七年 岁次戊寅 孟夏月 翻印
公元一九九四年 岁次甲戌 仲春月 翻印

此中"胡公大海"为明朝开国大将,为开辟闽粤主要将领。这部分明确写序时间为嘉庆二十五年(1820年)秋季,而本复印稿在民国二十七年(1938年)夏和1994年春翻印了两次。或许正应了前文引述《河口乡志》中的话,雍乾后,清水江中下游大兴族谱,是受了商品经济所带来的汉文化影响。而在道光之后,政府官员又大加提倡,更是助长了修谱之风。这便是"寻根之旅"中政府与地方的相互推力所形成的结果。前文我们引述《苗族通史》中的观点,编者认为明清两代苗疆"汉化"途径主要有二,一是官府实行的各项教育政策,鼓励苗民入学,使其融入汉文化体系;二是官护汉欺苗。使得社会地位极其低下的苗人为改变处境,便在官府倡导下或修族谱"为汉民"。[1] 这表明,对于地方苗民精英们来说,纂修族谱不但能够隐瞒身份、赢得地位,还能够响应清政府政策、获取信任,甚至于,在此基础上,为他们更为便利地参与地方各类事务提供有利条件。当然,此举只是特定历史时期地方苗民的特殊应对之法,我们无法列举实例,以说明究竟是哪些地方精英开始有了纂修族谱的想法并加以实现之,但当下的现实是,缘于各种因素,地方人士依旧有热衷于此的执着者。

姜绍明,男,60多岁,业余摄影爱好者,喜欢参与各种文化活动,虽没有从事正式工作,却对摄影有着20多年执着的追求。他近来正搜寻族源,与湖南等地的族人联系以便重修族谱。然而,在旁人眼中,他过于看重声名,不愿意奉献自己的相关材料。族人中有些认为修族谱是整个姜姓家族的事情,而非他个人私事,如果说

---

[1] 吴荣臻,吴曙光.苗族通史(二)[M].北京:民族出版社,2007:465.

要大家凑钱,选举他作为族人代表去与其他村寨的姜姓房族联系,也不能声称族谱以后要写上他的名字,这不合道理。对于种种非议,姜绍明表示已经习惯了,他说自己本来是要替整个宗族做事,是为了子孙后代有根可寻,大家都忙着自己的事,不愿意参与,现在反过来抱怨自己了。他说这些年,为了寻找老谱,他到处走访,现在资料已经基本齐全了,重修族谱,把民国到改革开放以后的历史补上应该问题不大。而且,他与湖南姜姓联系好了,对方也答应协助,以办好这件光宗耀祖且惠泽万代的大事。姜绍明说自从看到《中国家谱总目》,便开始有意识地去关注纂谱的事情,如今已有五六年的时间。这五六年中,他也曾尝试说服本房兄弟和其他房族成员,或许是经济原因,大家对这个并不感兴趣,认为连饭都吃不上,还有什么可以修的,再者,要凑钱,便是大事,有钱还不如做点实事。但姜绍明认为,每个人都要正本清源,这是基本的任务,了解祖先的来源也是基本的责任。所以,他一定要克服重重困难,把这个家谱做好。但是,做好以后,如果大家不凑钱买,他也不会让家谱外流,因为这是自己的劳动成果,是有知识产权的。可见,与乾嘉时期地方基于各种外力及争取自身地位而寻根问祖不同,当下如姜绍明等纂修族谱者早已被汉化、儒化,他们此举更多地在于作为宗族子孙之正本清源的历史责任。

总之,由两种版本的《姜氏族谱》之主要内容,及当代加池精英的纂修族谱之旅,笔者认为,寻根之旅与主动儒化或为同一过程,且都与修身齐家治国平天下的儒家思想密切相关。宗族作为家与国之间不可或缺的一部分,正是中国五千年传统文化屹立至今的根源之一。其实,对于各宗族来说,纂修族谱不仅是凝聚自身力量、赢得地方资源的策略,还是争取官方认可、提升宗族地位的有效途径。正如各族谱在序言中所体现的,他们一方面将先人追溯到历史上的某位名人,以赢得所谓正统地位;另一方面极力夸赞古人事迹,为先辈涂上光环。姜绍明寻根虽为当代个案,其深藏的家族意识及着力于编修族谱的行为却极具代表性,不仅体现了加池人对寻根溯源的渴望,更从侧面反映出这种带有汉化烙印的宗族意识以及对于地方社会生活的极大影响。

小　结

这一部分笔者通过各类文献资料及族谱文书,讨论了隐藏其中的有关加池苗寨社会组织及地方精英主动汉化的相关信息。加池作为青山界四十八寨大款之一分子,偕同文斗、岩湾等寨参与制定款约,发起婚俗改革运动,表明以地方精英为代表的民间自组织,在王朝体系渗入之后,仍然对地方事务发挥着重要作用。而三营在大款逐渐衰落之时崛起,并取代大款成为地方维护自身利益的军事组织,在保护自己的同时,还对政府的安全提供了不少支持。作为中营主要村寨的加池苗寨也深受当时战事影响,富者出钱、贫者出力,百业待兴。此间,实力均衡的加池两大宗族组织,为将"养蛮"独奉为本族先祖,以争取自身正统地位,彼此博弈,历时弥久,当"金盘形"房族势力渐微,"母猪形"房族如日中天时,双方爆发"养蛮之争"。而论及宗族,便不得不提及族谱纂修在地方历史中的重要作用,不同房族所拥有的不同版本的《姜氏族谱》是两个家族历代博弈的结果,也是他们相互制衡、争取自身正统地位以巩固势力的手段。同样,谱牒中以其追溯为汉人的事实、征服苗蛮的壮举来塑造正统顺民形象,是 18 世纪以来地方苗民极力改善自身处境、赢得生存机遇的一种"因应策略"。与此有别,当代加池苗寨部分成员热衷重修族谱,更多地是为了实现正本清源的历史责任。

普里查德以努尔人为例,说明了宗族极力保持自身自主性的现实。他说:"宗族的价值观控制着父系亲属群体之间的仪式关系,而社区的价值观则控制着那些生活在彼此分离的村落、部落分支及部落中的人们群体之间的政治关系。这两种价值观控制着社会生活的两个不同层面。"❶加池苗寨地方 18 世纪以来纂修族谱的热情及利用传统款组织发动婚俗改革、组织三营团练便集中体现了宗族价值观与社区价值观对地方人们思想及行为的影响。而三营团练也符合韦伯的说法,即所谓"政治的共同体",从最初的一种单纯的、在受到直接威胁的情况下突发的偶然行为,在客观与主观的合力下,发展为了一种持续的、具有强制机构性的社会化。并且,在此过程中,这些社会组织的有效性愈来愈契合于地方上所推崇的政府倡导的"某种理性的、先例为证的制度",❷使得参加者的地方观念也逐渐由服务于地方上升至为社会、国家的另一层高度。

除却这些村寨之间的大型组织,村落内部的自组织宗族也成为影响人们日常生活的主要单位。宗族,因血缘关系,或曰共同祖先所凝聚的一群同样具有地缘特点的人群,最初产生于凝聚父系群体以抗争自然及社会风险的需要。《尔雅·释亲》,"父之党为宗族"。汉班固《白虎通·宗教》:"族者何也? 族者凑也、聚也,谓恩爱相流凑也。下至玄孙,一家有吉,百家聚之,合而为亲,生相亲爱死相哀痛,有会聚之道,故谓之族。"之前我们只看到宗族内部机制的凝聚作用,如族谱、敬祖仪式等,却没有注意到宗族的外部机制,事实上,"家族的存在不仅在于它的独立性发

---

❶ 普里查德.努尔人:对尼罗河畔一个人群的生活方式和政治制度的描述[M].褚建芳,等译.北京:华夏出版社,2001:243.

❷ 马克斯·韦伯.经济与社会(下卷)[M].林荣远,译.北京:商务印书馆,1997:219-220.

展,而且在于它与外界的联系的保持"。❶ 也就是说,宗族在我国历史上能够留存
至今,不仅在于其自身生成机制的强大,还在于宗族作为一个整体,可以增强个体
或群体在区域社会的独立性。从这个角度出发,我们可以重估纂修族谱的作用。
设想一下,对于毕生以乡村生活为主的农民,或者如加池当时因地方市场开放而偶
尔涉足外地的山客、排夫,他们在与同样具有一定地缘关系的个体交往时,唯有血
缘关系能够为其提供更为强大的后盾。对处在相对封闭的地方市场的普通民众来
说,他们只有拥有一个强大的宗族体系,才能帮助自己在地方上树立威信,赢得支
持。纂修族谱不仅是学习汉文化的表现,更是地方精英寻求政府势力、强大家族势
力的有效手段。因为,宗族便是他们的"单位",也是他们在地方市场活动的
"名片"。

---

❶ 王铭铭.社区的历程:溪村汉人家族的个案研究[M].天津:天津人民出版社,1997:45.

第五章 经济生活文书

清水江下游苗侗地区大量契约文书的出现,源于地方市场的逐步开放。随着木材交易由皇木采办走向市场贸易,由官方主导转变为民间买卖为主,地方人工营林制日渐成熟,出现了以山场买卖、佃栽林契、分股合同为主的各类林业契约,相应地催生了部分大山场主、大地主,使得地方民族村寨原本简单的经济联系呈现复杂化趋势。经济生活类契约文书充分体现了市场开放对地方社会的深刻影响。

一、"账单""山场簿"与"斧印"

(一)晚清"账单"

本节所研究的"账单"为姜绍明所藏其祖父姜元贞抄录于《山场总簿》的第一部分内容。这本《山场总簿》的封面标注"佐兴、之毫、(之)谨、开让祖公买山场总簿 姜元贞抄录",指姜元贞抄录祖公姜佐兴等所经手山场买卖记录。限于篇幅,笔者选择总簿的第一部分"账单"予以简单分析,以通过姜家道光年间的借贷记录,从一个侧面了解加池当时的经济状况。因这份账单记录年份不同,且较为凌乱,故在原稿基础上按时间顺序进行了重新编排。账单记录总共 122 份,笔者按年限选录部分对其进行分析。

结合姜绍明所列本族谱系,从后文收录姜绍明所藏姜元贞宣统元年之"文凭"来看,"宣统元年十月十五日给(公章)""学生姜元贞""现年十四岁"。当时姜元贞为 14 岁,若以 25 年为一周期,其父亲姜献义为 39 岁左右,祖父姜沛清为 64 岁左右,则光绪三年(1877 年),姜沛清为 33 岁左右,献义为 8 岁左右,曾祖开让为 58 岁左右。从古时"三十而立"的情况,及首条记录中"父亲拿去银 50 两"来看,光绪三年很有可能为姜沛清时期。因为,倘若为开让时,其父亲之谨约 83 岁,一位 80 多岁的老人又有何需要,须拿"50 两"之多呢?而在嘉庆二十五年(1820 年),之谨约为 26 岁,且借贷关系并不多。最后一条中,还有之豪借银的记录,而之豪为之谨的兄长。由此推测,嘉庆年间的四条记录所涉应为之谨时的借贷关系。

嘉庆年间

1.嘉庆某年十二月姜世培借去本银二两一钱四分。(有借约)

2.嘉庆四年七月初二日之豪借去本银二两七钱。

3.嘉庆五年六月七日开贤借去本银四两。（有借约）

4.嘉庆五年十二月初八日姜宪绞借去本银二两。（有借约）

嘉庆年间记录共4份，借约3份，无约1份，借贷人均为本寨，均表明"本银"，时间为嘉庆某年、四年、五年。由内容上看，除了嘉庆四年之豪所借没有借约，其他三份都有借约，这是否表明兄弟亲族间交易额不大时可以免除借约？再者，这四份的时间间隔也较长，相较于光绪三年记录的情况看，说明当时加池的借贷关系并不是很频繁，并且所借大多为"本银"，虽份额不大，仍可侧面反映木材贸易趋于兴盛时人们对独立经营的渴望。

道光二年

5.二年十一月八日苏林借去本银十五两。（将暴库田将当）（收）

6.道光二年十二月三绞借去谷一秤，三年五月初九日借去银九钱，五月十九又借银四钱五分。（有借约）

（略）

道光二年共4份。当约1份，借约3份（其中借谷1份）。其中三绞道光二年借谷一秤，❶三年五月借银两次，量不多，分别为九钱、四钱五分，推知三绞生活艰难，借银、借谷度日。而"苏林借本银十五两"，且以田作当，应另有当约，结合后文记录习惯，"收"应指收回本金与利息。

道光三年

7.二月初二日姜登文借去本银二两五钱。（有借约）

8.二月五日本寨姜开礼借去本银二两二钱，将猪作当。（有约）

9.二月十五日姜宗周众人等借去本银十两（有借约）。（收）

10.二月十八日本寨龙长生借去本银九钱，将党养五股占一□作当。（有约）

11.二月十九日姜登智借去本银二两八钱八分（有借约）。

（略）

道光三年共36份。借约19份，其中当约4份，将猪作当2份，含"本银"26份；外寨6份，其中塘东寨4份，岩湾寨1份，绕号寨1份，附写"收"字6份，标注经手人5份，经手人分别为洪平、光明、长生。自家人拿银3份，"三月父亲拿五十两"，"八月初四日士道拿去买马二十五两一钱五分（又去十九两八钱好银）"，"十一月

---

❶ "秤"，同称，古代重量单位，十五斤为一秤。

初三日彭相吉拿去一百一十二两"。据姜绍明称,彭相吉为家里长工,士道是本家人。由此看来,此时的姜家,已然非常富有,在地方上具有一定威望,且从事借贷行业,成为地方借贷的主要人家。从中亦可以看出,姜家与外寨的经济交往并不是很多,主要还是在本寨进行。再者,本寨经济来往中,大多秉承市场原则,写有借约,少数亲族,口约即可。外寨交易时,如果是熟人交易,或先前有过交易记录的,也可能不标记寨名,如塘东寨吴光彩于三月某日借去本银二两九钱四分,九月四日经光明手借去本银十八两九钱时便只记姓名,后来又于十月四日经长生手借去十五两零一分;又如宋万臣,由契约上看,加池并没有此姓氏,宋某便可能是姜家亲戚,或是生意伙伴。各份记录时间相隔很短,借贷活动频繁,借银数量也相较于前有所增长,表明姜家在本寨的市场上比较活跃,这时的加池已经形成一个相对独立且繁华的村落市场体系。另,资料中写明"好银",可见地方上已根据成色将货币分成等级,以便交易时区分。据史料载,道光三四年(1823—1824 年),下游木商使用"倾铸冲铅"的假银入乡境买木,欺骗山客,坑害林农,地方百姓在日常交易中开始关注银两的成色也属自然。有份记录"四月十一日香福包借去银四钱三分,将猪作当"。这里的香福包为人名,并未用汉姓,可能为地方苗人,其是否为本寨人不得而知,否则何以未作标记? 若为本寨人,能否推知其为本地土著,果真如此的话,香福包的遭遇便关系着地方土人的命运。此处他借银数量不多,才四钱三分,还将猪作当,一来表明此人生活艰难;二来也可看出借贷关系渐趋复杂,在交付利息的同时,因对方家贫怕难以偿还,还以猪作典,用来保证债主的实际利益。还有两份也是类似情况。其中 9 号标注"本寨龙长生"表明光绪年间加池确实存在龙姓,至于后来为何消失,是否改姓姜或迁出加池则不得而知。值得一提的是,一份写明八月初四日士道拿钱买马,可知加池自光绪年间便已利用马匹运输货物,而非田野期间姜绍豪所说民国时期由在外当兵的前辈带回。

道光四年

12.二月初四日本寨姜奉乔、奉生借去本银十两零五分。(有约)

13.二月初四日本寨姜颜福借去本银十两零五分。(有约)

14.三月初十日光秀算清借银五十二两五钱,将皆再田一坵四石,又将培鸠田二坵九石作当。

15.三月初十世昌算清借银五十二两五钱,将党秋共。

(略)

道光四年共 18 份,有约 10 份,标注"无约"2 份,其他 6 份,其中典当 4 份,典物为田、山场。标注"收清"无约一份,为党胸寨人。本寨交易 12 份,外寨 6 份,其中塘东 2 份,平鳌、岩湾、党胸、党秧各 1 份。除"三绞去谷一石",以钱买谷外,其余全为借银。且多为本银,与嘉庆年间记录相比,道光初年所借本银数量有很大增长,可见由木材贸易引发的地方市场日渐繁盛,参与的人数日增、投入的资金日长而市场愈加昌隆。与前文引录不同,这里有两份记录标注"算清",只是令人疑惑的是,既然算清借银,为何还要以田作当? 其中"将党秧共"是何意? 是否指党秧山场或田地分股?

道光六年

16. 三月初三日杨大周借去本银二两二钱整,将嫩牛一支作当,每年称脚谷六十斤。(无约)

道光六年仅 1 份。这份记录中,由其他契约可知,杨大周应为本寨人,借银二两二钱,不仅将一头"嫩牛",也即小牛作当,还要每年称"脚谷"60 斤,可见确为"高利贷"。只是,道光五年没有相关记录,且从道光六年始,直至道光八年,这几年的经济状况相较于前后年份,显得十分萧条。由史料看来,其原因有二:一是自道光二年(1822 年)始,湖南游匪"草上飞""水上漂"等在地方行恶,影响极大;二是如前所述,道光三年四年(1823—1824 年)间,下游木商使用假银入境买木,境内有识之士相继开始长期的控诉之路,如道光五年(1825 年),韶霭人李荣魁参与控告使用假银行动后黎平知府出示"禁弊";道光七年(1827 年),李荣魁又携同其他山客代表向黎平府控告不法木商向山区林农使用冲铅低质白银。冲铅假银的使用不仅严重影响林农、山客的切身利益,使得他们难以维持经营,还破坏了不同群体间交易的诚信,一定程度上引发了地方市场的萧条。

道光七年

17. 七年五月初四日收李荣春马一匹,作价十四两整。

18. 七年又五月初八日党秧吴黄科借去姜开让银三两,无约,士俊手称去。

19. 七年又五月初八日宋万兴借银二十两。(有约)

20. 七年十二月某日吴黄科借去六两。

道光七年共 4 份。无标记 2 份,党秧吴黄科 2 份。其中 1 份为买进马匹付款 14 两,其余借银,可见马匹对于偏僻山寨来说,十分难得,故而昂贵。结合上文看来,宋万兴是否本寨人士,值得怀疑。特殊之处在于,党秧吴黄科借去银 3 两,标明开让银,经手人为士俊,无约。这说明此份记录为大家族收支详单,否则也无须特别标注"开让银"。

道光八年

21.八年七月八日塘东世敖等借银十两。

道光八年(1828年)只有一份借贷记录,生意之萧条,由此可见。而且,这份交易记录"塘东世敖等借银十两",一来"世敖"之称表明彼此关系熟识,交往密切;二者"世敖等"则说明借款方不止一人。再说此处未写本银,且此后本银二字均省略,难以推知缘由,或许是地方百姓觉得在交易过程中点明银两去处,一方面有违借贷方的初衷,另一方面也因借贷利息已成俗规,标注"本银"有多此一举之嫌。

道光九年

22.九年二月七日开文借银十五两。

23.九年三月十五日德宗借银二两三钱五分。

24.九年五月三日宗周借银一两二钱八分,收。

25.九年六月初二日开秀借银四两四钱。

(略)

道光九年共12份。本寨10份,塘东寨1份,党秧1份。据上述记录,吴黄科系党秧人。这12份记录中,除了吴黄科,其他都免写姓氏,表明这些有借贷关系的人物均与银主较为熟识。与前文相比,这些记录的格式虽然总体相同,细节却有区别:一是省略"本银"二字;二是借贷银两数目不大,交易关系除借贷外,开始售卖稻谷,其中买谷子2份,一为本寨三绞,一为吴黄科;三是一份记录"收钱五百二十文",第一次非白银为单位,而是以铜钱为等价物进行交易。值此时,因道光初年下河木商使用冲铅假银而引发的"白银案"仍在进行,这从某种程度上不仅影响了由外省流入清水江地区的白银量,还动摇了白银在百姓心目中作为等价物的信心,官铸铜钱的使用便应运而生。

道光十年

26.十年又四月三日宗周借谷四秤,每秤作价九钱,包粟手收。

27.十年又四月七日元方借银九钱。

28.十年五月十八日开渭去谷一秤,作价四钱。

29.十年六月十五日国政借六两四钱

30.十年七月初四日光秀借银一两四钱五分。

31.十年七月十七日世泽、(世)照借银九两。

32.十年七月十八日光伟借银一两三钱四分。

道光十年共7份。按字面看来,均为本寨交易。两份交易物为"谷子",其余为银两。其中"借谷"与"去谷"不同,前者顾名思义,借贷关系,后者应为买卖关系。26 中"包粟"应与前文长生、洪平身份类似,均为姜家参与财务管理者。31 中借银者或为兄弟二人。由道光九年至十一年间,售卖或借谷情况增多,表明百姓的日常生活受到外界影响,或者也是田地、山场日益集中于少数大家族手中的表现。其时,因道光九年(1829 年)河口巨富姚玉坤组织人力强砍格翁范文通家族数万木材,双方已开始长达数年的诉讼。河口姚家为地方大户,清江两岸田产、山场多为其所占,姚家被控诉,可能一定程度上影响部分佃户的生活。当然,向姜家借谷或买谷的这些人,并不一定是姚家佃户,但姚家被告为清水江下游之大事,或许对其他村寨有所影响也说不定。

道光十一年

33.十一年二月三日塘东贵乔借银十两二钱。

34.十一年二月五日应生借银二两七钱五分。

35.十一年二月初七,开运借谷一秤,作价八钱。

(略)

道光十一年共 14 份。本寨交易 9 份,外寨 5 份,其中塘东 2 份,党秧吴黄科 2 份,苗光,也即瑶光 1 份。3 份称谷,其余均借银。关于稻谷的借贷与买卖,价钱一致。如"开运借谷一秤,作价八钱""保贵去谷二秤,作价每秤八钱"。借银数目不大,或许从侧面反映了当时地方交易量的萎缩以及交易数额的减少。

道光十二年

36.十二年三月十五日塘东焕儒借银八两。

37.十二年四月八日世儒去谷子一秤,作价银捌钱。

38.十二年五月初十朝英借银十八两。

(略)

道光十二年共 9 份。本寨 7 份,外寨 2 份。除"世儒去谷子一秤"外,其他均为借银。其中十一月交易 5 份,其他月份 4 份,借银数量都不是很大,十一月借银可能与年节花费相关。当然,据地方老人介绍,本地买卖木材大多在冬季,或许也与此相关。这期间,湖南草匪仍旧猖狂,且正在道光十二年(1832 年),湖南赵金龙兄弟率一小支造反队伍至瑶光一带。世道不平,交易自然受影响。

道光十七年

39.三月初三日杨大周借去本银二两正,将中剪小田一坵栽禾二把典当,每年称租六十斤,无约。

40.三月初三日,杨大周借去本银一两正,将猪一支作当照月加三行利,不拘远近归还,无约。

41.十七年三月初七日收姚苟兆典价银五钱。

道光十七年共3份。1份记录"收姚苟兆典价银",2份杨大周借银以田和猪典当,无约。其中,将猪作当标明"照月加三行利"。由此看来,杨大周与姜家交易关系稳定,虽然典当,却无当约。只是,自道光十三年至道光十六年,难见交易记录,应与当时情势有关。据载,道光十三年(1833年),文斗、加池、平鳌、岩湾四寨集资组织民团自卫。同年冬,四寨出团协助黎平府到平略将湖南股匪"草上飞"等剿灭。也是在这一年,河口巨富姚玉坤在与周边村寨的诉讼中败诉,被处罚充军广东。由之前对三营组织的描述可知,加池等四寨集资组团,各寨百姓有钱出钱,无钱出力,买卖木材均需提成作为团练经费,市场受到较大影响,经济萧条也便在情理之中。

某年某月

42.某年某月初四,宋万兴去银三千两,每年秋收称脚谷一千二百斤。

43.某年某月二日光伟去谷子一秤,作价银四钱收。

44.某年某月三日开太去谷一秤,作价银四钱收。

45.某年某月七日卧保井去谷一秤,作价银四钱收。

(略)

无具体年月共12份。"去谷"6份,"借银"6份。由道光"七年又五月初八日宋万兴借银二十两有约"可知或为道光年间交易。其中塘东寨1份,其余为无标注交易。另,从记录"某年某月初四,宋万兴去银三千两,每年秋收称脚谷一千二百斤"中推知,姜家确为大户,资金流转非常庞大,能够一次性借出三千两银子。然而,宋万兴不以银两还贷,却以脚谷偿还是何原因?或许时势艰难,一方面盗匪横行,使得白银收藏起来风险较大;另一方面地方田土本来不多,因湖南草匪横行清江,导致粮食短缺,稻谷成为稀罕之物。其中,有份"去谷子一秤,作价银四钱",较于道光十一年、十二年的八钱、六钱偏低。

以上记录形式上均为时间、人物、交易性质、银两数量、状态(有约或无约)。总结以上对每年交易记录的分析,有几点值得注意:一是从记录表面看,本寨内部交易占大部,与外寨的交易极少数。其中,外寨主要是塘东、岩湾、党秧、瑶光等周围村寨。二是时间上看,道光年间为多,其中分别为道光二年、三年、四年、六年至十二年、十七年,另外,无具体时间12份,嘉庆年间4份。从交易量与交易的频率看来,姜家确为大户,借银最多时高达三千两,且多为"本银"。从交易性质来看,多为借贷关系,其中借贷的标的物多为银两,少数为稻谷。从交易状态看,有借约占大多数,少数当约,其中典当物有土地、山场、谷子、猪,可谓多样。标注"无约"部分同样不少,其交易对象主要为本寨人,推测本寨无约多为亲族,如兄弟之间就不需要借约。外寨则主要为长期交易对象或关系较好的人员。三是从记录中的借贷人看,122份中有8份是两人以上,其中兄弟关系的有3份,这说明多人一次性借贷多为生意合伙人,借款作本银。而借银数量较小的部分多为维持生计所需,且多为本村。如道光八年(1828年)"塘东世敫等"借银。这表明借贷关系发生在群体与个体之间,而群体借银很有可能是本银。总而言之,姜家在道光年间成规模地借贷,并且本寨内部交易频率较高,以上都表明当时的加池各种经济活动非常活跃,银两流动较快,虽然我们无法从这些交易记录本身看出大多数银两的用处,但是我们可以从姜元贞所抄录的其他文稿中得出初步结论,木材流动的速度、土地交易的频率是决定当时加池货币流动较快的直接原因。当然,由于湖南草匪、地方盗匪的横行及"白银案"的影响,白银的流动数目有所减少,人们对白银的信心也不如往日,再加上周围村寨与河口姚家的长期诉讼,加池、文斗等村寨集资组团御匪,地方市场由道光初年(1821年)的极为兴盛转向衰落,经济活动也不如之前频繁,可见百姓生活与地方情势息息相关,村落经济与地方市场联系紧密。

(二)山场置业

受相原佳之以"土名"分类,探讨山林经营方式及山主与栽手之关系的启发,❶这一部分笔者也挑选两个有代表性的"土名"——党秧、岗套之交易,以展现由嘉庆年间佐兴始,至民国姜元贞时姜家的置业情况,并试图了解加池山场置业的历时变化。与上一部分按时间段来分析的方法类似,这里笔者根据同一"土名",按不同主题的来源材料归类分析,理清姜家世代祖孙关于同一"土名"的交易情况,并从中总结规律。笔者所采用的材料主要来自于姜绍明所藏姜元贞手抄的《山场总簿》《山场簿据》《黄金万两》及《清单合同总簿》。其中,《山场总簿》抄录了部分姜家祖公佐兴、之谨等所经手的"账单"与山场契约,前者在上一部分已作了简要分析;对于《山场簿据》,姜元贞标注"亲手置",表明其中所涉及山场交易均为姜元贞经手;《黄金万两》则是姜元贞兄长姜元瀚经手契约;《清单合同总簿》为清单汇集,将本家所有山场股份列于其中。

---

❶ 相原佳之.从锦屏县平鳌寨文书看清代清水江流域的林业经营[J].原生态民族文化学刊,2010(1).

1.关于"党秧"

《山场总簿》

（1）嘉庆十三年佐兴太公得买岩湾寨范承尧之山，地名党秧，界限：上凭顶，下凭田，左右凭冲，此山分为六股，弟兄占一股，出卖与佐兴。

（2）嘉庆十五年，佐兴得买姜文玉父子之山，地名党秧，界限：上凭路，下凭田，左凭德相，右凭君能，又将党纣山一块，界限：上凭荒坪，下凭成奉，左凭，右凭成奉。

（3）嘉庆年佐兴得买文斗寨姜福桥、廷忠弟兄之山，地名党秧，界限：上凭塘东山以冲为界，下凭田，左凭小以塘东山以冲为界，右凭迫坡与苗光山为界，此山土分为五大股，得买福乔一股。

（4）嘉庆年得买文斗寨姜占魁之山，地名党秧，界限：上凭党东山以冲为界，下凭田，左凭小与塘东以小冲为界，右凭迫坡以苗光山为界，此山分为六股，福桥底下占一股，本名占五股，一概出卖。

（5）嘉庆一年佐兴得买岩湾寨范德城之山，地名党秧，界限：上凭坪边，下凭田，左凭宗尧之山以冲为界，右凭文斗之山以冲为界，□出卖。

《山场簿据》

（1）党秧土栽

民国十一年正月十二日元贞买获姜兴德、有之六公山栽一块，地名党秧。其界：上凭田，下凭渭山，左凭显韬山以路，右凭买主之山为界。此山土栽分为陆股，买占兴德、有之壹股。中姜作相，议定价银七百八十文。　代笔岩湾范锡章

（2）党秧，另名兄榜排

民国壬戌年元瀚、贞、灿三人得买姜永兴之山，地名兄榜排，界限：上凭田，下凭水沟，左凭龙姓山，右凭买主山，此山分为十二股，买占伊于先年得买姜凤岐一股，价银七百二十文，笔　亲立。抄来凤岐老契一纸。

（3）党秧土栽上下二块，皆乜党周土栽一块

民国十五年五月七日，姜元贞得买本房姜志贞、要长、金岩叔侄三人之山场栽手杉木，地名党秧，在坵田上里边冲山场栽手二块……　凭中、代笔岩湾范炳芳

（4）党秧地栽一连三块

民国十五年七月初四日，元贞得买本房姜祖发之山场并栽手四块，地名党秧，在坵田上，里边冲，上下山场二块。……价钱三千二百文。　凭中、代笔姜纯秀

由"党秧"山场的交易状况看，主要分为两个阶段。第一阶段是太公姜佐兴购置山场的简单记录，材料来源于姜元贞手抄本《山场总簿》；第二阶段主要是姜元

贞、姜元瀚购置山场股份及栽手的记录,材料来源于姜元贞亲手置业的《山场簿据》与记录姜元瀚置业情况的《黄金万两》。姜佐兴购买党秧山场的时间分别为嘉庆一年、某年、十三年、十五年,分别从岩湾寨范承尧、文斗寨姜占魁与姜福桥弟兄、本寨姜文玉父子、岩湾寨范德城手中得买,这表明当时加池与邻寨的交易就较为频繁,因地名相同,而山场所占部分不同,而购置同为"党秧"之不同山场。再者,嘉庆年间,父子山、兄弟山较多,说明当时家庭"同居共财"现象十分普遍,男子成年后,对家有财产拥有处置权,故而,在交易中父子、兄弟名字都要同时写上,以显示其财产所有权。民国时期,姜元瀚所置党秧山场股份因与元贞、元灿三兄弟同时置业,《山场簿据》中有关内容相同。故而,笔者主要以姜元贞《山场簿据》分析。其中围绕"党秧"签订的契约有4份,元贞独买者3份,元贞兄弟三人购买者1份。所买要么为栽手股,要么为土股,没有独立山场。从嘉庆年间交易物主要为山场,到民国时期交易物主要为股份的变化,说明了加池社会经济的发展,因山场、土地有限,参与交易的人数剧增,围绕固定山场的交易已经不能满足社会分工细化及交易量增多、资金流动速度加快的经济现实。

2.关于"岗套"

《山场总簿》

(1)讲道即是岗套

嘉庆十六年九月十三日庚午,太公得买本寨众等之山,地名讲道,上凭、下凭岩洞,右凭德相,左廷烈。

(2)耕要脚,岗套

嘉庆十九年得买姜朝仲、弼之山,地名耕要脚,上凭沟,下凭沟,左凭田角路为界,右凭冲。又岗套进路一块,界限:上凭廷芳,下凭冲,左凭冲,右凭廷芳地为界,其山地主分为三股,朝弼占一股出卖。

(3)岗套

道光十二年得买本房姜元方之山,地名岗套皆培记,界限:上凭故美以油山为界,下凭凤开、三绞之木,左右凭□,此山分为二大股,之豪、开让得买元方之一股。

《山场簿据》

(1)元瀚、贞、灿、秀四人买刚套栽手

民国壬戌十一年正月初十日元瀚、贞、灿、秀四人买获本房姜耀长之刚套之栽手,……中姜恩齐,议定价银四百八十文。金培笔

（2）岗套合同

立分清单合同字人加池寨姜显韬、贵、梦熊弟兄叔侄等所与中仰寨陆茂崐等所共山一块,地名岗套,……共立合同四张。陆茂崐、姜梦麟、姜梦熊、姜梦松各执一张。

民国戊午七年六月初九日,姜梦熊笔　立

（3）岗套佃字

立佃种山栽杉字人加池寨姜梦麟、熊、松弟兄叔侄等今种本名与中仰寨陆茂崐等所共之山二块,其地名岗套,上下二块。……恐后无凭,立此合同佃字为据。

合同四张　陆茂崐、姜梦熊、姜梦麟、姜梦松四人各执一张

民国戊午年(民国七年)六月初九日梦麟笔　立

（4）岗套地主

民国十六年六月廿日,元贞买得本家姜俊培之山场一块,地名岗套,……凭中、笔姜纯秀。(此山乃在污什棉花地对面)

《黄金万两》

（1）民国丙寅年得买本寨姜永兴之山场一块,地名岗套。……凭中成顺 价钱一千一百八十文,亲笔立

（2）民国十五年元瀚、元灿二人得买本寨姜永兴之山,地名岗套之山一块。(略)

（3）民国十五年元瀚、元灿二人得买本寨姜金培之山,地名岗套之山场一块。(略)

（4）民国十五年元瀚、元灿二人得买本寨姜永兴之山,地名岗套之山场。(略)

围绕"岗套"山场进行的各类交易繁多,《山场总簿》有 3 份,《山场簿据》所列 16 份,《黄金万两》10 份。此处,因《黄金万两》中部分姜元贞、元瀚兄弟合买部分重复,且多为栽手,故而,笔者从中挑选部分以保持其类别及时间上的完整性。当然,从这些名为"岗套"的山场买卖中,我们可以看出,四至并不一致,这表明,纯粹以"土名"来分析存在很大的局限性。或许相原佳之当初所分析的土名四至一样,属于同一山场,但从我们所收集的资料来看,姜家世代所围绕"岗套"山场的交易,无论土股或是栽手,很少四至相同的。出现这种情况的原因有多种,一种如上文所分析的,可能经时日变化,围绕山场的交易以及参与交易的人数都在变化,同一山场不断地细化;另一种同样是时代变化,人们对各山场的称呼有所改变,每一份契约的划定,其名称都来源于当时的环境,否则也不可能得到众人的认可,如四至,随

着周围山场日易其主,必定会有改变。再如嘉庆年间签订的契约中,有"讲道即岗套""耕要脚即岗套"之说,在后面有关岗套的契约中,再没见过"讲道"与"耕要脚"的称呼。《山场簿据》中,笔者选取了几种类型,分别为"地主""栽手""合同""佃字",其中"合同"与"佃字"中的岗套二块相同,均为姜元贞等与中仰寨陆茂崐等所共之山。《黄金万两》中姜元瀚与元灿二人购买岗套山场契 3 份,其余未列出部分多为姜元瀚兄弟三人所购买。

总结姜家祖孙数代,由嘉庆至民国时期关于"党秧""岗套"山场的交易记录,值得注意的主要有以下几点:一是滋贺秀三所最先发展出来的概念分析法与黄宗智强调的注重"表达",其实具有异曲同工之妙。其方法特点是尽量运用地方社会原有的概念来分析,以便通过这些概念来建构能够帮助达到内在理解的框架,并再现当时的场景。❶ 此处关注"土名"变化正体现了这点。二是随着木材交易量的增加及参与人员的增多,同一山场必定会越来越细分,以符合不同当事人的需要,在加池,笔者并没有见到如姚百万、姜士朝这般垄断林业的大山场主,犹如随着人口增长导致的土地细化那般,山场也越来越细化,关于同一土名的契约所涉及的交易也难以找到系统的联系。三是由《山场总簿》所记录的以嘉庆年间为主的交易,到《山场簿据》等所记录的民国的交易来看,加池林业交易由之前的山场买卖为主逐渐演化为以山场股份为主的交易,而股份又因地主与栽手不同身份的林业经营方式,划分为土股与栽手股。故而,在合同与买卖契约中,关于土股与栽手股的划分非常繁杂。

最后,笔者由《清单合同总簿》中选取两份清单字,以更为突出这一部分的主题——关于山场的祖孙接力式的置业方式。

契 5-1　从故计在岗套,立分清单字

从故计在岗套,立分清单字人姜凤沼、吉祖、恩光、献义、献魁等,今有祖遗山一块,地名从故计,其山界上凭显韬山,下凭源淋山,左右凭岭,此山作为捌两分股。献义、恩光等系佐兴公后裔共占两钱三分三厘,此股作为十股,献义得买凤岐一小股。吉祖、献魁、凤沼系佐才公后裔,共占二两三钱三分三厘,此一股作四小股,分吉祖四家占一下股,凤沼五家占一小股,献魁占一小股,成安占一小股;凤沼弟兄五人得买平松之股占二两三钱三分三厘合成捌两之山。日后照此清单合同均分,特立合同二张,凤沼、献义各存一张。

民国七年五月二十日 恩宽笔立

批民国十六年元贞得买永道、献猷二人之二股

---

❶ 王亚新,梁治平.明清时期的民事审判与民间契约[M].北京:法律出版社,1998:3.

契 5-2　三抱了,即在岗套(部分)

三抱了,即在岗套,立佃栽种栗栽杉字人本家姜凤瑞、献魁、献文、献朝四人,今佃到本家祖遗山地,名三抱了,……此山乃系祖太姜辅臣公遗留之山,分为两大股,凤岐五家与献义共一大股;吉祖、凤瑞、遇连等共一大股,又另分为八股,凤岐五家占贰股,献义公孙占贰股,吉祖、凤瑞十家占一股,福保占一股,遇连占一股,献义得买兰香奶一股。

光绪叁十四年正月廿八日恩宽笔立

此属他们并不挖种栽杉。此山三抱了山。

批:元贞于民国年间得买献文一股又献朝一股,献文、吉祖公子,献朝、吉光公子,吉祖十家他两家占二股的意思。元贞又得买永道之股,又买献忠、献献弟兄之股。

相原佳之认为,“分银清单”是在成林售木之后、各股东分配所得银子时交换的一种备忘录,记载着持有山地股份的山主姓名、股份数和所分配的金额。一般并不采用契约形式,但作为林地获利权的证明,在后代因股份数有所争夺时可作为证据参考。[1] 这两份清单字均为岗套山场的小地名,一为“从故计”,一为“三抱了”。前者为“祖遗山”,由“献义、恩光等系佐兴公后裔”与“吉祖、献魁、凤沼系佐才公后裔”瓜分;后者“祖太姜辅臣公遗留之山”,同样由后裔共有。特别的是,后者为本家佃栽本家山场的佃字。辅臣为“母猪形”房族老三公之一,其遗留之山为后裔人之公山,故而,随着子孙繁衍而股份细分,这不仅导致公山共享、同族置业的现象普遍,而且从另一方面加强了宗族成员间的经济联系与社会交往,这类清单几乎成为普通百姓最实用的“族谱”,使得他们在日常经济交往中一遍又一遍强调了彼此之间的血缘关系。当然,不容否认的是,这种情况也容易因利益分配问题引发各成员之间的摩擦,如后文所引录的诉状中就有不少纠纷产生于对公山之既得利益的争斗。

其实,清水江下游沿岸地区人工营林主要遵循家族共有制,如加池现今依然存在的多处“三公山”,即 18 世纪以来延续下来的“母猪形”房族老三公、新三公所置产业。细推其根源,应为清初山多人少的现实所致。例如,史料载康乾时期的加池不过九户半,且这九户半可能还分为不同的家族,山多田少,人丁不旺的现实使得人们以家庭为单位分配田地,却以家族为单位瓜分山场。后来随着木材贸易的逐渐兴盛、人工营林的急迫,使得各家族在极力维护自身权益的同时,又不得不招佃人员以更好地经营山场,如此又导致林地股份所有制的出现。不过,此时的林地,并非山场本身,而是犹如田皮一般的林木。在宗族组织下的林地共有制,财产关系

---

[1]　相原佳之.从锦屏县平鳌寨文书看清代清水江流域的林业经营[J].原生态民族文化学刊,2010(1).

极为模糊,对内部各个家庭来说,"我的是我的,你的也是我的"。一般为保证林地共有,同一家族内的公有林地采取"谁种谁有"的经营方式,即山场公有,杉木却属于种植者,其家庭成员和子孙享有直接继承的权力,直至林木成熟并砍伐出卖,山场在族内又开始新的协调更新。❶ 因此,虽然股份所有制贯穿始终,兄弟、族人共同置业的现象却十分普遍。

(三)"斧印"

张应强在《锦屏》及《木材之流动:清代清水江下游地区的市场、权力与社会》两本著作中,均对加池所存斧印做了详细介绍,尤其提到姜绍明所藏家族斧印"姜－洪顺"。他介绍,"斧印"像一把铁铸榔头,装有木质把手,一端铸"姜",一端铸行号"洪顺"❷,即姜姓所有"木号"为"洪顺"。而其表示因未能亲见而深感遗憾之四合院"斧印"被笔者见识。两把斧印样式类同,只不过行号相异,姜绍明家为"洪顺",四合院姜绍烈家则为"利川",即"姜－利川"。而"利川"号在《河口木材贸易碑》中曾经出现。此份碑文证明了张应强的说法,即在清水江木材采运活动中,为保护相关人等的经济利益而发展出了一套以"斧印"号记木植为中心的严密权益保障制度。"斧印"作为山客用于收购木材表明其所有权的标志出现。木材贸易之初,"斧印"只由下游木商使用,清中后期,随着木材贸易范围的扩大以及贸易量的逐渐增加,木植采运中已广泛使用各种暗号,上河地区山客中少数实力雄厚者亦开始使用"斧印",当时,人们称为"山印"以示差别。❸《河口木材贸易碑》中,首先引用"上河木商姜利川等"的"越江夺买,瞒课病民,公恳示禁"讼词,此中"姜利川"便为加池四合院主人姜恩瑞之"行号"。讼词指责"行户代客户入山买木"违背了"上河山客不能冲江出卖,下河木商不能越江争买"的"向例",不仅损害了诸多上河山客的根本利益,而且不利于国家课税。黎平府据此告示"三江行户上下河客人等""自示之后,尔等买木需由上河山贩运至三江售卖,不得越江争买。至各山贩木植到江,所有售卖之价,务须报局纳课,不得短报数目"。如此可见木植贸易之丰厚利润已诱使地方各种力量趋之若鹜。

山客之"斧印"除了作为权益保障制度存在外,还有其实际意义。民国二年十

❶ 杨秀春.侗族社会地方性制度对森林资源的保护[J].吉首大学学报:社会科学版,2007(1).
❷ 张应强,等.锦屏[M].李玉祥,摄影.北京:生活·读书·新知三联书店,2004:133;张应强.木材之流动:清代清水江下游地区的市场、权力与社会[M].北京:生活·读书·新知三联书店,2006:182-183.
❸ 张应强,等.锦屏[M].李玉祥,摄影.北京:生活·读书·新知三联书店,2004:133.

月十五日立于卦治的木商会碑所立赎取木植章程❶规定：①满江洪水赎木,在六丈以上者,以江内篾每两码给赎钱千文,五丈以上赎钱千文,四丈至三丈者照式递减；②半江洪水赎木价,在六丈以上者,以江内篾每两码给赎钱壹千文,余照式内推；③满江洪水赎木期限半月,半江水限十日,过期不到,准捞户自由变卖；但连期水涨碍难寻赎,亦不得拘此限期变卖。由此可见,用"斧印"标记于木植的初衷,是为了木材放运到下游码头后便于木商辨认,以及木材万一被洪水冲散漂失后便于清赎,是一种象征性的符号。❷ 在发生纠纷时,斧印发挥着确定所有权的作用。诸如姜元贞手抄《诉讼稿禀》中记载,在姜梦鳌哄骗宋氏未成年的小儿子获得某山场所有权,由此引发纠纷时,官府在堂判词中写明"彼时各家应九忽称与姜宋氏有案未结,将公私木植一概盖印封阻",证实了当时林业经营过程中斧印具有特定的历史功能,有利于我们更好地了解四合院斧印及姜绍明所藏斧印在特定历史时期的作用。

　　清末,姜献义等人有杉山一块,地名翻宜贵,原本为其等先人向塘东寨吴某等买进,经营杉林后,陆续卖出,因有契约和合同,从无异议。不料,炎傍滩张老求购买塘东姜锦春等同一地名的杉山,两块山场相连,张老求在砍尽自家杉木后,又越界砍伐姜献义等杉木一百余株,值时价七八十两,献义等得知后,急忙赶往山上,双方发生冲突。于是,姜献义等去塘东请该寨首人姜廷智等理论,老求等并不理会。无奈之下,姜献义"遣次子元贞以斧印盖木,恐其木失无凭"。尽管如此,中人调解不成,双方矛盾激化,姜献义只得一纸状词将对方告上官府。可见,当时姜献义等在所伐木材被人抢夺,发生纠纷且对方拒绝调解时,立即在木材上盖上斧印,以表明所有权。从相关史料了解到,姜献义父亲姜沛清曾费银八十九两捐得监生。且据调查,姜绍明家也曾起造一栋四合院,甚至比如今姜绍烈家的四合院还要壮观,不幸的是,在民国那场大火中被烧毁殆尽。因清中后期上河木商中便开始兴盛斧印,再者,从上文中历代山场置业状况也可以看出,姜家很早便开始经营木材,且在地方上具有一定威望,"姜洪顺"斧印历时久远,或在光绪之前便已出现。另外,值得注意的是,斧印最初是因为实际需要而出现的,之后却成为上河木商实力强弱的标志。

二、交易过程中的亲疏关系

(一)立契双方与中人

　　此处,立契双方并不限定于买卖关系的交易主体,还包括典当关系中的银主与

---

❶　锦屏县政协文史资料委员会,锦屏县志编纂委员会办公室编.锦屏碑文选辑.姚炽昌,选校(内部资料),1997.

❷　张应强,等.锦屏[M].李玉祥,摄影.北京:生活·读书·新知三联书店,2004:133.

典主、佃种关系的地主与佃户,以及借贷关系中的债权人与债务人。故而,笔者在选取案例时,并不局限于某种交易类型,而是希图从最普遍的交易关系中了解各类交易主体的角色行为。此处着重分析中人的角色定位。

买卖关系中,无论是"山场杉木买卖字"还是"断卖田约",大多是以卖主的口吻写就的单契,而且程式大约为契约性质、卖主姓名、断卖缘由、标的物四至、买卖方式、买主、谈定价银、其他约定、中人与执笔签字以及立契时间。至于其中的参与者,一般为立契双方与中人。值得注意的是,在笔者随机整理的三百多份契约中,女性参与的交易极少,仅数份契约,而且,她们参与的往往是本房族间交易。

契 5-3 姜氏兰香断卖田约

立断卖田约人本家姜氏兰香,为因家中缺银用,无处所出,自愿将到夫之田,地名皆交中沟之田贰截与皆占也丹田大小二坵,一共二截与大小二坵,出卖与姜开周名下承买为业。当日凭中议定价银五两八分整,亲手领回。自卖之后,任从买主耕种管业,卖主不得异言。恐后无凭,立此卖田约为据。

添三字　共有粮十八文

凭中姜开云

代笔姜开文

咸丰十年八月初十日　立

如这份契约,卖主姜氏兰香,买主姜开周,双方是"本家",由"开"字辈看,凭中和代笔也都是本房族兄弟。标的物是"夫所余之田",可见兰香为孀居,"因家中缺银用,无处所出"才"自愿"出卖与姜开周。虽然表面上姜氏具有对"夫所余之田"的处置权,其实际是否如此自由则不得而知。其时,湖南草匪、地方盗匪横行,又逢咸同兵燹,自道光十三年(1833年)加池、文斗、岩湾、平鳌四寨集资组团抗御盗匪,咸丰六年(1856年)11月,三营在黎平府的指导下正式成立,百姓出钱出力,地方经济受到较大影响。不仅如此,壮年男子也必定因参与前线战斗多有死伤。另外,据调查,加池五十岁以上的男子大多有过放排经历,他们说作为山区百姓,参与伐木、放洪乃至放排都是再自然不过的事情,而这些工作都极为危险,稍有不慎便葬身山崖或鱼腹。如此也无怪乎前文姜恩瑞母亲范秀贵年轻寡居,"置田园以光先烈"了。至于姜氏兰香的遭遇是否这般,我们不敢断言,但至少从中可推知一二。

契 5-4 姜凤文叔侄断卖塘字

立断卖塘字人本家姜凤文叔侄二人,为因要银用度,无处所出,愿将到地名皆穷污之塘一口,界限:上凭、下凭恩瑞之塘,左凭恩瑞以沟为界,右献义之仓为界,四字分清。今凭中出卖与本家姜凤廷、凤沼、凤德弟兄三人名下承买为业。当日凭中议价银四两一钱二分整，亲手收足。其塘自卖之后，任凭买主上塘耕种管业，卖主不得异言。今恐无凭，立此断卖字为据。

内添一字　　　凭中姜凤至

光绪二十三年四月二十凤文亲笔　立

这是一份多个个体参与的契纸，性质为"断卖塘字"。卖主为姜凤文叔侄二人，买主为姜凤廷、凤沼、凤德弟兄三人，双方为"本家"关系。即便如此，也是"凭中出卖"。孔迈隆在分析类似的台湾弥浓契约文件时曾说，家庭本身就是一个小的社团单位。因此，一般情况下，个人归属于大的经济实体……在没有父亲基于权威而行使家长权力的时候，有兄弟存在的共同家庭的动态性，预示着家庭中每一个成年男性都有可能提出分家的要求，而这时候每个成年男性都表示同意土地买卖也是为了保护该土地的买家，以免日后在分家中出现对该土地的主张。[1]　其实还有另外一种情况，就是如果兄弟已是分家状态，为了更好地划分财产，或者卖主兄弟发生矛盾，或者其他所需，便把原属于兄弟们所有的固定财产出卖。而这里的买主因单个个体无法承担价银，便合伙购买，以便成为公共财产，也便于合家管理。再者，据姜绍明介绍，在三板溪水库未淹之前，清水江两岸到了枯水期，就会出现连片的水洼，这些水洼可供养鱼，也是私人财产。池塘与山场一样，在共同使用的过程中容易管理，故而，也吸引民众以集体形式参与交易，或者这也是兄弟合伙整合资源的一种有效方式。值得注意的是，这里的中人姜凤至亦是本家，与买主、卖主均为房族弟兄，由于交易双方为本家关系，且交易主体较多，牵扯的人员关系更为复杂，故而，人们倾向于选择本家中人，而非族外人士，一来表明对彼此的信任，二来中人此间只是撰写契约的需要，虽有一定见证作用，却非预防纠纷的必需。

契5-5　姜严三等当约

立当约人姜严三、姜柳富、姜罗乔、姜明宇四人，今因家下缺少银用，自己问到本寨姜文相、姜老青、姜文海、姜三宝四人承典姜严三塘东田一坵，作当五两；姜柳富园地一块、黄牛一边，作当五两；姜罗乔考屋场地期一间，作当五两；姜明宇三人当面议定作当，恐有误者，任从四人□上发卖。今恐欲凭，立此当约为据。

代笔　杨宏先

乾隆二十六年二月初八日　立

❶　孔迈隆.18世纪以来帝国契约的构建之路——以台湾地区弥浓契约文件为例[M]//加德拉,等.早期近代中国的契约与产权.李超,等译.杭州:浙江大学出版社,2011:44.

　　乾隆二十六年(1761 年)所签订的这份当约,参与者人数之多、关涉的交易之复杂极为少见,其特殊之处在于:一是典主与银主都是四人,且典当物区分开来,银主为合伙人,共同出银承典;二是由典银均为五两可知,四位典主应为合伙人,或为筹集本资而当;三是此份当约并无中人,只有代笔,原因或许在于代笔杨宏先某种程度上承担中人角色,但果真如此,当约应写上"凭中代笔"。那么,杨宏先是否本寨中人? 如果是,交易双方都是姜姓,为何找一非姜姓人作代笔? 或许人们考虑姜姓代笔或凭中难以保持中立态度,不若外姓人那般具有独立身份,要是日后产生纠纷,还会影响彼此亲缘关系。也或许因参与的交易主体过多,犹如前一份断卖契中所说,参与人数过多,牵扯的关系比较复杂,但某种程度上加强了交易行为的稳定性,减少了风险。再者一份当约牵涉四份交易,如一般契约需要交付双方保存的话,则较平常中人多了几倍。当然,还有一种原因便在于中人也是要佣金的,能省则省,交易主体当然会选择免请中人了。如《清水江文书》第一辑《加池文书》部分1-2-2-136 姜坤荣等分山请中人费用清单,便明确各人所占股数,每股需分派的银两以及聘请中人费用,能有力证明中人收受酬金的事实。

　　由上文可知,立契双方因为各种血缘、地缘关系而在交易中遵循一定的伦理原则,如姜氏兰香售卖田地给本家姜开周;又因彼此维护自身利益的需要而产生赤裸裸的金钱关系;有时候,还会因为参与者实力的不同、参与人数的多少而使得各种关系复杂化,诸如乾隆、光绪年间的两份参与主体众多的契约。而作为主要参与主体之一,中人在契约的签订过程中发挥着极为重要的作用。正如杜赞奇所说,在借贷、租佃和买卖土地三种乡间契约关系中,中人经常将供需双方介绍到一起,作为签约的见证人,在发生诉讼时,往往被传到堂作证。在借贷契约中,其又常常兼作保人,以保证归还借款。并且,在契约双方发生纠纷时,中人有权力和义务进行调解。中人使商业关系个人化,从而降低了违约的风险。再者,人们往往会选择地位较高或很有"面子"的中人,这样使得"个人关系或义务"更为强化,从而加重了违约者的心理负担,增加契约关系的稳定性。❶ 当然,在佃户与地主间,中人还起着一定的平衡作用,使得本不平等的交易主体进行相对平等的交易。虽然,有时候为了免交中人的佣金,交易双方选择不请中人,但这种情况很少见,一如前文所引当约,之所以不请中人,或许因为参与交易的主体较平常多,且交易关系复杂,彼此互相见证,交易行为较为稳定。

---

　　❶ 杜赞奇.文化、权力与国家——1900—1942 年的华北农村[M].王福明,译.南京:江苏人民出版社,1996:168.

其实中人在契约签订过程中的作用已经有许多学者进行过专门分析。如梁聪就在其著作中对文斗契约之中人的功能进行了详细阐释。这里只是简单谈一下笔者自己的看法。

首先,在契约签订前期,中人的牵引作用不容忽视。很多契约都写上"凭中问到某某家",不同村寨之间的交易尤其如此。我们尚不知道加池自清以来是否有中人专门从事介绍交易的活动,但是,可确定的是,"当江"的王寨、卦治、茅坪三寨其实就相当于中人。只不过,他们通过具体的"木行"或曰"牙行"加以表现而已。在清朝,为了便于政府收税,有专门的牙行或牙人从事中介服务,他们主要负责牵线搭桥,见证交易,并且帮助政府抽税。他们一方面承担民间交易中介的角色,另一方面又是政府的帮扶。而在民间,是否具体到个人的牙人也需要政府授权,则不得而知。无论如何,在每个寨子里,总有一些人乐于替人家做这方面的买卖。当然,还需要考虑这种情况,即对于普通百姓来说,售卖山场田地等固定资产是家道衰落的一种表现,所以他们往往顾及个人名声,请中上门询问,以作试探,这样不但避免因买主拒绝伤及卖主脸面,还有利于交易顺利进行。

其次,中人在交易双方签订契约时,既是契约合法合理性的见证人,又是议定价格的关键人物。这不仅仅因为他们熟悉市场运行规则,知道每一项标的物的市价,还能知道交易双方的具体情况,大概多少价钱能够接受。当然,除了这种以凭中作为业余收入的中人外,也有一些中人纯粹是因为自己的名望或社会地位较高,具有一定的说服力。至于中人在契约签订后的作用,很少有具体实例能够说明他们承担怎样的担保作用。但是,可以肯定的一点是,如果双方有需要,当他们签订第二份,甚至是第三份与第一份契约内容相关的交易凭证时,他们都倾向于请参与了第一次交易的中人见证。因为,这样一方面可以增加后续契约的合法合理性;另一方面中人熟悉各种前期情况,可以避免另生事端。需要注意的是,中人并非个人,有时可以是旁边所有的见证者,有时也可以是两三个,三五个,看标的物的大小与交易活动量的多少而定,也视交易双方的关系而定。如果双方是本家的关系,那么他们的中人往往为本房族较有威望者;如果他们是本寨的关系,凭中便倾向于本寨有威望的第三者,这个第三者一般并非交易双方任何一方的家族成员;如果双方是不同村寨的,那么中人便可能是双方任何一寨子中彼此都熟识的人,也可能是第三个寨子中双方熟识者。中人可以凭借自己在地方上的威信或与立契双方的特殊关系,在平衡交易双方的利益及社会地位的同时,保证交易的"合理性"与"稳定性",并能够在交易行为发生后调解纠纷或者防止纠纷的发生。这是中人的主要功能。当然,对于交易双方来说,中人在立契时所起的作用相较于政府的权威性来说,更便捷,且更能节约交易成本。

(二)"亲邻先买权"

笔者注意到,之前大多买卖契约中,尤其是山场、田塘、地基等固定资产的买卖活动中,会标明买卖双方的关系,要么是"本房""本家",要么便是"本寨",如果是其他村寨的,也会在文中加以说明。除了本房、本家外,如果是本寨或外寨之间的交易,契约往往会写明"房族弟兄不得异言"或"房族子孙不得异言"或"如有异言,自在卖主理落,不关买主之事"一类的话。傅衣凌在考察地权移转时的双方关系时,便通过分析具体契约文书,提出"这一村地权的移转,不是宗族,即是姻亲。因此,我认为正符合中国农村社会以'大族总辖小族,强房统摄弱房'的原理,而这氏族制的'产不出户'的残余,所谓'先尽房亲伯叔,次尽邻人'的习惯,却又成为中国历代地方豪族能够保持其特殊势力的基础。这一点中国农村社会经济组织的秘密,应为我们研究经济史的人所不可忽视的"❶。傅衣凌在此一针见血地指出"亲邻先买权"是中国农村社会经济组织能够得以长期存在的重要因素之一,笔者收集整理的加池契约文书亦有实例。

契5-6 姜氏等断卖屋并地基字

立断卖屋并地基字人本寨姜氏晚庙、子明诏、媳八妹,弟八卯、老未、老六、老琨弟兄母子七人,为因父亲先年当与苗光寨姜志远得银使用,至今银主追逼,无处所出,故将屋出断与姜之模名下承买为业。当日议定价纹银二十五两整,银契两交,分厘不欠,亲手收足应用。其屋两进,每进一间并厦子一副,其地基界限内凭买主屋坎,外凭世培大爹明德兄之屋,以坎为界,左凭明牲兄平分中柱为界,右凭水沟并祖父所架的石为界,四至分清。自卖之后,其屋并地基,任凭买主修理居住,卖主房族叔伯以及外人不得异言。倘有此情,俱在卖主理落,不关买主之事。今据有凭,立此断卖房屋永远存照。

凭中　母舅姜孝智　二伯姜世培

明诏　亲笔

道光十七年二月二十三日　立

这是一份断卖屋并地基字,卖主为姜氏晚庙、子明诏、媳八妹、弟八卯、老未、老六、老琨弟兄母子七人,以姜氏为主体的口吻写就。变卖原因是"为因父亲先年当与苗光寨姜志远得银使用,至今银主追逼,无处所出"。这里的姜志远,便是清水江

---

❶ 傅衣凌.明清农村社会经济;明清社会经济变迁论[M].北京:中华书局,2007:24-25.

下游村寨中有名的民谚"姚百万,李三千,姜家占了大半边"的中"占了大半边"的瑶光地主姜志远了。据说当时他经营木材采运获利后所购置的山林田产,上起剑河下至天柱,遍及清水江以及乌下江两岸。❶ 契约中姜父早年便将屋基"当与苗光寨姜志远得银使用"。再者,在写明买主为"本寨"姜之模时,契约中还特别注明"卖主房族叔伯以及外人不得异言。倘有此情,俱在卖主理落,不关买主之事"。这从另一个层面表明,有关房屋地基类固定资产的买卖,房族叔伯是有发言权的,故而才会在契约中加以说明。所以,一般契约中都会写明这点,一方面是为了避免日后滋生事端,另一方面买主也会以此来作为自己对所购买的固定资产具有完全所有权的一种有力凭证。还需注意的是,这份契约中,有关房屋地基的四至,"外凭世培大爹明德兄之屋","左凭明牲兄平分中柱为界,右凭水沟并祖父所架的石为界"。在撰写契约的时候,他们都会注明与其他物主的关系,或是"大爹",或是"兄",或是"祖父"。再者,中人有两位,一位是"母舅",一位是"二伯",这同样说明了:一是卖主尚未分家,故而以母子七人的口吻共同写就卖契;二是未分家,"父亲"已过世,母亲尚健在,故而,中人需要父母双方的亲族加以证明,即"二伯"与"母舅"。如此,售卖屋基才合情合理,也不至于为双方亲族所责怪。只是此处"母舅"之称与江西汉族地区类似,不知是否有所渊源。

如同中人制度,亲邻先买权作为我国古代一项有关不动产买卖的制度,最先根植于民间,而后为官府所认可,并制定相关法律。古时,"卖田问邻,成券会邻"是民间交易过程中约定俗成的习惯。早在后周广顺二年(952年),国家法便对此明确规定"如有典卖庄宅,准例房亲、邻人合得承当,若是房亲不要,及着价不及,方得别处商量,和合交易"。宋朝进而规范亲邻购买的先后次序,"凡典卖物业,先问房亲。房亲不要,次问四邻。其邻以东南为上,西北次之。上邻不买,递问下邻。四邻俱不售,外招钱主。或一邻至著两家以上,东西两家以南为上,南北二邻以东为上"。❷ 元代对亲邻先买权有所限制,并规定了典主的优先权。"诸典卖田宅,须从尊长书押,给据立。历问有服房亲,及邻人典主。不愿交易者,限十日批退。违限不批退者,笞十七。愿者,限十五日议价,立契成交。违限不酬价者,笞二十七,任便交易。亲邻典主故相邀阻,需求书字钱物者,笞二十七。业主虚张高价,不相由问成交者,笞三十七,仍听亲邻典主百日收赎,限外不得争诉。业主欺昧,故不交业者,笞四十七。亲邻典主在他所者,百里之外,不在由问之限。"❸由此观之,民间习

❶ 张应强,等.锦屏[M].李玉祥,摄影.北京:生活·读书·新知三联书店,2004:148.
❷ 徐松.宋会要辑稿·食货[M].影印本.北京:中华书局,1957.
❸ 高潮,马建石.中国历代刑法志注译[M].长春:吉林人民出版社,1994:693.

惯加上国家法的明文规定,亲邻先买权在我国传统民间交易过程中占据极为重要的作用。杨国桢的契约研究也表明,"到了清代,先尽房亲、地邻的习俗依然保存下来,但在文契上的限制有所减弱,可以不必用文字在契内标明"。[1] 据考,有的学者认为是社会稳定的需要,如此有利于减少纠纷,并且认为亲邻先买权是宗族财产制度的产物;[2]有的认为应该从"土地的村级市场"中找寻原因,正因为乡村社会中复杂的血缘与地缘关系,才导致亲族先买权与地邻先买权的存在。其反映了在我国农村传统观念中,由于土地大多为祖遗,以及同财共居和诸子平分继承制的存在,使得实际占有、耕作土地的个人或家庭并没有完整的土地产权,土地转让受到严格限制。[3] 其实这两种观点异曲同工,正是因为有利于社会稳定,传统宗族财产制度为王朝政府所重视,并颁发相应条文,控制土地自由转让,而政府行为又反过来加强了"亲邻先买权"等体现亲缘、地缘的民间土地转让规则。在 18 世纪以来至民国的加池文书中,始终秉承这一原则,而且,并非如杨国桢先生所说,可以不必用文字在契内标明。这便是前文所提及之加池契约文书主要特点之一。

(三)市场圈的层级结构

施坚雅在建构其市场体系理论时,主要从宏观层面对中国传统农村市场进行了深入分析。他认为,中国农村市场呈现了一个层级结构,即初级市场、中级市场与高级市场,这个层级结构与传统中国政府所设置的行政机构呈平行关系,如初级市场往往在集镇上,而中级市场往往在县府,高级市场则往往在省会或一些大城市的行政中心。借鉴施坚雅的理论,笔者并不打算从宏观层面具体分析 18 世纪以来至民国时期加池苗寨在整体市场体系的地位,因为这些张应强在其《木材之流动》中已以文斗为例做了具体说明。在此只是结合梁聪的"亲属关系""地缘关系"及"共业关系",通过具体的契约文书,来分析加池村寨内部及其与外部村寨之间的市场结构。前文已具体分析了传统加池契约中的"亲邻先买权",也分析了在契约中立契双方与中人的角色定位及彼此的关系。事实上,市场形成圈层结构在很大程度上是因为市场本身是人的交往活动之一,其受杜赞奇所谓的"权力的文化网络"之影响深厚。在市场交易过程中,一些约定俗成的交易规则,如"亲邻先买权"是影响地方村寨市场交易圈存在的前提条件。故此,笔者从三个层面来分析 18 世纪以来至民国时期加池的市场结构。

---

[1] 杨国桢.明清土地契约文书研究[M].北京:人民出版社,1988:235.

[2] 谢全发.中国近代扬州民间契约传统与变迁——以房契为例[J].贵州民族学院学报:哲学社会科学版,2006(3).

[3] 赵晓力.中国近代农村土地交易中的契约、习惯与国家法[J].北大法律评论,1998(2).

首先,受宗族制度影响,加池的买卖活动呈现出以亲族内部交易为主的特点,即形成了以血族为主,姻亲为辅的"亲族交易圈"。

契5-7 姜开运断卖菜园契

立断卖菜园契人本家堂兄姜开运,为因要银度用,无处得出,自愿将到园一块地名党洋德,界趾:上凭买主之屋,下凭买主之园为界,左凭龙文高之园,右凭开福之园为界,四至分明。凭中今将出断与本家堂弟姜开周名下承买为业。当日凭中三面议定价银四钱整,亲手领回应用。此园自卖之后,任凭买主修种管业,卖主父子不得异言。恐口难凭,爰立断约永远存照。

凭中　姜天生

代书　姜遇昌

咸丰元年十二月十六日　立

契5-8 文斗寨姜昌富典田约

立典田约人文斗寨姜昌富,今因家中缺少费用,无处得出,自愿将到祖田大小四坵,土名坐落乌杂加,出典与加什寨岳母姜氏、子松乔母子二人名下承买为业。当日凭中议定典价银三十两整,亲手领回应用。其田自典之后,依旧付与昌富所种,每年二股平分,不得异言,其田不俱远近偿回。今恐无凭,立此典字是实。

凭中　叔姜佐兴

代笔　姜国英

嘉庆十年十二月初九日　立

上两份文书,一为断卖菜园契,一为典田契,虽时间不同,分别为咸丰和嘉庆时期,却同为亲族交易,前者是堂兄弟之间的血亲交易,后者则是女婿与岳母家的姻亲交易。后者情况较少,此类契约也十分难得,因加池、文斗本为邻村,又属于同一通婚圈内,彼此田地相连,所以,这份典田契既可定义为姻亲交易,又可认定为邻里交易。不同于平日里熟人好说话,此间契约关系均秉承"亲兄弟明算账"的原则。再者,从后一份典田契"每年二股平分,不得异言,其田不俱远近偿回"可知,亲族交易相较而言更为人性,偿还时间如此模糊,收成二股平分,其原因主要在于儿子尚未成人、岳母当家。可见,木植贸易所带来的商业意识通过契约融入当地人交往关系的每一层次,无论亲疏,都以契约订立规矩,免得之后口说无凭。另外,嘉庆典契"加什"之称如前文的分析,即加池名称变化与地方社会发展存在密切关系。

其次,由于生存需要,有些人口少、势单力薄的房族为了在地方上更好地立足,获取更多更广的资源,会依附于本寨的大房族。这样的话,便在血亲的基础上扩大了亲族范围。如现今加池姜氏,以姜养蛮、养楼为祖先的不同房族,以"母猪形"一房姜姓人数最多,大概占了加池村总人口的近一半。为了拉近与大房的关系,养楼一房在"母猪形"房族与"金盘形"房族争夺养蛮的祖先权时,站在"母猪形"房族一边,用"金盘形"房族的话来说,他们主要是为了依附"母猪形"房族。而且,姜绍明曾说过,当年养蛮在加池立足后,养楼来找他,并主动改名为姜养楼,和养蛮称兄道弟,他们二人是否亲兄弟还说不定。还有一些其他姓氏的人家,因为人口不多,他们也会选择平时走动较为亲近或人多势大的房族拉近关系。这样的话,在交易过程中,因为种种因素而形成的扩大血缘亲族的关系网络之间又构成了一个交易圈。

最后,在传统宗法基础上,因地缘的关系也就成了所谓的乡族集团了。正如傅衣凌所言,"乡族集团企图把握地方的经济实权,对于一切经济行为,常处处顾及并为维护本地区的利益活动,成为一个闭锁的、自足的经济单位。乡族集团为确保其在某一地区内的经济支配的独立权和割据性,而保存各地方原有的风俗与惯例,借着氏族制的协议方式作为干涉的工具,且以调和各个封建实权者之间的关系"。❶他认为,这种由血缘之于族扩大到地缘之于乡的结合,在中国后期封建社会占有极重要的地位。有日本学者称之为共同体,他则名之为乡族势力,他们或以祠堂,或以神庙,或以某种社团为中心联结成为一种特殊的社会势力。作为封建政权的补充工具,这也可以说是中国地主经济的一种特殊表现形式。这些祠庙公堂,他们不仅有自己的物质基础,且有自己不成文的法律——族规、乡例、惯例等,他们远远干涉到乡村涉及经济生活的全面。❷在加池契约文书中,村寨外的交易主要集中在文斗、中仰、岩湾以及瑶光等村寨。以具体实例来看:

契5-9　堂东寨吴士相弟兄断卖杉木约

立断卖杉木约人堂东寨吴士相、文魁弟兄二人,为因家中缺少银用,无从得出,情愿将自己杉木一块,坐落堂养眼皮朋,凭中断与加什寨姜佐章、文功二人名下承买为业。当日凭中三面议定:断价纹银六两正,亲手领回应用;其杉木自卖之后,任从买主管业、长大祭卖,如有争论,俱在卖主一力承当。今恐无凭,立此断约存照。

杉木五大股,地主占二大股、栽主占三大股,分与五大股,文魁、士相占一股出卖与佐章。

亲笔　文魁

乾隆四十四年四月十六日　立

---

❶ 傅衣凌.明清农村社会经济,明清社会经济变迁论[M].北京:中华书局,2007:226.
❷ 同❶,244.

这一份契约文书便是塘东寨吴某兄弟的断卖杉木约。此中山场杉木分股细致，表明乾隆时期山场股份制便普遍存在。只不过，这份契约仅出卖杉木而非山场，看来如田地分为田骨、田皮那般，山地也有山场、杉木之分，因人工营林之复杂，山场经营之艰难，地主与栽手同时存在、一山多主成为惯例。并且，此份卖契亦是多人之间的交易，中人虽有，却无具名。文斗、加池、岩湾、中仰、塘东等寨的田地山场互相临近。也正因此，几个寨子形成了传统的婚姻圈，联姻使得彼此关系密切。再者，因田地山场等为固定资产，需要临近管理，倘若太远，反而不利，故而，有关这类固定资产之间的交易要么在本寨进行，要么在以地缘关系、族群关系为基础的村寨内部进行。从而也形成了以血缘、姻缘为基础的地域市场圈。这一点在下面的"分河边场市合同"中体现得更为明显。

1-1-2-146　姜恩宽等分河边场市合同　民国十二年十二月十六日

立分合同文斗河边场市字人本寨应占拾股之一，我寨之壹大股再分为拾小股，日后场中经纪收费亦照拾小股分当，不得相争，其股分列下：

姜恩宽、恩溥、广德、长贵、献朝等共占一小股；

姜梦鳌、梦麟、梦海等共占一小股；

（略）

（半书）

民国十二年十二月十六日　文举　笔立

此处的"河边场市"应为民国年间在文斗河边村设立的场市。由这份合同看来，场市的投资、分成应为十股，因加池"占拾股之壹"，至于其他九股如何分配，我们不得而知，但可推测的是，靠近场市的诸多村寨，必定都有所分成，如文斗上下寨、文斗河边村、岩湾等。因河边场市并非自古就有，而是民国年间政府倡导设立的，其生命周期也不长，不如传统场市那样具有较强生命力（如地方传统场市南加留存至今）。因在文斗设置乡级行政单位才创立的河边场市，政府必定会考虑周围村寨的利益分成，以便场市交易顺利进行。而各村寨中，也并非人人有份，而是那些有能力投资者可以获益，因此，加池一大股又分为十小股。由股份所有者的名单看出，诸如姜元贞、姜源林等均为地方大户，可见资源分配有其自身原则。而由"姜元秀、元瀚、元贞、元灿等共占一小股"，"姜源林、永清、金培、文举等共占一小股"可知，加池内部分股以小宗族或房族为单位进行。

三、"熟人社会"的互惠体系

中国传统契约的历史非常悠久，商周时期便有了类似契约的凭证，发展至今，数量极为丰富。正如俞江所说,调整中国传统社会秩序,带动整个社会运转的,不是民法或其他法律,而是活跃的契约活动,而中国古代之所以不需要那么多国家法去干涉民间秩序,其奥妙之一也正因为存在着如此大量和成熟的契约活动。❶ 至于如何理解这些契约活动,很多学者从法学角度予以解释,认为契约相当于古代的民法。也有些学者从经济学角度理解,如傅衣凌利用在福建乡间收集到的契约文书,研究明清时期我国的社会经济。本书则着重从契约的背景层次去分析其社会意义,认为"契约的目的是通过主体的协商和协议做出互惠安排,并依其协议自我约束并相互约束"。❷ 笔者之前分析过契约交易的特性,尤其是其处在乡村社会中既受乡村传统文化与人际关系的影响,同时在某种程度上稳固了某种关系,如宗族制度。在费孝通所谓的"熟人社会"中,其实契约不一定完全是赤裸裸的经济交易,其同时也构建了人们的社会交往体系,并且在原生文化的影响下,形成了一个特殊的互惠体系。

萨林斯将互惠分为三类,即纯馈赠的慷慨互惠;社会关系随物品流动的变化而变化的等价互惠;只进不出的消极互惠。其中等价互惠是互惠体系的中点。萨林斯认为人们通过等价互惠建立了各种契约关系,如婚姻联盟、正式朋友关系或亲属关系及合作伙伴关系。❸ 基于萨林斯的分析,本书试图通过分析加池文书中的换字、借字与分股合同等来探讨其中因物品流动而产生的各种等价互惠关系。

（一）换字

在我们所整理的加池文书中,换字并不多,只有6份,其中换山场字1份,换田及地基字5份。基于换字中交易主体等价互换的性质,笔者单列之以展现特定时期加池这一村落社会的互惠现实。

契5-10 姜明仁换字

立焕（换）字人本寨姜明仁,自愿将到祖父之杉木山场一块,地名冉按,上凭世太之田,下凭光朝之田,左凭世太之山,右凭耕乔油山为界。此山分为二股,明仁占一股,今将明仁一股出焕（换）与姜开聪弟兄二人名下。焕（换）到从皆咸山场一块,此山分为三股,开聪弟兄名下占一股,今将一股分冉按承焕（换）为业,日后不得异言。今恐无凭,立此焕（换）字为据。

此山□卖上截显□等之山后,经中理论,将显渭所存之股补先年父□卖上截之

❶ 俞江.是"身份到契约"还是"身份契约"[J].读书,2002(5).
❷ 高鸿钧,等.法治:理念与制度[M].北京:中国政法大学出版社,2002:13.
❸ 萨林斯.石器时代经济学[M].张经纬,等译.北京:生活·读书·新知三联书店,2009:259.

山□，买主之后管业□□，上凭土坎为界。民国元年十二月二十日，显贵批单。

添三字　凭中姜开书

咸丰四年七月十二日明仁笔　立

这份咸丰年间的换山场字与买卖、典当关系不同，交易双方是对换不同地点的山场股份。原契定于咸丰年间，民国时期又有了延续性的补充说明，其历时性从一个侧面表明了契约文书较强的生命力。契约对于地方百姓具有现实意义，既是家族产业延续的证明，又可能成为日后子孙处理纠纷的证据。咸丰原契中，姜明仁将祖遗山场冉按二股之一股与姜开聪弟兄皆威山场三股之一股对换，表明这两股价值相当，为等价交换。只是为何互换，字约没有提及，推测之，或许双方分别有山场在对方附近，对换后便于管理。可见此举利人利己，何乐不为？只是倘若原因果真在此，加池寨上山场杂错的情况必定不少，为何换山场字却这么稀罕呢？唯一的解释就是，山场杂错情况不少，但股数相当，成林情况一样的却极为难得；再加上交易双方是否有此意愿，单方意愿能否获得对方认可也是一个未知数。至于其间的民国批单，因年岁已久，山场易主的可能性极大，难以定断显贵是否咸丰时期交易主体的后人。但可以确定的是，这一份咸丰年间的换字能够保存至民国，说明在每次交易后，有关山场交易的原契也需要有所交代，或转至新主，或标注其实情。此处显贵批单，必定也是批给买主，而这份换字，最后的主人便是冉按山场或皆威山场的买主了。若据萨林斯的说法，此间股份与山场即流动之物品，因其流动，交易双方的关系也在发生变化，由最初因换字产生的等价互惠关系演变为民国时期的买卖关系。当然，从另一个层面来说，由于符合双方需要，买卖也成就一种互惠。

契5-11　姜凤翎父子掉换字

立掉换字人本房姜凤翎父子，今因有田一坵，地名培故，皆九砌。曾将左边一□用作地基监造屋宇居住，除现立之礤脚为界。右边平排换与族孙姜文作屋基监造屋宇三间，准定三丈为□尺。其有此田余地不拘多少，宽窄两家平分或起仓屋牛圈，或种园菜各□配搭分派。其门路应由右边开大门入，文忠自愿让前厅廊签与凤翎行走，不得塞碍内里，恐难立向。准文忠□进坎上，换作大路，不得挖深伤上坎田□□。文忠将自己田业二坵，坐落地名皆里得，一坵在左岭，上凭继美田下凭山，左凭山右凭岭，沟路约谷四石；右岭一坵，上凭元悍田下凭马姓田，左右凭马姓田，约一石，自愿将此二坵田调换与凤翎父子之田作地基。自换之后，两家心平意愿，和气一堂，毋得尔诈我虞，再生翻悔情□，各照调换字样管业，两家绝毋异言。□致兴隆昌达,永垂福泽于万代矣。恐口难凭,特立调换字为据。

合同□□□□□□□□□□(半书)

凭　族人文举

代笔　恩宽

中华民国壬申年十一月初六日　立

这其实是一份调换田地作地基字,双方为同一房族。姜凤翎父子用一坵田与一块地基换族孙姜文忠的两坵田作地基起造房屋。在表达调换意愿的同时,为防止日后产生矛盾,契约还对起造屋宇后两家的生活起居做了一些商量,如"余地不拘多少,宽窄两家平分或起仓屋牛圈,或种园菜各□配搭分派。""其门路应由右边开大门入,文忠自愿让前厅廊签与凤翎行走,不得塞碍内里,恐难立向。""文忠□进坎上,换作大路,不得挖深伤上坵田□□。"在商量好了并调换后,彼此还为此发了誓愿,"毋得尔诈我虞,再生翻悔情□",除此之外,还写上"兴隆昌达"之类祝福语言。由此可见房族内部交易行为中隐含的层层亲情,既需要"族人文举"作中,以表明换字之合法合理性,又在字约中反复提及日后忌讳,避免因此举不当而伤害血缘感情。当然,最直接的便是双方各取所需,完成了一整套的互惠交易。事实上,因田地、山场、地基类交易物品之不动产性质,导致此类换字只能在具有血缘或地缘关系的亲族或邻里之间进行。并且,由于田土耕作的年节性,其生长周期相较于山场成林要短得多,加上地方山多田少且较为分散的事实,使得人们倾向于集中土地,便于耕作,掉换田产自然是互利行为。再者,子女长大,便需要婚嫁,按照传统,作为老人,应替儿子媳妇另起屋宇,以分家室。如姜凤翎父子与文忠换字,就是为了寻找地基,起造房屋,农村这种现象十分普遍。

(二)借约

日常生活中,人们总会有一些不时之需。古时没有现代的信贷系统,但按照布朗的说法,社会要运转,总有自己的一套结构体系,而这套体系内部的每个要素或曰因子总在发挥着维持整体运转的作用。在18世纪以来至民国时期的锦屏山区,人们会采取哪些有效机制来解决自己的"不时之需"呢?那便是"借"与"当"。常言道,"有借有还",便"再借不难",但那多是发生在亲戚朋友之间的小额帮扶。除此之外,还有发生在陌生人或专门机构中的"借高利贷"。笔者在加池文书中看到的"借字",就多为此类。

我国民间借贷的历史至少有3000年。公元前300年,孟尝君在自己的封邑薛地放债取息,用以奉养3000门客,就算是歉收年头,他仍"得息钱十万",可见放债的规模已经相当大。❶唐宋以后,民间借贷开始融入人们生活的方方面面,高利贷盛行,对经济社会和人们生活的影响越来越大。到明清时,借贷形式更加多样,担保信用贷款、预抵押贷款等贷款形式相继产生。由于高利贷虽然解决了人们一时所需,但具有较大的社会危害性,历朝历代政府都因此出台了一些管理措施。在这些措施中,最常见的便是规定民间借贷利率之上限。《汉书》记载,有旁光侯和陵乡侯二人分别因"取息过律"和"贷谷息过律"被免去爵位。唐玄宗开元十六年(公元728年)规定"天下负举,只宜四分收利,官本五分收利"。明朝也规定民间借贷的利率"不得超过三分",且"不论借款时间之长短,利息不得逾本金之半"。清代大体沿袭明制,规定"私放钱债及典当财物,每月取利并不得过三分。年月虽多,不过一本一利"。❷清代的这些规定通过下列借字也可看出。

契5-12　岩湾寨范玉平借字

立借字人岩湾寨范玉平,为因生理无出,自己借到姜佐章名下,实借过本银一百贯正,亲手收回应用。其银言定照月加三行利,日后不得有误,今恐无凭,立字是实。

文秀　笔

嘉庆五年七月初三日　立

契5-13　岩湾寨范玉平等借字

立借字人岩湾寨范玉平、文清、堂咸翼四人,为因要银使用,无从得出,自己问到加什寨姜佐章名下,借过本银四百两整,亲手领回应用。其银言定照月加三行利,不俱远近相还。今恐有凭,立此借字是实。

代笔　范起云

嘉庆六年十月十四日　立

这两份契约都是岩湾寨人向加池寨姜佐章立的"借字",原因是"为因生理无出"或"为因要银使用,无从得出",便"自己问到加什寨姜佐章名下"。而且都写明"其银言定照月加三行利",应该就是政府所规定的三分利。这两份契约给我们的信息是:一是借银者都是岩湾寨范玉平,只不过前一份为其个人,后者为四人;二是借的银两都是"本银",也即生意上的启动资金,且数目巨大,说明嘉庆初年地方市

---

❶　李好.中国古代的民间借贷[EB/OL].(2012-04-09)[2014-08-16].http://finance.ifeng.com/news/region/20120409/5891462.shtml.

❷　黄涛.中国民间借贷与管制发展历程[EB/OL].(2012-06-04)[2015-07-15].http://www.wanguan.com/news/39820.html.

场较为活跃,经营者敢于投入巨额本银;三是银主姜佐章为地方大户,他不仅大量买进田产山场,租佃与人耕种,还从事放贷生意。并且,我们从其他文书得知,姜佐章为地方首人,这表明村寨社会经济实力与社会地位本为一体。最后,从两份契约签订的时间上看,具有延续性,这就说明借贷双方既具有地缘关系,又具有长期的生意伙伴关系。这两份互相合意的借字不仅解决了债务人生意上的资金问题,还为债权人提供丰厚利润,可谓互惠。

契 5-14　马宗荣借禾字

立借禾字人马宗荣,为因缺少粮食,自己借□□□寨姜熊占名下借禾三百斤,亲手收回应用,每年一本一利,不得有误。今恐无凭,立此借字为据。

代笔　马宗和

道光元年三月初一日　　立❶

这份借字为外寨马某"因缺少粮食",为维持日常所需而向加池寨姜熊占借禾字条,立于道光元年,利息为"每年一本一利"一年后须还六百斤禾。需要注意的是,此处并非本地借贷业通行的"三行利",而是"一本一利"。看来,借银与借禾,甚至是借谷或其他东西的性质都一样,那就是借高利贷,是有偿借贷,而非我们平常在熟人间的无偿借贷。但是,无论如何,我们必须承认,这种民间借贷的方式,由于涉及内容非常广泛,具有极大实用性,有利于短时间内缓解百姓的燃眉之急,维护社会的稳定。所以,我们不能只看到其牟利与不平等的一面,还要看到其有益之处。

契 5-15　格翁寨范文显借字

立借字人格翁寨范文显,为因先年缺少……加十寨姜廷方、廷德二人名下本银三两三钱整,不得有误,如有误者,自愿将到本寨书黄脚之杉木一□,上凭书黄,下凭田,左凭□,右凭路,四至分明。此杉木分为四股,文显名下占一股,今出当与姜廷方、廷德名下,日后本利□清,当木□回。今恐无凭,立此当字为据。

凭中　彭守道
亲笔

嘉庆二十二年十二月二十六日❷

这份借字的特殊之处在于,不像之前的以物当银或者直接借银,而是当木还银,是借款人难以还清本利时的一种补救性的交易。此份契约中,我们可以看到三种性质的具有连续性的交易活动,即借贷、典当、赎当。正如契约中所说的,"因先

---

❶ 张应强,王宗勋.清水江文书:第一辑[M].影印本.桂林:广西师范大学出版社,2007.
❷《清水江文书》第一辑　卷一　第三峡,第331页。

年缺少……加十寨姜廷方、廷德二人名下本银三两三钱整",且当时双方言定"不得有误,如有误者,自愿将到本寨书黄脚之杉木一口"当与银主,如此才有了本次交易。但是,"日后本利口清,当木口回"。也就是说,如果日后本利两清了,典当之木也可以赎回。在固定时间无法还清时,便以实物抵,也就是在借贷契约没有办法再延续的情况下,便另外签订当字以了结彼此之间的交易。当然,也可以直接以物来换取所需银两。这两种方式的目的都是缓解不时之需,性质相同,只不过程序不一。我们在看到借贷可以缓解燃眉之急的同时,给普通贫民额外增加了许多负担,有些人一辈子都还不清债务,如前文所因姜氏晚庙母子七人便"因父亲先年当与苗光寨姜志远得银使用,至今银主追逼,无处所出,故将屋出断与姜之模名下承买为业"。

(三) 分股合同

林地家族公有制与股份制并存的现实,使得分股合同不单存在于家族内部所有者之间,还存在于山场主与佃栽户之间,以及各人工营林主体因不同需要转卖股份的交易者之间。按照萨林斯的说法,分股合同因股份的流转在交易主体之间形成了因等价互惠而产生的伙伴关系,这种伙伴关系便是本书着力探讨的熟人社会之互惠体系的一部分。这里所谓的伙伴关系,与梁聪定义的共业关系有类似之处,只不过共业强调其经营上的相互合作,而"伙伴"二字在此基础上多了一层社会含义。加池苗寨契约文书中,有很多买主、卖主或者其他交易主体并非单个人,而是群体进行的。而且,这些群体中彼此往往有血缘关系,而不仅仅是现代意义上的合伙人。所以,本书称之为亲邻关系或亲邻伙伴关系,希望借此给交易双方增加社会层面的交往意义。实际上,除了山场主与栽手之间较为频繁的三二分或五五分的租佃合同外,因为一片山场往往需要不止一人进行管理,所以,在多个人进行管理的过程中,必定会产生新一层的伙伴关系。再者,有很多家族成员,由于单个个体难以承担买山场或者田地的价格要求,便往往以伙伴形式出现,来参与交易。

契5-16 姜克顺等分清单字

立分清单字人姜克顺、大明、凤仪、吉星、凤璋、平松等叔侄弟兄,所有共山一块,地名冉攸。此山界址:上凭大明,下凭溪,左凭冲,右凭山岭与上房之山,四处分清。此山股均分为七大股,克顺、凤凰叔侄一大股,一大股分为三小股,天富弟兄等买克顺一小股,此大股分清;凤璋、凤仪占一大股,此一大股分为二小股,凤仪、恩瑞占一股,凤璋、凤元、凤至占一股,一股分为三小股,元英得买凤至一小股,此一股分清;平松、凤义、大明占一大股,此一大股分为三小股,凤仪伯侄得买寒宗一小股,大明、风文、献义得买善兰、风兰一股，此一小股分为四小股，风文、大明叔侄占三小股，一小股分为二小股，献义占一小股，平松、大明占一小股，此一大股分清；大明、吉星等占一大股，一大股分为二小股，大明、献义等共占一小股，吉星、玉莲、天富等共占一小股，此一大股分清。大明、献义得买龙文明一大股，一大股分清；大明叔侄得买开祥弟兄一大股，一大股分清；大明、风仪得买廷香、维远、开基一大股，此一大股分为二小股，大明得买维远、开基一股，风仪、恩瑞得买廷香弟兄一股，此一大股分清。此山七大股在此清单。各股分清，不得错乱，日后子孙照此清单为据。

风德□

恩瑞　笔

光绪十七年四月初三日　立

如这份清单字，是姜克顺叔侄弟兄六人对共有"冉攸"（注：一块山场）的分股合同。这份清单中对大小股份划分明确。如"此山股均分为七大股"，而具体每一大股中又有许多小股。也就是说，这份清单包含内容丰富，一方面从中我们可以看出姜克顺叔侄弟兄共同经营山场，既是血缘关系，又有伙伴关系；另一方面，他们在对股份的划分过程中，十分细致地对每一大股、小股都进行了明确划分。并且，在划分的过程中，又对曾经有过交易的股份进行了确认。如"一大股分为三小股，天富弟兄等买克顺一小股""一股分为三小股，元英得买风至一小股"等等之类。这说明此份清单不仅是对原有股份以契约形式进行确认，还对曾经交易过的股份进行了重新划分。人们的所有权观念之强，由此可见一斑。另外，此份合同中，姜克顺叔侄弟兄六人既为血亲，又是伙伴关系，共同经营山场并瓜分利益。这说明18世纪以来至民国期间，加池土地在实行家族公有制的同时，又具有股份所有制特点。

契5-17　姜风德佃分合同字

立佃分合同字人加池寨姜风德，今佃到中仰寨陆元魁□□等之山场一块，地名党周，小地名翻归顺。此山界限：上凭山主之山，下抵姜显清之山，左凭□楠木抵冲为界，右凭岭与献义、恩瑞之山抵老栽岩为界，四至分明，今凭中付与姜风德种栗栽杉。日后木植长大成林，五股均分，栽手占二股，地主占三股，二比不许异言。今□有凭，立此佃山字合同为据。

凭中　陆志高

（半书合同）

光绪二十一年正月二十八日茂全宅　立

这是一份佃分合同。与前一份合同不同之处在于，这份合同是在佃字基础上确立的。佃户为加池寨姜凤德,山主为中仰寨陆元魁,属于不同寨子之间不同阶层的交易活动。而前一份合同的瓜分主体是平等个体,他们既是叔侄弟兄关系,又是平等伙伴关系。但是,需要明确的是,尽管从阶级角度来说,佃户与山主之间是剥削与被剥削的关系,但是从经济角度来看,却对地方经济的平衡有益。因为,通过交易重新分配资源是地方商品经济发展的必然要求,尽管两者的经济条件和社会背景有所区别。山场主,也即地主占三股,栽手占二股。如果从这个角度而言,二者也是共业关系,不同的是,两人的关系建立在不平等交易的基础上。

契5-18 姜开周等分栽手清单字

立分栽手清单字人姜开周、姜大明、克顺等,今种本家与己众等之共山一块,界地名污什,在张老三之屋角右边一冲。此山界趾:上凭陆□之山,下凭沟,左凭化龙弟兄之山,右凭开周田角与岭为界,四至分明。今周、明、顺等种粟栽杉,日后长大成林,五股均分。地主占三股,栽手占二股。此栽手二股,又分为三小股,开周占一股,大明、凤文二人共占一股,克顺、凤凰二人共占一股。契内栽股分清,日后众等不得混争。恐口无凭,立此清单存照为据。

凭中代笔姜献瑞 姜克顺

大明执一张,开周执一张,克顺执一张

光绪五年二月初八日 立

上份契约中笔者分析了地主与栽手之间的不平等交易,这份则主要看其中属于栽手之间的产权划分。这份栽手清单上,同样写明"地主占三股,栽手占二股"。不同的是,对栽手的二股,又进行了划分,"此栽手二股,又分为三小股,开周占一股,大明、凤文二人共占一股,克顺、凤凰二人共占一股"。而且,与先前契纸归哪家保管很少明说不同,这份契约后面写了各执一张。从这个角度来看,三人同为栽手,不仅共业,需要在同一山场上管理,还是伙伴关系,因为他们是同一个寨子的,在管理的过程中肯定会发生各种各样的关系。

实际生活中,无论栽手之间、佃户与地主间或是股份所有者之间,都存在一种合作共赢的关系,这种关系使得他们在经营同一块山场时,因利益的共享而分担风险,收获成果。正如我们在姜绍明所藏其祖父姜元贞时期的各种置业清单中看到的,姜元贞兄弟三人多次购进山场,共同经营并瓜分股份。在前面笔者也曾说过,加池地方山多田少,人们的收入来源主要依靠经营木材,为了获得更多田产与山场,人们往往在血缘的基础上结成各种伙伴关系,以创造财富。加池如今尚存的三公山便多为"母猪形"房族祖先老三公、新三公共同购进的。而这些祖遗山场又往往促使子孙后代共同经营。除此之外,人们还倾向于与亲朋好友共同集资从事木材贸易,如后文要讲的姜纯一杀人案中姜纯一、姜元贞与中仰陆志海、瑶光饶大牛便是亲朋好友加合作伙伴关系,其中姜纯一的堂妹嫁与饶大牛为妻。只是发生命案后,双方关系一度僵化,这是后话。而产生此类现象的根本原因便在于地方林地家族公有制的存在。同时,大量分股合同的产生正是土地股份所有制兴盛的标志。江太新曾对土地股份所有制产生的原因、形成的途径以及对地权分割的影响有研究。他认为,一田二主或一田三主所代表的田皮、田骨分离的现象,产生于地多人少情况下以分割地权为条件招人开垦。农民获得土地股份的途径一是通过垦荒开拓,花费工本,从原土地所有者那里获得部分土地所有权,即以工本为形式的股份所有制,二是通过各种形式的购买,如赔价、顶首、押租、田价或贱价卖田根保田面等获得部分股份。❶ 这与清初加池类似,如上文所分析的,地方山多田少、人丁单薄,使得相邻各个寨子在划分各自领地后便以家族为单位管理面积庞大的山场,后来由于木材贸易能够带来丰厚利润,劳动力极为不足的地方百姓便开始以分股形式招人佃栽,部分佃户在获得股份后通过积累财富购买山场而立足本地,像中仰、加池等周围村寨或为此等情况下形成的外来移民村落。

四、经济生活中的契约关系

(一)伦理关系:加池苗民的"道义经济"

在简析我国传统契约关系时,本书将之分为经济、权力与伦理三类,此处重点分析后者。需要指出的是,此处所用"道义经济"并不完全等同于后文所引斯科特基于生存第一而影响其政治行为的道义经济或道德经济,我们更多地关注存在于契约交易中,侧重血缘关系、地缘关系或共业关系、伙伴关系等的加池苗民历史经济活动中的伦理原则。

程立显等翻译詹姆斯·C.斯科特的著作时,将其命名为《农民的道义经济学:东南亚的反叛与生存》,其论述目的便在于将农民的生存伦理置于农民的政治活动的中心。❷ 吴英与王铭铭在引用时,均译为"农民的道德经济"。前者认为,斯科特所提出的"生计第一""安全第一"的原则及亲朋好友的互惠安排、村社政府的适当赈济虽然将农民放入社会大背景中去考虑了,却没有遵从物质决定意识的原则;❸

---

❶ 江太新.明清时期土地股份所有制萌生及其对地权的分割[J].中国经济史研究,2002(3).

❷ 詹姆斯·C.斯科特.农民的道义经济学:东南亚的反叛与生存[M].程立显,等译.南京:译林出版社,2001:3-4.

❸ 吴英.评斯科特的"小农道德经济"说[J].天津师范大学学报:社会科学版,1996(2).

后者引用说,斯科特的观点在于,受农民的生态、技术和社会环境的影响,农民社会存在一种道德规范的架构,农民经济活动中忽略个人利益而重视社区利益,重视集体生计的延续。❶ 相反,波普金通过《理性农民》表示不同的看法,他认为农民属于"理性""经济人",其行为基本都考虑能否为家庭和个人获得最大可能的利益,在乡土社会中也更为支持对私人有好处的事业,对集体福利并不关心。❷ 王铭铭通过对溪村的调查,认为所谓公私并没有截然区分,明清时期,这两个方面是村落经济互相补充、缺一不可的因素,而造成这种现象最大的原因在于家族的特殊性。❸其实,在以林地家族所有制为基础经营山场的清水江下游沿岸村寨,虽因木材贸易的逐渐兴盛使人们有着较强的商业意识,但传统家族所有制下"我的是我的,你的还是我的"之思想一定程度上影响着人们的行为。如在前文引用的分股合同及姜元贞家族山场置业的林契所体现的,对家族公山划分股份,既遵循亲兄弟明算账的理性经济人原则,又顾及家族各支系的现实需要。

契 5-19　姜故柳等补地基字

立补地基字人本房姜故柳、美保、所俨、成德、佐兴、东保、安保,岩湾老合、松桥、保桥弟兄,为故金保所遗小边角地基,补与姜之琏弟兄配厢房一间,之琏弟兄当面请酒一席。众等议补银二两五钱整,众等亲手领回,其银去□金保公之坟。今恐日后子孙混乱,立此补字为据。

姜成德亲笔立

嘉庆十年十二月初四日　亲立

从字面上看,嘉庆十年的这份补地基字实质应为一份卖地基字,倘若推测无误,金保公无后,其本房众人在岩湾老合弟兄三人的介绍下,将"金保所遗小边角地基"补给姜之琏弟兄以"配厢房一间",议价"二两五钱整",所得银两用于修缮金保坟墓。至于为何未用卖字,原因或者有几:一是地基主人金保已去世,无论以谁为代表签订卖契都不合适;二是地基补给之琏弟兄所得银两为众人领回并用于金保之坟,可见金保无后,若以卖字出售,易引发族内子孙矛盾;三是承众人好意,之琏弟兄才得以购买金保地基,故而"当面请酒一席"以谢众人,此举并非普通买卖交易所需。可见以"补"替"卖"意蕴深刻,一来维护了金保与房族弟兄的伦理关系,金保去世后留有小块地基,因没有后人,且生前并未收养继子,房族弟兄任何一人

❶　王铭铭.社区的历程:溪村汉人家族的个案研究[M].天津:天津人民出版社,1997:70.
❷　王铭铭.社区的历程:溪村汉人家族的个案研究[M].天津:天津人民出版社,1997:70.
❸　王铭铭.社区的历程:溪村汉人家族的个案研究[M].天津:天津人民出版社,1997:70-71.

都不愿意因继承地基负担金保丧事而成为众矢之的,补给邻里之琏弟兄,不但可以换取葬费,还能赢得名声;再者地基虽为边角,对其他人或许无用,对之琏弟兄却能"配厢房一间",加上价格不高,之琏弟兄当然愿意请酒以谢中人和金保房族人等,这样不但得了实惠,还能表示对死者的尊重及生者的感谢。由此看来,这份补地基字包含丰富的地方伦理与道义精神,首先是金保房族弟兄在金保无后的情况下,对其后事身负不可推卸的责任;其次之琏弟兄共同置业及请酒谢恩的行为使交易显得十分具有人情味;最后便是岩湾老合弟兄三人在补字中的身份带给我们的思考,他们是否如前文所推测为促成交易的中人? 又或者只是金保的亲戚? 无论何种情况,老合弟兄的参与使整个事件显得地域化,从而一定程度上超越了纯粹宗族性质的伦理原则,符合传统"道义"。

此处笔者借用中国传统意义的"道义"一词,以区分纯粹基于宗族思想上的伦理经济,即兼顾家族伦理与社会道义。在笔者看来,伦理经济更多地站在伦理角度,关注血缘关系对经济的影响,以及传统伦理准则对交换关系的束缚。而道义经济,不仅包括所有的伦理准则,还包含人们所谓的"诚信原则",事实上,假若交易双方希望进一步保持当下的交换关系,他们就会信守承诺,遵循诚信原则,如此交换伙伴的合法性也就得到了某种程度的保证。然而,这些都是在社会经济发展到一定程度的产物。不得不承认,最初,纯粹以营利为目的的交换在血缘、地缘为基础的乡间社会不可能存在,因为,一个"势利"的人在熟人社会没有立足之处。拿加池等清初以前还被称为"生界"的苗族地区来说,他们生活上相对能够自给自足,田地虽少,却也够不多的人口生存,加上山中随处可得的柴火和野菜、河里丰富的鱼虾,男耕女织以维持基本生活应该不成问题,"明洪武时期,朝廷在瑶光地置茂广屯,驻军屯垦,以御上游生苗。然因孤悬化外生苗之地,田地薄少,兵多不愿往屯,不久亦弃。"❶可见山间生活的简单与地方市场的封闭。此时的人们除了忧患匪徒作乱,便是担心中央政府的讨伐,故而,以款、议榔为代表的民间军事组织成为人们自我保护的有效工具。可以推测,在当时人们的心目中,除了一些极为简单的物品交换,他们或许没有所谓的交易概念,更不要说以货币为流通手段的市场观念。笔者在第一节以姜元贞家庭经济为个案进行分析时,便了解到当时姜家三兄弟以合资的方式集体购买了大量山场,其历代祖先均是如此。同时,在借贷过程中,有血缘关系的亲族之间多以口头约定形式交易,而无借约。当然,目的不在于鼓励这种省却凭证的交易形式,而是为了说明普通民众在经济活动中深受地方伦

---

❶ 《河口乡志》(内部资料),第29页。

理道德思想影响。就算是后来木材市场繁荣了，村落内部以及村落之间的交易变得越来越频繁，人们还是以传统的方式处理彼此在交易过程中发生的纠纷，来惩罚那些违背伦理及地方道义的行为。

　　总之，本书所谓的"道义经济"，既非强调集体利益讨论"农民的道德经济"，又非着重探讨农民"理性经济人"的角色，在某种程度上，还超越了王铭铭强调的以家族公私性质为基础的二者兼有。笔者认为，在市场逐渐开放、汉字书写的契约文书成为清水江苗侗山地民族日常交易的主要凭证时，普通民众正实践着一种"道义经济"。这种经济的特点在于：一方面，人们尽量实现自身利益最大化，他们的行为无不显示出对获取高额利润的急切渴望；另一方面，在追求个人或家庭利益的同时，他们遵循地域市场的各项原则，如"先买为业"，也遵循亲缘、地缘关系中的伦理原则，如"亲邻先买权"。或者说，他们本没有十分明确的公私概念，只是在掌握基本原则后，具体情况具体分析而已。弗思很早便指出，"一开始就认清以下这点是重要的：家庭纽带、对亲戚和邻里所承担的广泛的义务、对首长和长者的忠心、对氏族禁忌的尊重，以及认为食物和其他一些东西是由鬼神和祖先所支配的信仰，在他们的经济体系中都起着各自的作用"。❶ 也就是说，经济本身就属于人类社会需求的一部分存在，自然受到其他组成部分的影响。每个社会因其特殊的自然地理环境，产生特殊的生产生活方式，从而拥有独特的社会文化体系。此中，他们也有自己的价值体系，什么东西有价值，什么东西不值一文，对于他们来说，自有分寸。某种程度说来，弗思所谓土著人拥有某种并非很精确的衡量实利或需求的尺度的说法，对于每个社会都是通用的。恰如我国传统文化中的"人情"思想一般，在我们的观念中，雪中送炭往往比锦上添花更为可贵，原因不在于价值的多少，而在于前者"人情"更重。

（二）经济关系：利益驱使下的族际互动

　　其实，在《木材之流动》一书中，我们已经了解地方各类群体在木材采运活动中所承担的角色了，如以江西、湖南、陕西等汉族为代表的"水客"，以苗侗为主要成分的"山客"和与双方关系交好，能懂客话、苗语两种语言的木行"熟苗"。此处重提，只是为了说明一个事实，那就是三类群体的交往并非如政府所预期和限定的那样固定在当江之寨，而是遍及整个清水江流域，尤其是木材资源丰富的清水江沿岸村寨。

---

❶　弗思.人文类型[M].费孝通,译.北京:华夏出版社,2001:56-57.

契 5-20　湖南舒长伍限字

立限字湖南人舒长伍,今搭棚在加池河塘木植生意,并无招主,蒙黎平府黎大老爷为饬扎到格翁寨彭守道等人扎加池寨,姜之琳、模等今劝我舒姓人立限迁移,我等舒姓人等自愿限于六月内别处,再不久住于此。如有过限,任凭授扎并地方人等处罪。舒姓人等立限是实。

道光十五年五月八日亲笔立

这份限字证明了湖南等外省商人纷涌至清水江下游沿岸各村寨从事木植贸易的说法。此中,湖南人舒长伍等"搭棚在加池河塘木植生意""并无招主",也即没有当地人招佃,自行占地。因黎平府饬令本来驻扎在格翁寨的彭守道等人扎加池,所以被加池姜之林等劝迁,由此自愿立限字,表示在六月内迁往别处,否则甘愿领罪。由此看来,官府、本地民众、外地商人之间形成一种特殊的互动关系,这种关系因木植贸易的巨额利润而发生各种变化。黎平府为何饬令彭守道等转迁至此?姜之林等作为怎样的角色进行劝解?倘若有招主,舒长伍等是否就可以名正言顺地留在加池呢?仅仅短短几行字中,难以寻获答案。但这几行字却给我们透露出一个重要信息,那便是湖南等地汉人为谋取利益,深入当时所谓"生苗"地区从事木材生意,而且,他们往往成群结队,以家族为单位参与经济活动,如此限字中的"我等舒姓人"。其实,不仅当时,就是当下市场经济活跃的大环境下,以家族或村落或地缘群体为单位到异国他乡从事同一行业的现象也十分普遍,例如笔者一亲戚全村成年男性多以回收废车为业。他们在外彼此关照,互通有无,形成产业;笔者老家,男性外出打工者也多是手艺人,他们散布在全国各个城市,一个人赚钱了,承包工地,便召集全村甚至周围村落从事相关行业者前去;到贵州经营糕点行业的江西抚州人居多。再对比这份限字中舒姓人到加池经营木材的事实,可知上文基于道义角度讨论经济关系实是人之常情。

需要说明的是,此份限字中谈及"加池河塘",并非加池地名,而是清水江加池河段每年干旱期间裸露在外的"河塘"。正如前文所说,在三板溪水库未建、地方未淹之前,每年加池河段都会有不少河塘出现,这些河塘同样为众人所瓜分,成为私人财产,在加池文书中能见到不少买卖河塘的字约。

其实,除了外来汉人外,地方族群内部也是纷繁复杂。如加池附近的中仰村为侗寨,加池河对面不远也是有名的锦屏侗家九寨,也就是北侗地区。在加池苗寨调查时,笔者得知,中仰与加池、文斗、岩湾等苗族村落关系复杂,联姻频繁,并无明确族群界限,彼此生活生产方式也类似。如后文将讲述的姜纯一杀人案,其中加池、中仰、韶霭等寨的生意人便合伙经营木材。

（三）权力关系：制度性保障与资源分配

康芒斯曾花费不少笔墨讨论“稀少性”在经济学中的作用。这里笔者借用其对财产与财产权利的区分，来更为深入地理解此处“制度性保障与资源分配”的意思。他说，财产是有权控制稀少的或者预期会稀少的自然物资，归自己使用或是给别人使用，如果别人付出代价的话，也就是说，稀少性、具有使用价值与交换价值是财产的本质。而财产权利是“政府或其他机构的集体活动，给予个人一种专享的权利，可以不让别人使用那种预期稀少、对于专用会造成冲突的东西”。由此看来，财产不仅是一种权利，还包括因其“所有权”引发的人们之间的冲突，以及为了管理、控制冲突而产生的一系列集体行动。❶ 其中，集体行动的规则可称之为“制度”。

简言之，因地方资源的有限性，使得人们在争取自身权益时容易发生各种冲突，而为了防止或控制此类冲突，人们之间或政府与民众之间便会产生一系列的集体行动，这些行动的结果便是具有行为保障性的“制度”。波拉尼与马克思都就建立在制度基础上的经济进行过具体分析，对于他们来说，制度最重要的特征之一，即其独立于特定个体而存在并组织个体行为。❷ 在清水江沿岸村寨，纪念这类集体行动的碑文很多，突出者如张应强曾详加分析的“八步江规”。因加池地处三江上游，多为“山客”，且在河口乡境内，此处列举《河口贸易碑》以探一二。

河口木材贸易碑

钦加盐运使衔补用道特授黎平府正堂僧额巴图鲁纪录十次谕

为出示严禁事。案据上河木商姜利川等以《越江夺买，瞒课病民，公恳示禁》等情禀称：“窃惟江河有埠，交易有行，故设立王寨三江，所以公利而便于国。上河山客不能冲江出卖，下河木商不能越江争买，向例严禁，谁敢故犯？近来三江行户多有领下河木商银两，迳上河头代下河木商采买，山客之资本有限，谁能添价与伊争买？故山客于前二三年在衙具控有案。奈上河贤愚不一，不能认真，以致行户代客买卖者愈来愈多，前犹有顾忌互相隐瞒，今则人夫轿马搬运下河之银，迳上乐里、孟彦、地里一带，坐庄收买，深山穷谷一扫罄尽。独不思利为养命之源，可公而不可独占。彼既据其金，此已流于歉。况设江行之意云何？而任其如此行为，上至深山穷谷，下至江南上海，利皆归下河商矣。于是颁给告示，禁止代下河木商越江争买，

---

❶ 康芒斯.制度经济学（上册）[M].于树生，译.北京：商务印书馆，1997：357.

❷ 陈庆德.经济人类学[M].北京：人民出版社，2001：82.

使上下交易皆归江行,则不独为山客除争夺之害,实于国课大有裨益。事关利弊,故敢合词,公恳查究示禁"等情到府,据此出批示。据禀,行户代客户入山买木,致夺山客之利,又复有种种弊端,殊属不合,候出示可也,外合行出示严禁。为此,示仰该三江行户上下河客人等一体知悉:自示之后,尔等买木需由上河山贩运至三江售卖,不得越江争买。至各山贩木植到江,所有售卖之价,务须报局纳课,不得短报数目。倘敢不遵,一经查出或被告发,定即提案重惩不贷。其各凛遵毋违,特示。

右谕通知

光绪贰拾二年五月三十日示

注:碑存河口乡瑶光村坡脚。

碑文中所谓"上河山客不能冲江出卖,下河木商不能越江争买"能够带来的稳定"课税"正是朝廷建立当江制度的初衷。在朝廷看来,如此不仅有利于防止苗汉多生事端,还能规范地方木材市场,维护各类群体利益,从而维持稳定秩序。然而,"近来三江行户多有领下河木商银两,迳上河头代下河木商采买,山客之资本有限,谁能添价与伊争买?"如此一来,使得木植贸易无端减少一道程序,自然影响山客切身利益,无奈乎以经营木材为生的姜利川等山客心急如焚而具告官府。权衡利弊,官府下令"自示之后,尔等买木需由上河山贩运至三江售卖,不得越江争买。至各山贩木植到江,所有售卖之价,务须报局纳课,不得短报数目"。如此,不仅平息了上河山客等民怨,维持了原有交易秩序,还增加了课税,可谓一举多得。

韦伯在分析各类传统统治制度时,认为家族制、等级特权制及垄断制下资本主义的产生和发展受限,尤其对于前两者来说,由于生产主要为了满足特殊家族或特定阶级的消费,经济关系受到严格约束,购买力受到影响,市场发展自然也受到限制。❶ 反之,是否可以认为,当生产的目的是相对开放的市场需求时,由于经济关系冲破了传统的重重阻碍,包括不同族群之间的语言、习俗以及地域的隔阂,购买力因全国市场需求量的增大而增强,使得地方资源的生产力提高,市场得到充分发展,从而反过来促进了族群之间的交流与合作,并在此基础上逐渐形成了新的以经济关系为主的地方秩序。如此说来,清水江下游以木材贸易为导向,以契约、碑刻等文书为核心的区域经济秩序便应运而生了。

小　结

由于林木生长周期过长,林农及山场主不可能等到林木 20 余年成材后才获

---

❶ 马克斯·韦伯.经济与社会(上卷)[M].林荣远,译.北京:商务印书馆,1997:265.

利,为应付日常经济需求,他们在中幼林阶段将青山转卖以实现货币的转换及维持林业生产,于是,"以木换粮""以木换钱""买卖栽手"或"瓜分股份"等情况普遍,❶而在整个长达二十多年的、时断时续的因林业生产需要而产生的佃栽、分股、换木及买卖的过程中,人们因以契约为凭证的交往相应产生了一系列的契约关系,即融入其中的伦理关系、经济关系及权力关系。

本节以姜元贞家庭经济状况为个案,探讨18世纪以来至民国时期隐藏在契约文书中的加池经济状态。然后通过具体体现在交易文书中的各种买卖关系,以及在各类借字、换字和分股合同中贯穿的地方互惠体系,我们认识到了加池经济活动中主要的契约关系,即个体交易行为中的"道义"理念,族群互动中的经济关系,因官府参与引发的权力博弈。虽然这些并非全部,却仍能帮助我们了解加池在这一时期的经济活动脉络和图景。

施坚雅在构造中国农村的集市体系后,把农民的日常活动限定在场市上。王铭铭也认为,集市与集镇是形成村落网络的纽带,是村落上一级单位,维持着村落之间的联系。这些观点确实符合中国大部分农村的实际情况,无论从理论上还是实践上都具有很强的说服力。然而,对于清水江流域这一自明清开辟"新疆"后才逐渐出现场市的地域来说,在场市形成之前,村落之间也早形成了各式各样的网络,有着极为频繁的联系,如"青山界四十八寨大款"就是实证。由此说来,村落之间的联系并非只能通过村落之上的集市才能完成,还可能有其他联系网络。如果按照布朗的说法,"社会关系仅能通过人与人的互惠行为来观察和描写",❷运用互惠理论来阐释融合着种类繁多的人们之间交往关系的契约,便显得尤为必要了。

一般来说,交换具有层级性,次级交换在初级交换之上,而由于集体规范性期望与价值取向的存在,使得初级交换产生的直接交易被次级交换产生的间接交易所取代。❸而交易,在康芒斯看来,并非交换,只是个人之间对物质的东西的未来所有权的让与和取得。并且,这些权利的转移必须按照社会集体的相关业务规则来进行。❹对于本书来说,重要的不是探讨交易的内容或曰所有权的内涵,而是这些与之有关交易行为产生或早先存在的各种"业务规则"。在这些规则中,首先可以肯定的是交易行为的"自愿性",即愿买愿卖的伦理原则。自愿性原则是所有法律或习惯法在处理经济纠纷时首要考虑的因素,当然,不能否认,这种自愿性本身

---

❶ 罗康隆.侗族传统人工营林业的青山买卖[M].贵州民族学院学报:哲学社会科学版,2006(6).
❷ 布朗.原始社会的结构与功能[M].潘蛟,译.北京:中央民族大学出版社,1999:222.
❸ 彼德·布劳.社会生活中的交换与权力[M].孙非,张黎勤,译.北京:华夏出版社,1988:5.
❹ 康芒斯.制度经济学(上册)[M].于树生,译.北京:商务印书馆,1997:74.

也打上了客观社会环境的烙印。如亲邻先买权,对于有些人来说,他们或许更愿意出卖给价高者,但为了在地方上赢得名誉,遵守传统规则,以及考虑政府的相关条例,他们不得不选择价格稍微低一些的亲戚邻居,以表示自己并非"好利之人",而是"有义之人"。我国传统文化讲究"仁义",就算是商人,也追求"儒商",即所谓"小人重利,君子重义",一个只知道追求利润的商人是不值得尊重的。由此看来,人们基于自身生活的社会文化环境,交易行为并非完全遵守"自愿"原则。除了"自愿性"外,公平性也是每一次交易活动中需要遵守的规则,因为,交易双方只有在公平公正的前提下,才能顺利达成协议,也才能互利互惠,并为下一次的交易打下坚实基础。然而,我们从加池不少借约中看到,当时实行"三行利"的高利贷,借贷双方就算是基于自愿,也绝不可能完全公平。最后,需要提及的是平等原则。前文分析中人的作用时,十分强调中人对于促成交易、作为见证人的重要作用,也曾提及中人就像一根杠杆,使得社会地位、经济实力不同的交易双方在某种程度上平衡,从而为交易在普遍原则上的进行提供条件。当然,除以上所分析的各类康芒斯所谓的"业务规则"外,还存在其他类别的交易原则,由于专业限制,无法一一解析。但可以肯定的是,所有这些规则,也正如本书叙述各种个案想要表述的,是"集体行动控制个体行动"的"制度"的行为。

或许,也可以扩展开来理解,中国传统封建社会只是产生资本主义萌芽,而没有真正实现资本主义的发展,其缘由可借康芒斯的话来理解,即"只要统治者对臣民的生命、财产有任意处置的权力,就不可能存在什么不可侵犯的财产权"。❶ 我国传统封建势力的强大,不仅体现于君主至高无上的"神授皇权",还在于组成封建体系的民间宗族势力上。正因为个人所有权受制于家族、国家等不同层级的束缚,加上重农抑商思想自上而下的渗透,崇尚"私有权"及"个人自由"的资本主义自然难以大展拳脚。就算清水江下游出现繁盛的木材交易活动,那也只是在各种权力集团的博弈下的"集体行动"而已。

---

❶ 康芒斯.制度经济学(上册)[M].于树生,译.北京:商务印书馆,1997:87.

第六章 村寨纠纷文书

契约文书的本质在于对逐利行为的制度性约束,其产生于利益的博弈,也必定在博弈行为趋于稳定时走向成熟。如果说经济活动类文书展示了地方民众的各类正常化经济行为,那么纠纷文书则描述着这些行为在非正常化状况下的反应。加池苗寨的村寨纠纷文书,展现了村寨内部的纠纷协调体系,以及村寨之间或村寨与国家之间协调处理各类案件的途径。

一、清白字、认错字、戒约与"发誓愿":村寨纠纷的协调体系

这几类文书并不多见,在笔者随机整理的多份契约文书中,只有十多份。但笔者认为,正因为其稀少独特,值得特别关注并专门分析。故而,在整理手中已有材料的同时,笔者参看了张应强、王宗勋主编的《清水江文书》之加池文书部分,力图更为全面地了解加池于 18 世纪以来至民国这一时期有关村寨日常纠纷的处理方式。根据所收集的相关材料,笔者认为,清白字主要针对一般的纠纷,矛盾双方的关系是平等的,在中人或族人的调解下,双方达成某种协议,表示矛盾不再,便立清白字;认错字的双方则是不平等的,一方因为自己的过错导致对方利益受损,在第三者的调解下主动认错,以免矛盾深化,或利益受损方提起诉讼,签订认错字表明自己的失误确实给对方造成损失,希望得到对方谅解;戒约则是针对偷盗者的偷盗行为,在外力驱使下使得偷盗者自立戒约,表示不再犯同样的罪过,否则任众人处罚;相较于前三者协调性质,发誓愿则多为民众的口头承诺,普遍存在于人际矛盾的处理过程中。笔者认为,此四者所处理的矛盾层次不一,却是地方处理日常纠纷的有效手段,共同构成了村寨日常纠纷的一套协调、处理体系,为纠纷在内部解决,免除诉讼提供条件。下面以实例分别加以阐释。

(一)清白字

从字面上看,清白字包含两层意思,一为原有冤屈,立字表清白,纠纷得以调解,如 1-1-8-047 龙璋等复查侄女自缢身亡清白无事字(道光二十七年十月二十四日)与 1-1-6-061 龙彰等复查无事字(道光七年十月二十四日);二为矛盾

双方在第三方的调解下,愿意私了,免却诉讼之累,如1—1—5—127 姜秉文父子为越界伐错姜源林杉木事立了息清白字(民国八年七月十六日)。后一种情况较多。

1—1—8—047 龙璋等复查侄女自缢身亡清白无事字(道光二十七年十月二十四日)

立复查清白无事字人韶霭寨龙璋、龙石青、五生、五松、蛟龙、福元、老方、长连、家瑜、家琏、向保、三保、杨登风、老孝、庚保等,情因侄女唤□英,现年嫁与加池寨姜开科为妻,所生一子名唤 三寄,不憶于九月三日自缢身亡。伊家当时来报,有□英胞弟富宗、乔宗并族兄家典、家珩、家儒、家瑞往视,准伊子伯丰备衣衾棺椁道场安葬了结。后我远房未曾往视,心有可疑,亲自复查,果係自缢,真情并无别故,自缢身亡。故念我等侄女自缢身亡,恐有□葬,派伊子伯姜开明、子三寄出银五十两加增迫比,俱各心平。恐后无凭,立有复清白字样典姜姓□□。

凭中 李方、李占春、龙家瑞、龙孝见、杨枝华

道光二十七年十月二十四日龙璋 笔 立

韶霭女子□英嫁与加池姜开科后,生有一子名叫三寄。不料于九月三日在家自缢身亡。加池婆家来报时,女子韶霭娘家胞弟与族兄都前往探视,得知事实如此,便准许夫家准备安葬事宜。可见嫁出去的女人虽为泼出去的水,其安危却始终关系家人,一旦在夫家遭遇不测,女子最亲的胞兄弟便需前往,而此时,族兄弟自然要壮声势,以表示对所出嫁姑娘的重视及对事故的怀疑。并且,当女人在夫家出事时,还需要娘家兄弟勘察并允许下葬时才能入棺,这体现了夫家对亲家的尊重,以及女子娘家对女子自杀的缘由有知情权。不料在经过第一轮姻亲、家族间的博弈后,女子远房亲人因未到现场,心生怀疑,并集体亲赴加池复查,虽然字约中写明事实如此,但是姜开科家出银五十两却反映双方第二次博弈的激烈性。可推测的是,女子娘家肯定要追究其自缢身亡的原因,并对其夫家提出质疑,甚至于,双方可能已起争执。此时,夫家见女子娘家人太多,唯恐生乱,便请中调解,愿出银两平息对方怒气。在乡间,女人往往是联系两个家族的纽扣,这粒纽扣掉了,便表示双方没有继续来往的必要,就算女人有了孩子,也改变不了这一事实。何况这个女人是在夫家自杀的,除了赔钱,并请最具有代表性的"子伯姜开明"与最具有协调力的"子三寄"出面,姜开科对这一批前来质问的亲家确实是难以招架。最后,虽然双方立清白字,了结了事情,却了结不了彼此的心结,这一份姻亲关系也因为五十两银子和一条鲜活的生命再难回到从前。

契6—1 中仰寨陆受田叔侄等清白字

立清白字人中仰寨陆受田叔侄等,为因割秧草与□楮之木被加池寨姜开周所

割与砍伐,意欲兴讼业□,亲友不忍坐视于中,劝解商议,开周作银十两七钱二分整,一概清白。以后不得借此复行,如有复行,问受田过串。恐后无凭,立此清白为据。

凭中　姜恩灿

光绪十三年闰四月二十八日　　立

契6-2　中仰寨陆受田收据

立收据字人中仰寨陆受田,今收到加池寨姜开周字子之银十两七钱二分整,一□收清,并无存□,日后不得复行妄取。所收是实。

凭中　姜恩灿

光绪十三年二十八日　　亲笔　　立

中仰寨陆受田叔侄因为加池姜开周割了他们的秧草、砍伐了他们的木材,准备起诉,因"亲友不忍坐视于中",便"劝解商议",让开周赔钱了事。中仰与加池虽相隔十多里的山路,却仍属邻村,彼此田地山场相邻,姻亲往来十分频繁。故而,当事人发生纠纷后,一来怕诉讼烦累、伤害情谊之余耗费过多;二来亲友劝解,给彼此一个台阶,大家便顺水推舟,自然和解。这两份,前一份是清白字,后一份是收条,所立时间均是光绪十三年二十八日,可见纠纷发生后,在亲友的劝解下,双方当时便立了清白字,协商处理方式,并当场实行。如此说明,村寨之间纠纷处理十分迅速,并无任何拖沓。尽管当地为有名的诉讼之乡,但在普通民众的眼中,兴讼还是不得已而为之的选择。在可能的情况下,尤其是在亲属关系比较浓厚的地方之间,他们会尽量避免走诉讼之路,而选择亲族之间自行解决。

契6-3　姜举周清白合同字

立清白合同字人文斗下寨姜举周,为因污巴之山场一条,二比混争,请中理讲,中等处断各管各业,上截之山凭左边冲大岩洞坎上直盘过、右边冲以上为界,上截之山乃是举周之业;下截之山上凭左边冲大岩洞直盘过、右边冲为界,下截之山乃是廷芳之业。日后栽杉种粟,各管各业,不得混争。其有此山,只有一过大岩洞并无两过大岩洞,其□上下以大岩洞为凭。所立清白合同字据,远永子孙存照。

外批:举周得文现栽手一概俱清。(有图一幅,略)

凭中姜世连、之琏、功勋
凭中代笔姜绍牙

嘉庆二十五年十一月合同为据(半书)

虽然不知道因"二比混争",双方在立这份清白合同字之前是否已经兴讼,但

可以确认的是,中人理讲后双方纠纷得到彻底解决,由此看来,清白字亦可以看成是"调解书",并且,不仅仅是村寨内部的调解书,还是村寨之间,或者说地方熟人社会之间的调解书。正如此份清白字中所说,文斗下寨姜举周与加池姜廷芳混争同一山场,在中人理讲后,"处断各管各业",划定彼此山界,并留字据以供子孙存照。再者,因是合同,契尾半书"嘉庆二十五年十一月合同为据",意思即矛盾双方各存一份以备后患。这点便与前面几份不同,其他均是单契,即只是提供给矛盾一方留存,且多为受怀疑或指责的一方,如龙璋等复查佺女清白无事字应交与姜开科家保存,中仰陆受田与加池姜开周之清白字与收据均应交与姜开周保存,也正因此,我们才能在加池契约文书中见到这些字约。

(二)认错字

如前所述,认错字的签约双方必定是不平等的。这种不平等并非指彼此身份地位的不平等,而是指社会舆论或声誉上的不平等,也正因为有社会舆论的影响,才最终迫使有意无意施行侵害的一方主动认错,并写下认错字交与对方保存。

1-1-3-052　姜朝英开新路坏木认错字　道光十四年三月十三日

立错典□字人本寨姜朝英,自砍木一单,姑典姜生龙、光委、应生、世孝、开相、世连、开贤、开庆众等多人。由古至今,各有老洪路,无姑(故)拉讠至姜开明之山,将山内之木植打坏,并开新洪路。古人云,新路不开,旧路不减,无姑(故)开此新路,情理难容。故请房族理论,他众等自愿错过错放,将酒水培理(赔礼),我等念在本寨之人,岂有不知各有老洪路?我本良善,一不要培(赔)还木植,二不要他们酒水。现有房族可证,今姜朝英众等木放坏我之木,并开新路,恐日后我又放坏他众等路,并开新路,依照旧亦不要培理(赔礼)培(赔)还。现凭房族,立此错字并包字永远存照。

"放洪"是地方的一种木植运输方式,洪路则是运输过程中滑运木材的土槽,搬运木材下陡坡时,沿陡坡理土槽,放木顺槽而下滑,很省力。条木、元木都可用。但土槽要平滑,不能有大凸岩和大树兜阻碍,否则木材下滑时容易破损。除放洪外,地方运木方式还有纤运、抬运、木轨平车和空中滑道运输等。以前,纤运是大规模搬运木材的主要方式,拖的都是条木,主要沿溪河边或在地势较平缓的山间进行。拖木时用"钉牛"钉入木材兜部四分之一至五分之一处,用牛绳套住"钉牛"和"钉牛杠"的中间,两人为一杠,经常同一杠拉木头的两人称为"杠头"。拖木时,一手握钉牛杠头,一手紧握牛绳沿小轨行进,并时常哼号子以协调步伐。一般大的木头两人拖一根,超大木头几杠人拖一根,小的木头一杠人一次也可拖三五根。采伐的木材量不多且材体不大、因山陡路弯或需人工搬运时,则多用抬运。1958—1959

年两年木材砍伐量大增,在林业部门的推动下,河口乡境内曾驾设木轨平车或空中钢丝滑道运送木材。❶ 一般来说,放洪有旧洪路,人们要运输木材时,多以旧洪路为土槽滑运,然而也有人想走捷径,便开辟新洪路,倘若自家山场,自然无碍,如果是别人山场,则会因为损坏木材且占用地皮而引发纠纷。这份认错字便是如此;因开设新洪路损坏姜开明木植,引发纠纷,继而在房族人等的劝解与见证下立此错字并包字。典主姜朝英将木材典与姜生龙等砍伐后,众人开辟新洪路,"拉过姜开明之山,将山内之木植打坏",开明见此,请房族理论,"古人云,新路不开,旧路不减,无姑(故)开此新路,情理难容",故而,"众等自愿错过错放,将酒水赔礼",只是开明等念在同房族情分,提出一不要赔偿损坏的木植,二不要对方赔酒,只愿以后同样借用众等山场,开新洪时免却惩罚。也就是说,这份错字首先肯定姜朝英等过错,然后以包字对换利益,意即"长期互惠",彼此提供方便。于是一场纠纷不但得到了化解,还为彼此进一步交往提供条件。

契6-4　姜登智认错字

立错字人本寨姜登智因刀耕火种容什之地失火,烧之琏、之毫兄弟地名纲套之山一块,杉木五百有余,登智上门□尚求情,之毫、之琏兄弟念在邻居之处,和目(睦)之人失火,无奈难得培还,自愿出错字一纸,日后之毫、之琏子孙失错,不必生端议论。今恐人心不古,立此错字为据。

代笔　姜世培

道光十二年三月十四日　立

1-1-4-173　杨惟厚失火烧山认错字　民国三十五年正月二十六日

立错字人塘养村(党秧村)杨惟厚,去岁九月因运不顺,失火所烧姜源林之六百山一块,该姜源林于本年正月内到达本村,接请地方父老、龙甲长有政与民理论,窃民有案可查,只得无奈夫妇二人相商,仰请原中龙甲长有政代民邀求,说今日后不得异言,持立错字是实为据。

凭中、代笔　某某

民国三十五年正月二十六日　立

这两份认错字的起因都是失火烧山,不同的是,前一份为本寨姜登智失火烧了姜之琏兄弟岗套山场,后一份则为党秧村杨某失火烧了加池寨姜源林,也即四合院"晚秋瓜"之六百山山场。党秧为加池邻村,据说原为加池村人搬迁党秧后建立分

---

❶ 《河口乡志》(内部资料),第173页。

寨,两村田土有所相连,生产时候自然容易互相影响。党秧杨维厚,"去岁九月"失火烧了姜源林山场,期间双方如何反应,错字并未说明,只是一句"因运不顺",便解释了失火缘由,是天命如此。不料姜源林自己找上门来,在正月内请地方父老及甲长评理,杨维厚自知理亏,便只得复请"龙甲长有政"作中立错字。只是错字中并未说明杨惟厚如何赔偿姜源林损失,也未说明对方反应。再者,姜源林本为加池富户,且为监生,在地方具有一定活动能力,他在发现事故后,并没有直接找杨惟厚,而是到党秧,找到甲长及地方父老,表达不满,杨惟厚就算想要躲避责任,在舆论压力下也无处可逃。或许赔偿损失为理所当然,才未写入错字。错字本身的意义在于受害者没有将此事报官,而是让有错之人当着中人及父老的面认错,折损其社会声誉,从而为双方今后的交往埋下不平衡的伏笔,也即民间俗语,不仅欠了债,还欠了人情。虽然前一份姜登智认错字也是如此,但不同的是,姜登智在错字中写明"日后之毫、之琏子孙失错,不必生端议论",意即日后倘若之琏兄弟的子孙在姜登智子孙面前有任何过错,都应该免罚,并不生端。而后一份党秧杨某错字并无这类言语。这就表明村寨内部纠纷与村寨之间的纠纷在处理过程中存在些许差别,这些差别产生的原因在于地缘关系影响,村寨内部交往必定更为频繁,彼此发生矛盾的可能性也更大,如此轻描淡写这次失火烧山的纠纷,只是为了给后来子孙留下更多实惠,相当于一种投资,只不过受益人是当事人的子孙后代而已。以萨林斯的观点来看(说),这是一种长期互惠,"在人们之间创造了一些联系",它产生了连续而固定的关系——至少在互惠的义务偿清之前都不会终止。并且,受赠者笼罩在"欠债的阴影下",回馈的义务使他束缚在与赠礼者的关系当中。受惠者对施惠者保持了一种恭顺、谨慎与有义务的位置关系。❶ 而此处的赠礼便是"原谅错误"。再者,由姜登智认错字之"刀耕火种"一词可知,加池虽为汉苗之地,生产力在道光年间依然相当落后,其物质生产背景由此可见一斑。笔者在前文所提及有关四合院的生产工具,一为清晚期所制,二为富豪之家,故难以代表整个加池的生产力水平。

(三)戒约

相对于前两者来说,戒约更为正式,针对性也更强。就笔者所看到的几份戒约来说,均为偷盗所致,偷盗者被人发现后,在众人的指责与中人的调解下,一面赔偿受害人损失;另一方面要写下戒约,表示不再犯类似过错,否则任由大家送官之类。如果说前面的清白字与认错字更多地发生于当事人本身而使得调解范围较小、效

---

❶ 萨林斯.石器时代经济学[M].张经纬,等译.北京:生活·读书·新知三联书店,2009:241.

力较低的话，那么戒约便不仅仅是当事人自身的事情，还关系着其他村民的人身财产安全。因为，一个偷盗者，他可能不只作一次案，他也不仅仅针对个人作案，所以他的行为危害大家，自然要在实施犯罪后对大家有个交代。这个交代，倘若不是送官治罪的话，便不仅仅是认错，而是在大家面前立下戒约，让众人成为其日后活动的有效监督者。

1-1-3-082　姜作琦所立戒约　民国十年十月十四日

立戒约字人姜作琦，为因民国辛酉年十月十四日已亥偷入本寨姜金贵□盗得各□，被生贵之女得见，报与金贵，金贵即时伸鸣报地方首人众等，将作琦跟问其由，作琦自认所偷属实，蒙地方首人等将我作琦照其款规，罚我六两六钱整。自今以后，我作琦自愿改恶从善，务农作工，各守本分，不得重犯，如有重犯，任凭地方首人众等处治，不得异言。恐口无凭，立此戒约交与地方首人收执为据。

民国辛酉年十月十四日　亲笔立

此份戒约中，作琦偷盗被人发现，并报与地方首人得知，作琦承认所犯事实，被按照款规罚银"六两六钱整"，且表示今后"改恶从善，务农作工，各守本分"，倘若再犯，"任凭地方首人众等处治"，戒约也交与首人收执，以防后患。其中有几个信息值得我们深思：一是"款规"，因现在的加池已经难以找到具体有哪些款规，包含哪些方面，对犯人作何惩罚，笔者只能推知当时的加池仍然属于"青山界四十八寨大款"，在一般的民事案件中遵行款规，而非国家法律。二是罚银"六两六钱整"，并非随意所定数字，而是俗规，其性质如同清水江中上游剑河革东等苗族地方处罚偷盗类民事案件均罚"三个一百"，即一百斤米，一百斤酒，一百块钱。对于个人来说，六两六钱不是一个小数目，很有可能由姜作琦所在家族帮忙承担，果真如此的话，此份戒约表面看只是一个人承当，实际上是对整个家族或小房族的处罚，所以家族的作用与其承担的责任是一致的。这也是苗疆地区的特点。如此一来，所谓"改恶从善"之类的许诺便包含着房族人等对姜某本人的希冀与要求。三是此中被盗者姜金贵只是在报案时出现，整个事件的处理都由地方首人主持，戒约也由地方首人保存，由此可见地方首人在处理村寨纠纷时具有较大处置权，当然，他们的处置权更大部分遵循传统习惯法进行，而非个人随意判定。

1-1-3-058　姜义宗偷盗被抓戒约　道光二十九年闰四月十一日

立戒约字人本寨姜义宗，为因岂（良）心不善，偷到姜凤仪贺勿（货物），不料恶贯满银（盈），凤仪双手拿获，人将（赃）两勿（获），当时交与头人，蒙姜光秀、龙文连解劝凤仪，滚前（可怜）义宗娘子（母子）穷苦，义宗自愿写戒约，日后再犯，再如

(送)众人究治。义宗母子不得异言,恐口无凭,立此戒约永远存照。

凭中　姜光秀　龙文连

道光二十九年十一日

这是一起入室盗窃案。盗窃在清水江苗族地区历来为严厉打击之行为,如议榔词规定:"议榔不准开人家,不准开人家的谷仓,不准开人家的门,也不准挖人的墙角。谁要存心阴险,存意阴谋,漏人家田地的水口,开人家的谷仓,撬人家的门户,挖人家的墙角。整他像滤灰,捶他像舂药。抛在桥尾鱼滩里,投在桥头龙滩中。"❶改土归流后,清政府对此类行为也表示不能姑息,"有大狱讼者,皆决于流官"。❷ 然而,一般的犯罪行为,多经地方调解处理,倘若不成,方才送官。此份戒约可谓对偷盗者姜义宗的警告,如文书中所说,可怜其母子穷苦,才免却罪责,否则必定送官。这一惩罚方式说明地方熟人社会的自身调节机制十分灵便,会设身处地为罪犯考虑实际情况。立此戒约,表明大家原谅偷盗者一次,但并不意味着要原谅多次,下次再犯,便再送官处理,到时候,就无所谓邻里情面了。其中"头人"应为首人,说明地方对于首人的称呼有多种,正如清水江流域其他苗族地区或称呼寨老,或称呼头人。

1-3-5-028　姜启孝戒偷保证约(道光十四年三月初四日)

立戒约人平鳌寨姜启孝为偷砍到文斗寨姜济泰、本旺、□义地名冉孝诗之木,自被本主擒获伸鸣,四寨人等齐集公议,我自知罪庆(孽),央请我平鳌房族姜宗烈、姜汉、国玲、姜挨,央求各寨公等念我愚昧初犯,恩蒙开发改过自新,日后不该再犯,如有再犯,任凭众公等执字赴官,自干(甘)领罪,今欲有凭,立此戒约为据。

平(凭)房族平鳌姜挨、姜汉、姜宗烈

道光十四年三月初四日　亲笔立

平鳌寨人姜启孝偷砍了文斗等寨人木植,被擒获后,各寨人"齐集公议",姜某当众立戒约,并保证不再犯,否则任凭众等"执字赴官,自甘领罪"。由此看来,戒约一般针对偷盗事立,且多当众认错,众人监督,日后戒偷,否则送官治罪。另外,值得注意的是,这份戒约是四寨人等共同商量后订立的针对个人偷盗行为所做的规定,表明在处理村寨间偷盗纠纷时,四寨联合确为小款遗存,能够共同处理村寨间事务,并取得成效,某种程度上,印证了前文所分析的,个人犯错,会殃及房族人

❶　苗族文学史编辑组.民间文学资料(贵州):第14集[M].贵阳:中国作家协会贵阳分会筹委会编印,1959:157.

❷　罗绕典.黔南职方纪略(卷七)[M].台北:成文出版社,1975:206.

等声誉。故而，平鳌姜平孪这般盗砍文斗木植的行为，惊动四寨组成的小款，并通过族中长老实施惩罚。

契6-5 龙文鳞等戒约

立戒约本寨人龙文鳞、姜开胜、运三人，为因盗砍党样（秧）六伯（百）山之木，山主拿获，罚银九两九钱。自今以后，如有再犯，任凭众纲送官治罪。

龙文鳞画押

姜开运画押

姜开胜画押

凭中姜士文

开胜笔

道光十三年十二月十七日 立

再看这一份戒约，龙文鳞等人盗砍人家木植，被党秧六伯（百）山主人拿获后，"罚银九两九钱"，并立戒约。其中，山主是谁？并无答案，只有偷盗者及中人姜士文姓名，看来山主可能地位很高，与这等鸡鸣狗盗之事纠结，怕人耻笑、有失身份，再者所盗之木不少，否则罚金不会这么高。并且，龙文鳞等人画押于戒约后面，增强了戒约的正式性与权威性，这充分体现了戒约与其他纠纷处理字约不同：一是针对偷盗类犯罪行为产生，具有民间法的特质，是地方传统处理方式；二是受害者的身份不重要，重要的是犯罪人的行为已经危害村民人身财产安全；三是中人或地方首人保存戒约，而非受害人，这增添了戒约的威严，同时为防范犯罪人重犯产生了一定的威慑性，因为如有再犯，必然送官，如此，戒约作为案底（更具法律意义）。

如此看来，戒约不仅是村寨内部行为，还是村寨之间或曰地方行为。以出具戒约来对偷盗者实行一定的威慑力，防止再犯，这不仅是村落内部保护部分出轨者，给其提供悔过机会，而且是地方社会对各成员的一种保护。这些偷盗行为，有村寨内部的，有向外寨行窃的，有一人作案的，也有多人协同作案的，但最终结果要么是在村寨首人的见证下亲笔写戒约，要么是在多寨首人监视下画押签字。虽然每份戒约都会点明如有再犯，定要送官之类的话，事实是否如此，或者事不过三，我们则不得而知。但至少有一点是可以确认的，这些戒约表明的都是在地域社会内部，也就是各村寨因姻亲关系、经济关系及各种社会交往合为一体时的一种内部处理犯罪行为的有效方式，这种方式只对内部偷盗行为产生威慑力，或者说，他们只会对所谓的内部成员采取这种方式帮助其改过自新，至于外部偷盗者则不一定。在姜元贞手抄《诉讼稿禀》中，笔者了解到，"日前有铜仁迁移锦管寨屯居住之邓白嘴报

· 163 ·

称被盗偷牛一事。并不声明团民地方,私统多人拥入脚览寨,将某某房屋冲盗,抄掳货物,并将某某杀伤毙命"。看来,外来寨子并不通晓地方纠纷的处理方式,或者他们也不屑于用这种方式,被盗偷牛一事发生后,他们便结群报复。那么,加池、文斗、岩湾等寨在面对外来偷盗者时,是否也是如此呢?或者,就算不是这般,也不可能令罪犯写张戒约了事,要不然便是直接送官了。虽然表面看来这些盗窃行为并未送官,而是让盗窃者立下戒约了事,但官府显然对当事人有效履行戒约、保证不再盗窃具有较大的威慑力,诸如"如再犯凭执字送官"字样,表明戒约不仅是一份保证书,更是以后向官府告发的证据。在这里,官府权威是一种隐性压力。

(四)"发誓愿"

与清白字、认错字、戒约类似,发誓愿作为加池苗寨传统的纠纷协调方式成为人们解决人际矛盾的主要途径之一。不同的是,发誓愿含有更多鬼神信仰成分,属于"民间习惯法"中的神判。在加池人口中,"发誓愿"是一个用以表明清白、澄清误会的常用词汇。当人们遭到误解,难以提出证据证明自身清白时,便习惯于用砍鸡、砍狗的形式,让鬼神做出判断。

加池苗寨最为年长、已过80岁的老人姜绍烈说,"在以前,你冤枉了我。我就要和你砍鸡狗,也就是买鸡买狗,砍了给你看。意思是,要不是我做的事情,你冤枉了我,鸡狗的命运就落在你身上,你就得报应。以前山场纠纷也有这种事,比如一根木材,你说是你的,我说是我的,中人来劝和都不服。那我们两个就去砍鸡狗,把那鸡狗挂在树上。今后撒谎的人就会得报应。这是迷信。鸡狗都要杀了,倒挂着。一定要公鸡,狗就不论。据说公鸡管火,它有一种灵验。发了誓后,那个鸡狗也不能吃,随它挂烂"。老人还讲了这样一个实例:以前有个小偷偷了某家东西,失主和他对质,他死不承认。于是两人就到庙里去发誓愿,也就是捞油锅。失主买油,在庙里架起一个锅子,全寨人都去看。锅都冒火了,小偷还没到。后来那小偷一进庙门,外边就起风了,油锅的烟一下子就扑向小偷。小偷慌了,赶紧跑,但是无论他跑哪个方向,油烟都跟着他。旁人看情况不对,就劝他菩萨有灵验的,不能再狡辩了,还是赔钱了事,否则真捞油锅,肯定得倒霉。这时小偷才认罪了。

老人说,"那叫南岳庙,原本在斗牛场旁,庙里有南岳菩萨、文昌菩萨,还有判官和小鬼,民国三十六年发大火被烧毁了"。若非那场火灾,南岳庙到现在应该还是香火鼎盛的。现在的加池苗人,有纠纷时,仍习惯发誓愿,希望神明替自己洗清冤情。如前文引录的"母猪形"房族所立养蛮碑文"正脉真血统永远发达,冒祖夺宗者断子绝孙"亦含有此类性质。另据加池人说,中仰和加池闹山林纠纷时,祖先们也显灵了。当时两个寨子闹纠纷，都争着要"党中"山场的所有权，而且中仰侗寨想以乌漫溪为界划分山林，便有人自发组织把乌漫溪石板桥推下水，防止加池人过去。这块石板桥建于清嘉庆七年（1802 年），系一整块石板，长 5.5 米，宽 1.06 米，厚 0.22 米。民间传说石块从西南 1 千米外的燕子山上开凿运来，旁边还立有石碑，自清代建桥以来，每年清明节加池各房族都去给石桥祭拜，在他们看来，这块石板桥不只象征着祖先的功德，还蕴含着世代祖辈的灵魂。因此，当中仰人将石板桥推下沟壑后，人们十分不满，一度要求乡政府主持公道。不料事情发生不久，带人推下石板桥的几个组织者相继去世，要么溺水、要么病重，加池人争相传言定是祖先显灵了，更有甚者，说这些人死后，连坟墓都遭雷击过呢。说起鬼神信仰，年近 60 的加池杨某还给笔者看了由外祖父传给父亲再传给自己的"遇鬼昏迷"口语：

出门尖，出门尖，出门头顶观世音，四大菩萨引我路，八大金刚附我身，东有东方福世界，南有南方黑杀神，关公骑马云中乱，乱中手提大刀斩妖精，太上老君急急如律令，用户弟子一路安全，东遇才，西遇宝，出路处处逢贵人。

姜绍烈还说，吃了猪骨头后，一定要包好，抛得远远地，因为这些骨头也有灵性呢。生活在大山中的这些居民十分信奉神灵，在他们心目中，每一座山、每一棵树、每一架桥甚至于一块石头、一根杂草都有灵气。正因为他们有这类思想，才会有传统解决纠纷时十分盛行的"神判"法，诸如"砍鸡狗""捞油锅"等。

二、"刑事"案件处理诉讼文书

这部分资料主要来源于田野口述与加池姜绍明所藏其祖父姜元贞手抄《诉讼稿禀》，同时参考张应强、王宗勋主编《清水江文书》相关内容。笔者以发生在民国时期的刑事案件姜纯一杀人案为例，希望通过个案更为全面地了解村寨内外的纠纷解决机制，并试图通过这一案例说明国家在场的事实及其重大影响。

（一）姜纯一杀人案始末

姜纯一杀人案始末主要结合姜元贞手抄《诉讼稿禀》与《清水江文书》的相关原始文献予以说明。为便于行文，《诉讼稿禀》所选诉状标题为笔者另加。

1. 中仰陆志海讼词

为谋财劫杀、两命一伤，喊恳验究事。缘民陆志海与瑶光饶珍善即大牛、加池寨姜元贞、姜吉顺、姜金培及姜作干之子姜纯镒、纯义等，同财伙贸，于阴历二月二十二日，民志海与姜纯一、饶珍善同由茅坪龙□茂行，卖木回家，得银三百九十七两整。珍善负大宝二元，并带私银叁拾陆两零，其余公共之银，概系纯一身佩。讵意料纯一早起谋财杀命之意,先王寨买□柴刀一把,是夜至坪(现平略)刘店歇宿。二十三日,由坪起身,纯一执刀后行,将至黄家坳,小地名砌墙坳,窥民与珍善不备,忽将民砍杀,身受重伤,昏倒在地。珍善回见不偕,直奔下冲,凶即追杀毙命。适有不识姓名一人到来,亦被杀毙。幸民乘机逃脱,奔报彰化地方,雇船护送未辕,一面专人走赶饶姓,及民父兄,并赶同财贸友等。除报地方团防,并蒙恩星饬吏将民伤痕验明外,为此喊乞。民国十年二月二十五日具,县长台前作主赏准验究施行。生死沾恩不朽。

这一份为受害人中仰寨陆志海诉状,他告加池寨姜纯一谋财害命。时间为民国十年二月二十二日,陆志海、姜纯一、瑶光饶珍善三人同往茅坪卖木,并"得银三百九十七两整",珍善身上另有一些私银。二十三日,三人由平略起身回家,到了黄家坳,姜纯一将陆志海砍伤、饶珍善杀死后,又杀了一名陌生人后逃走,而陆志海拖着受伤之躯,到地方团防报案。由此诉状,我们可看出民国时地方的贸易状况:一是上游山客依旧沿袭传统,将木材运至茅坪等地售卖。二是民国十年地方木材交易多为合伙生意,仍以白银为主,且财资巨大,携带不便,容易发生事故。三是拥有旅店的平略应为地方场市。因加池等苗寨山客经水路、顺清水江下到茅坪等寨卖木以后,便需要步行回赶,一路皆为山林,加上当时世道不平,匪患严重,故多在半途歇脚,平略场市应运而生。

2.众人讼词一(部分)

为抢财杀掳,银失人亡,续恩追缴,严律究办事。……窃该犯已沐收押,所有四百三十余金,未经缴获。该犯之父姜作,当堂限三日,如数归缴,业已届期。可恶作,助子为匪,硬抗不缴,居心拖害。民等之银,有行户可凭,杀毙两命,有地方并志海活质。伏望恩星除此恶匪,伸民等之冤。现志海被杀伤重医药未愈,命在旦夕。其有饶张两命,尸骨停悬,生不甘心,死不瞑目。今作见得伊子押办,欲意抵骗民等之银。如此杀抢之银而不退,杀毙两命而不抵,国家无此律乎。若不续恩缴追,依律究办,其何以靖地方,为此泣叩,县长台前作主,迅赏追缴,依法究办,生者戴德,死者含恩。施行顶祝不朽,续状民陆志海、姜吉顺、姜元贞、姜金培。

民国十年三月初六日禀。

3.批词

一件,陆志海等以抢财杀掳等情续诉姜纯一一案,批诉此案,业将凶犯拿获,究追赃银,依法办理,毋庸多□。批此。

一件,姜作,以家人讯尽,无此银事等情,辩诉姜元贞一案田,批状悉尔子姜纯镒,图财害命,杀毙饶大牛、张贵发二人,又伤害陆志海一人,业经讯供在案,速将尔子劫得之银两赶日清出缴案,以凭饬主给领至姜元贞等,将尔田业插牌,并牵尔耕牛三,如果属实,亦有不合,仰候分别饬知,并饬将牛给还可也。批此。

因姜纯一所劫银两为"陆志海与瑶光饶珍善即大牛、加池寨姜元贞、姜吉顺、姜金培及姜作之子姜纯镒、纯义等,同财伙贸"所获,出事后众人便一起告状,请求政府将案犯缉拿并追缴银两。由批词看来,此时姜纯一已被收押,但众人财物难以追回,故而,原告一齐又告姜纯一父亲姜作"助子为匪,硬抗不缴,居心拖害"。据相关材料可知,姜纯一被收押期间,其父姜作告姜元贞等霸占田产和耕牛,双方亦因此起了冲突,而互相控诉。政府针对此类诉讼,敕令姜作归还姜纯一所劫银两,同时,对姜作所告霸占耕牛与田产事件表示查明事实。至于姜纯一是否真的杀人劫财,其本人与家人又有何解释,我们可以参看下文姜纯一本人的陈情书。

4.姜纯一否认杀害饶珍善谋财等情呈诉状

具呈民姜纯一,年二十五岁,属□白着黑,有口难分,哀恳察办□分□假事□。民□传忠厚,耕读持家,通地皆悉。情于某年某月与亲谊□□□伙同办□木一串生意。原意不股,每股木银九十六两,民占生意一半,共出本银二百余,现有籍记可存临时呈阅。而饶乞□又占一半,本尚未數。民向□□来民向某□借来若干代垫出□艮几十两俱有□证。□于某月某日将条木减排运至茅坪,经行出卖,其□木价呈银三百七十余两,民等三人余某日由□茅坪□银返家,意欲办出后单被此欢喜,不料路过黄家坳,突出强人有余名,各执枪刀□数等语,两同伙饶亲开杀毙命,言之实属可怜。民见势凶,不敢力抵,当被吊深山,银被伙匪劫去。反谓□民要银取□等,那时民见危急,岂敢□然无论何等顺从身依伙匪而去。殊知同伙中某某尚未杀毙得脱同村,而民父身□□首□文斗争控虚有□□,不知被何人力唆诬民谋财害命等语,同伙□于见民来县□民,依计控民于恩星案下,欲从和命赔银,知民□富而恐□民□白着□可想而知。况民匆伙数代之亲,好歹早泾□□,若民之人。假使有一人不着,那□同求谋坐□。见有人力唆□民数人亦是可显。况民一人之银原本二百余两,同伙形着果倍谋财害命,杀命偿命无辜。现民家被原告所抄猪牛,慨然被掳,田产地业均被挟□□占。全家老幼无依。为此□诉恩星施一总之仁总体百姓之究□察明可办□办,死也甘心,令民等□甚涧□□迫石已而叩乞 青天大人台前作主,赏准严究施行沾恩不朽。

在这份呈诉中,年满 25 岁的姜纯一否认自己的罪行,表示一切均为匪徒所为。他的理由有三:一是自己与众人合伙做生意,所占份额较大,"占生意一半,共出本银二百余",没必要杀人劫财。二是自己当时被匪徒掳去,不敢反抗,银两也被匪徒劫去,故而只能趁机逃跑。而在此间,同伙醒来,见自己不在,心知银两难以追回,便诬告自己以获赔偿;三是自己父亲与文斗首人有间隙,必定有人使计策,鼓动同伙诬告。在另外两份诉状中,姜纯一认为陆志海与自己有亲情,捏控自己主要是因为"民之原本占多过于三分之二,与陆志海,与饶大牛原本一分不敷。不过出办伤均忿亲情,况生意砍伐,有年出手,折后两人之银数石□百,捏民谋财害民,事实有因。况民父姜作身为地方乡围,中仰陆志海之亲为地界争控多年,均有仇□。合民等被匪强劫□,被文斗亲□刀唉两□,民□之□□□□无对,□□陆志海□良捏民毒杀等情无非已知民□次有钱赔赏,若系亦抵罪,两文斗□□岂不事外快心"。❶何况"饶乃属至亲,陆亦是友,久(就)民一人,何以前后杀倒三人?"再且"民年方二十零,过房承支,尚未育儿,谋银何用?"❷总之,姜纯一坚称自己被人诬陷,"明是有匪六人劫杀"。❸

5.批词

一件,陆志海等,以阻持不缴等情,续诉姜作一案,批状悉姜作已呈缴银两到案,查所缴之数,核与所失之数,相差甚远,着逮来案质明,以凭究追,所请添传之处,暂无置议。此批。

案奉高等审判厅令开,奉省长令开,盗犯姜纯一,在途抢劫同贸之饶大牛、陆志海等,得赃,并杀毙饶大牛、张贵开,暨杀伤陆志海之所为,应依惩治盗匪法,三条二款之规定。处以两个死刑,并依同法第六条,改用枪毙。仰即监提该犯验明正身绑赴刑场。依法执行等因,奉此。除该犯姜纯一执行枪毙外,合行宣布罪状。仰商民人等,一体知照。切:须牌。

尽管姜纯一反复辩解,还是难以改变自己被判处死刑的命运。至于其所劫巨资,其父姜作"已呈缴银两到案",只因数目落差较大,致使双方长期诉讼。那是后话。

(二)"亲友"与"伙计"

黄宗智认为,在清代,纠纷发生时,亲邻调解是第一步。调解不成,才会有一方的当事人诉上法庭"打官司"。而进入官府后,并不会阻止亲邻调解,反而会迫使他们更积极地去解决问题。❶ 也就是说,在民事纠纷产生时,其获得解决的最有效途径并非官府,而是亲邻调解,但官府权威依然起着推波助澜的作用。那么,刑事纠纷呢? 虽然从上文了解到姜纯一杀人案最终结局是姜纯一被判处死刑,似乎地

---

❶ 1-4-1-171 姜纯镒状词,《清水江文书》,前后文中姜纯镒与姜纯一为同一人,姜作与姜作干为同一人。

❷ 1-4-1-175 姜纯镒状词,《清水江文书》。

❸ 1-4-1-175 姜纯镒状词,《清水江文书》。

❶ 黄宗智.清代的法律、社会与文化:民法的表达与实践[M].上海:上海书店出版社,2001:8.

方社会关系,如亲缘关系、地缘关系对其结果并无任何影响。事实如何呢?

首先,姜纯一在表明清白时,说虽同为"伙计","饶乃属至亲,陆亦是友",何况自己所占份额过半,又怎么忍心下手去害他们呢?此说实属事实,从下面饶大牛父亲的讼词亦可看出。

6.饶大牛父亲讼词(部分)

……情因民子大牛之妻,即凶犯之族妹,民子被杀后,民媳归宁,向凶犯之母妻,以夫死,儿女谁顾,衣食难支,言念及此,惨淡悽怆,拭泪痛哭。因而不忍见其零丁,以激天良。该凶犯之母妻,自愿将牛三,值银二十余两,现凭该地方首人姜恩宽、姜梦鳌、姜之渭,并韶霭首人李培翰、龙在灵等,交媳牵下,以慰哀泣之用,而周目前之急。民一家父子在城听候,何希小补?如凶犯母妻,既兹疾难,悲悲切切,为能以一手而牵三牛,明系该犯母妻悯媳哀痛,自愿雇工牵送,通地周知。……为此,事关冤诬,只得琐屑□□恳乞。

县长台前作主,核施行。

三月十五日稿

7.批词

一件,饶可大等,以见怜谊送等情,辩姜作父子一案,批诉悉尔媳,所牵姜纯镒家牛,既系以亲情相送,何以姜作又具到案,颇滋疑义,候传姜作问明,核夺。此批。

受害人饶大牛之父饶可大称,"民子大牛之妻,即凶犯之族妹",表明死者饶大牛与凶犯姜纯一既是"合伙人",又是姻亲,两人关系非常。后来,因为姜作告发姜元贞等霸占土地,饶大牛家牵了耕牛,饶可大解释称"民子被杀后,民媳归宁,向凶犯之母妻,以夫死,儿女谁顾,衣食难支,言念及此,惨淡悽怆,拭泪痛哭。因而不忍见其,以激天良。该凶犯之母妻,自愿将牛三,约值银二十余两,现凭该地方首人姜恩宽、姜梦鳌、姜之渭,并韶霭首人李培翰、龙在灵等,交媳牵下,以慰哀泣之用,而周目前之急。"也就是说,因为死者饶大牛妻子回娘家哭诉,姜作母亲及妻子实在有愧,便自愿赠送价值二十余两的三头牛给死者家里,而且,当时有加池与韶霭各位首人在场作证。正如县长批词中所谓的,倘若真是"以亲情相送",那么姜作为何又要因此诉讼呢?或许如姜元贞在另一诉状所称,姜作想据此诬告对方,拖延时间,以免除巨额追缴款。无论事实怎样,从中我们确乎能够看到亲友关系在案件发生后所产生的变化,一方面,死者妻子回娘家指责凶犯家人;另一方面,凶犯母妻在众目睽睽之下,为缓解亲人犯罪给自身带来的人际危机,主动送三头牛,以表达歉意。其实,在地方民众看来,此举确乎有利于缓和人们对凶犯亲人的鄙视与隔离。同时,地方首人作证,也增加了赠送财物的合法性与合理性。

其次,田野口述中,姜绍烈老人跟我们讲述了书面材料所忽略的另一个事实,那就是姜纯一在犯案之前,有意骗开姜元贞,免得伤及这位同寨好友。其实,姜纯一为姜姓"金盘形"房族人,与姜元贞所在"母猪形"房族有很深的渊源,故而,老人对此的解释是,他故意把元贞骗回家,他两个是隔壁邻居,要是他把元贞都杀了,那还是恼火了。在此,"恼火"的意思就是如果姜纯一真的把邻居姜元贞也杀害了,那么姜纯一的家人,甚至族人在本村将难以立足,其后果如同古时候的"诛灭九族"。由此可见亲邻关系对个人日常处事的深刻影响。同时,姜元贞、姜纯一、陆志海以及饶大牛等合伙经营木材生意,"亲友"与"伙计"关系交错的事实,给我们展现了一幅当时地方上亲缘关系与业缘关系纷繁复杂的经济图景。

除此之外,据说姜纯一逃避期间,其房族人等怕殃及自己,都选择外逃,后来他们哄骗姜纯一,告诉他只要他投案自首,他们一定会凑钱把他保释出来,也正因为他们设下骗局,使得官府很快抓获了外逃的姜纯一。至姜纯一归案后,其房族人才敢回寨。这段事实与姜元贞所抄录的饶大牛父亲饶可大另一份讼词有所出入。死者饶大牛之父饶可大说,"查凶犯,自劫杀民子,后逃至乌棒山,匿于纯义牛棚内,密令守棚工人,私通纯义与纯镒会,义即回家,取衣以更,携饭以食。因此探觉,有人缉捕,致该犯,凶形败露,无处没迹,迳逼归家。"也就是说,姜纯一的落网确实在于有人告发,也确实是在寨子里被抓获的,但其中姜纯一之兄姜纯义回家替其取衣服并携饭以食,说明并非口述中所说的姜纯一的房族人等都逃亡他处。口述之误差与凶犯姜纯一父亲姜作的被收押表明,在地方认识中,官府依然采用一人犯法,"诛灭九族"之法,或者就算不是诛灭,也必定要殃及族人,以收押凶犯的亲人、族人来逼迫凶犯现身。如此,说明国家权力机构的威信在地方还是影响较大的。另外,倘若真如诉状中所说,"作之在地方,素本强暴,通地竟呼为'独眼虎',莫之敢抗"。一方面说明姜作父子在地方实力雄厚,否则何以如前文姜纯一所说其父为地方首人;另一方面也表明民国时期"金盘形"房族在加池或与"母猪形"房族家庭实力相当,故而"养蛮之争"一拖再拖,直至20世纪90年代才终于爆发。只是不知,"金盘形"家族之衰落是否与姜纯一案有关,尚待考察。

三、"民事"纠纷处理诉讼文书

前文已多次提及并引用了姜绍明所藏其祖父姜元贞手抄《诉讼稿禀》中的相关内容,如上节有关姜纯一杀人案的部分诉状便选自其中。2012年10月,经姜绍明介绍,我们拍摄了整本《诉讼稿禀》,其诉讼稿相对完整,每个案子的诉状都有所引录。并且,整本材料都是基于姜绍明曾祖父姜献义与祖父姜元贞经历的案子抄就,其珍贵的史料价值由此可见一斑。加池苗寨与周围村寨在清时被称为"好讼之乡",从姜家这一叠诉状中,可知并非虚夸之词。为保证各个案件的完整性,笔者将整本诉状分为19份,并据其事件各拟标题。下面根据诉状内容进行分类,以全面了解姜家在献义与元贞时期所经历过的诉讼纠纷,进而探知加池在18世纪以来至民国时期的民事状况。需要声明的是,笔者分析诉状的根本目的不在于辨别诉状参与者孰是孰非,而在于通过各类状词重返"历史现场",了解当时的人情世故以及社会图景。

(一) 名誉纠纷

姜元贞作为地方首人,家道殷实,世代活跃于地方市场,成为加池苗寨数一数二的"山客",拥有自家"斧印",即"洪顺"号。从所收集的各类文书来看,他既是一位成功的商人,又是通晓世事的地方精英。在祖父、父亲的财富积累下,姜元贞协同兄弟,继续频繁买进山场、土地,出售木材并从事借贷。生于清末的他,成为加池苗寨18世纪以来至民国时期典型人物之一。而就是这样一位精于算计、与官府有着密切关系的地方首人在遭受名誉危机时,又该如何应对? 周围人又有何举动呢? 要想回答这些问题,且看《诉讼稿禀》中的"龙祥荣失踪案"。

1.赤溪坪龙祥富等状词(部分)

民国十一年壬戌岁契约赤溪坪龙祥富禀。

为谋财害命,尸骸无着,喊签提律办,以儆盗风事。缘胞弟龙祥荣,于本月初一日,往文斗区境购猪,携光洋二元,七封,共光洋□钱,寄在八洋局长杨通元家,随代光洋十元。初二日,至加池买姜元贞胞猪一,议价廿五千余,兑光洋十元,除兑价外,实欠钱七千文,初三将猪抬回。而元贞请伊寨素行不端之姜东成随同民来家,兑此尾数。歇宿一宵,初四寅刻,民弟、东成二人齐上八洋杨通元家食膳,民弟祥荣取寄光洋,而东成视弟有光洋二元,暗起异心,笼进八洋溪去,有人可质。迄今半月,未见返里。……事有嫌疑,明系元贞请东成谋毙,……为此只得哀哀叩乞。

台前作主,赏准签提姜元贞、姜东成二人到案,理当偿命,生死沾恩不朽。

(批词)一件,就祥昌、祥贵、祥华共以谋财害命等情具姜元贞、东成一案,批诉悉该民弟失踪,迄今半月,既有谋害嫌疑,何以不早具诉,惟事关命件,仰候传姜元贞等,详加查询,仍饬自行寻觅踪迹,俾有明据,以凭核办。此批。

2.姜元贞讼词(部分)

……情阴历七月初二,有赤溪坪龙祥荣至民家买猪一,议定价钱五千零八十文,当兑光洋十元,扣钱十八千文,下欠钱八十文。据祥荣称,伊系龙生茂之叔,而生茂素与民有交情，方敢放心，发猪与伊抬去。……并无到民家寻访。该祥荣抵家与否，生死踪迹，民何涉？……为此辩乞台上作主赏官劈诬，实究虚坐，依律究办施行。

（批词）批辩诉已忌着候质讯察夺，此批。

锦屏县长胡

票警调查据实禀告以凭核夺事案，……票警遵照刻即前往中仰、加池谷地严密调查龙祥荣是否到过陆宗耀家，姜梦连、梦熊等家看猪，有无谋害情事，据实禀，到县以凭核夺。去警勿得藉延滋扰。火速须票。民国十一年十月八日限速日齐。

3.加池绅团公呈（部分）

具公呈加池寨绅团姜凤羽、姜恩宽、姜梦熊、姜源林、姜继元、姜纯秀等，为据实呈明，以免冤害事。……思东成如果有半路谋毙，是晚亦不到元贞家来，及至各家问猪，而元贞有谋害情弊，次早亦不到凤沼家覆盘而去。绅等亦有地方之责，如有蒙蔽，天神立鉴，为此理合公呈。

台前公鉴施行，谨呈。

4.票警呈词

具报告警目杨龙标、刘德科为报告事。缘龙祥富等以谋财害命等情具控姜元贞、姜东成在案，蒙恩票警前往各处调查有无谋害情。警即前往，八洋跟问杨通元称云，阴七月初四，果有龙祥荣同姜东成到伊家取花边，见有廿余元之样而去，又查到中仰陆宗耀家称云，六月卅日有龙祥荣到看伊猪是实，云初四日，宗耀不在家来到与否。又查到加池据姜梦连、梦熊两家称云，七月初四日申时看猪是实，不但到梦连、梦熊两家，又到姜凤沼家看猪作价十二元不同，仍到姜元贞家歇宿。初五早由元贞家出，到凤沼家加价半元不卖而去。警又查到南怒文斗张花各处以来，毫无踪迹。一切情形，警等未敢隐瞒，所有谋害情事实属未闻理合。呈覆。

由以上讼词、呈词及官府批语可知案件梗概。民国十一年（1922年），赤溪坪猪贩子龙祥荣至元贞家购猪，自称姜元贞友人龙生茂之叔，元贞见是旧识家人，自然答应交易并供其食宿。龙祥荣雇姜东成等二人抬猪至南路渡口，并要东成与其同去八洋取剩余款项以还元贞。东成返回后，祥荣失踪，其家人在半月后未寻获踪迹，便状告元贞与东成合谋图财害命。元贞自然不甘被诬，上呈实情，表明祥荣在购猪与东成抬回去后，又先后来加池与中仰买猪，还曾在家住宿。人命关天，政府在此情况下亦派遣法警查明事实，知元贞所述属实。怎奈人已失踪，生死不知，案情一拖再拖，"迄今半年之久"，元贞不得已而反复呈词。与此同时，乡绅团姜凤羽、姜恩宽、姜梦熊、姜源林等为元贞雪冤，并积极配合票警查明事实。此案件各方诉状及票警呈词、官员批词等内中信息十分丰富,因篇幅与专业限制,我们无法一一剖析,只能从中略知民国时期地方人情概况。譬如,姜元贞因祥荣与友人为叔侄关系,才爽快答应交易并允许赊欠,还留其食宿,再者,因为与元贞的这层关系,祥荣又很顺利地在东成以及其他人的引导下到梦熊等家看猪,甚至于,后来还到中仰购猪。可见"熟人关系"在当时加池的日常交易活动中的影响,一方面使得陌生人之间的交易迅速升温,正因此,这些游贩才得以在地方各村寨中辗转经营并不愁食宿;另一方面,这些关系更利于游贩获得各类交易信息,从而为其与地方更深一层的交易活动打下基础。如果因这种社会关系引发纠纷,对于地方民众来说,是难以理解和原谅的。否则,地方绅团也不至于向政府提交公呈了。当然,公呈的原因还不仅在此,他们此举一来考虑元贞在地方上的威望;二来祥荣毕竟为别寨人,顾及元贞与东成,替他们多说好话,既可以为绅团赢得美名,又可以增加地方民众对他们的信任,还可以顾全政府托管之责,亦可谓何乐不为。

除此之外,诉状细节也值得我们推敲:首先,赤溪坪猪贩子龙祥荣的游贩身份表明清水江下游市场体系渐趋完善,相对固定的木材贸易、田地山场屋基等不动产买卖、因分工细化引起的不同需求间交易及游贩所代表的流动式经济活动等共同构成了一幅幅清水江下游普通百姓的日常经济生活图景;其次,姜元贞讼词"若不续恳切,先以刑事诬告,将见刑律一百八十二条,无效矣"不仅说明姜元贞个人十分懂法,还从侧面反映了地方乡绅将国家法制掌握得十分透彻,以致在官司中运用自如;最后,龙祥富等状词中称"民弟、东成二人齐上八洋杨通元家食膳,民弟祥荣取寄光洋",可知八洋杨通元家或为寄卖行,兼营饭馆与旅店,而龙祥荣因为流动商贩,加上当时盗匪横行,不便携带生意款项,便寄存在杨某处,以便于自己在周围村寨谈妥买卖时偿付资金。如此这般,地方市场体系确已十分成熟。

(二)邻里纠纷

根据 2011 年 2 月《最高人民法院关于修改〈民事案件案由规定〉的决定》(法〔2011〕41 号),邻里纠纷应属于所有权纠纷之相邻关系纠纷,下文所介绍纠纷性质又可细分为相邻土地、建筑物利用关系纠纷或污染侵害纠纷。当然,此引对于下文发生于清末之案件来说,兴许有牵强附会之嫌,但仍不失为切入点之一。简言之,这一部分主要介绍姜献义与姜作之间的台基纠纷,原因有三:一是事件始末较为完整;二是两人分别为清末"母猪形"房族与"金盘形"房族主要代表人物,在地方十分活跃,其二人纠纷不仅是个人为争取更大利益而生发的矛盾,而且隐含两个房族历来的纷争;三是两人虽为邻里,但关系复杂。除却归属不同家族外,还为不同利益阶层,如姜献义家底殷实,有能力聘请雇工,姜作称其"仗金凌人",两家差距,可见一斑。再者,事件结尾处,相传为当时加池苗寨首户之姜恩瑞亦协同他人为姜献义作证,指责姜作逞凶。可见,看似细小的邻里纠纷却隐藏着不同利益群体、不同社会阶层的激烈博弈。

1.姜献义讼词

为逞凶混争,急究事。缘民祖遗宅前园地一幅,起造粪棚,于庚辰年被火烧毁,近年遭水崩填满,本月十三日,民着雇工某某挑土三担,堆平基址,突遭某某平空□□,日,手执双刀上门来争此地,连次上门三回、口称杀害方休。民当即伸鸣某某等跟问情由,乃伊一概横不顺理,中等无奈,似此逞凶混争,不独基址霸占,亦且性命难保,若不投天急救,诚恐祸生不测,情迫汤火,为此报乞大人台前作主,连赏差拘到案,讯辩照微,将来沾恩不朽。

由后文可知,此处姜献义所谓某某便指姜作,姜作即姜纯一父亲。姜献义为姜元贞之父,从姜元贞宣统年间的"文凭"看,元贞于宣统年间已为弱冠,与姜纯一年龄相仿;姜纯一杀人案发生于民国十年;加上"大老爷""大人"等词推知,此案发生时间应为清末民国时期。因自家粪棚遭火灾后被水填满,献义着雇工挑土填基,怎料遭到早有霸占之心的姜作上门吵闹,"连次上门三回、口称杀害方休",双方遂起纠纷。献义愤然诉讼,请求公断。

2.姜作干讼词

为依胆佔肝,挖(捏)情诬控,诉劈诬事,缘姜某某挖(捏)以逞凶混争等情,控民在案。理合明。情因民屋后阳沟,外有坎为凭。坎之上系伊粪棚,坎之下系民地界,历管无异,料恶富仗金凌人,突于本年六月内,催工尽将伊屋前后与园之杂岩秒土,撮挑堆临民屋后,壅塞阳沟。现此处,当一方之水道,每逢春雨,一经填塞,水尽归民屋中,害民起居难住。奈伊势大,不敢深言,不得已,民自□工搬运,通地皆知,复于十三日,仍又堆填不已。向伊善言,不惟未会其面,反被经中姜某某等捏民逞凶等情,既云逞凶,凭于何人,眼见何证,伤伊何物,一乡大小,岂有无见闻之人,民并无其事,中等知其纽捏,直斥伊非,再三劝息,以后不许再行堆塞了息其事等语。知恶富,钱胆包天,藐视中等苦劝,胆肆行无忌,遂复捏词笄听,其好讼之心,此概见也。

恩星执法如山,三无柱无纵,光天化日之下,量不容此为恶之徒,若不明,冤何以白,情迫汤火,不得已乞大老爷台前作主,劈诬反坐施行。

做了被告,姜作干当然不会举手投降,他同样拟定诉状一份,表陈清白。原来献义粪棚与其住屋,一个坎上,一个坎下。献义着雇工挑土填满基址,"壅塞阳沟"，"害民起居难住"。因献义势力大，自己并不敢声张。后来献义又着人填土，此中自己并未有任何举动，也没有与献义见过面，不料反被对方状告逞凶，实在冤枉。加池因属山区，住屋多依山而建，邻里间，坎上坎下十分普遍。人们为了保护木屋，多于坎下挖沟渠，以通水流，一来防止积水过多引发滑坡；二者免得住屋过于潮湿。而且，为了便于喂养牲畜和保护稻谷，人们习惯在住屋旁边搭建猪圈、粪棚、谷仓等。有些屋基较多、条件较好的人家也会另起粪棚和猪圈，以保持住屋洁净，如姜献义便在"祖遗宅前园地""起造粪棚"，而此举给住在坎下的姜作家带来了极大不便，姜献义着人挑土填基后，"壅塞阳沟"，"每逢春雨，一经填塞，水尽归民屋中，害民起居难住"。中人调解无效后，"知恶富，钱胆包天，藐视中等苦劝"，还捏控自己。姜作忍无可忍，便只得请"大老爷台前作主"。

3.姜恩瑞等呈词

具公禀民姜兆瑚、姜凤至、姜恩瑞住加池寨，离城一百廿里，寓□、顺、店为不平则鸣，据实禀明事，缘民加池寨，有姜献义具控姜作干一案，已蒙批准，提讯察究，只冀听候神审，民等何敢冒渎，但民与二本俱系一本，因姜献义之粪棚在上，作干住屋在下，隔居数丈内，有老坟为凭，十三日，姜献义雇工某某挑土填基，其实并未塞到阳沟，姜作干由，动以逞凶，不准言公。民等虽居邻近，不忍坐视。民寨加池，人户百余，素称风俗忠厚常守，姜作干习惯成性，值得据实禀大人台前作主，审讯施行。

其实见了姜作的状词后，姜献义曾再次禀告所谓实情，称粪棚与姜作住屋相隔较远，"毫无相涉"，对方"诬称起居难安"，是因为作本"系寨中横恶"，见自己懦弱，执刀相向，只是为了霸占基址而已。由此看来，双方各执一端，相峙难下。虽然我们未见到官府的批词，但其中附有姜恩瑞等替姜献义打抱不平的呈词，官司的结果便可想而知了。姜恩瑞即加池四合院的起造者，他当时为加池首富，必然具有发言权。他们在呈词中称为"不平则鸣"且"虽居邻近，不忍坐视"，事实是"姜献义之粪棚在上，作干住屋在下，隔居数丈"，中间还有老坟，故而不可能"塞到阳沟"，姜作不过逞凶罢了。事实真相如何，我们现在无法得知，但据所关涉资料可知，姜献义、姜恩瑞等为地方首人、富户，尽管姜纯一在前述案件中辩说自己占了当时贸易金额的过半，应属殷实之家，但姜作此时在地方必定不如献义等人，因此才有献义"仗金凌人"之说。由此可见，同一村落中，资产的多少与权力的大小及人缘的好坏本来就有着密切联系。再者，每份诉状在最后都表明以万分诚心及十分迫切的情感请求"大人台前作主"，可见对于普通百姓来说，官府的高高在上与应当秉持公正的形象已深入人心，加池等地方苗侗人民在清朝已然被纳入国家王朝体系。另外，值得一提的是，讼词中"民寨加池，人户百余"表明清末民初的加池显然已成地方大寨,人口众多。再且,姜献义与姜作两家因如此小事便大打出手、反复呈讼,亦可见"母猪形"与"金盘形"两个房族斗争之激烈。

(三)合同纠纷

此部分所举案例在木材贸易十分兴盛、人工营林极为普遍的清水江沿岸村寨来说,极具典型性。据所收集林业纠纷类诉状可知,地方因经营山场产生的纠纷类型主要有几种:同名混争、一业两卖、篡改契约、强抢木材以及偷盗林木等。其中一业两卖引发的矛盾纠纷不仅凸显了山场经营的长期性、林业契约妥善保存的必要性,而且体现了地方传统在处理类似具有时代性的新生矛盾冲突时,所具备的自我调整能力。这种能力既是地方传统面对社会转型的调适努力,又从一个侧面反映了"地方社会对国家秩序话语的引入与利用"。如下文姜元英一业两卖引发的合同纠纷。

1.姜献义讼词(部分)

为先买为业,后买霸争,告提究事。缘民光绪二十四年备价得买胞侄元英弟兄地名培显节山场一块,契据炳存,可阅此山分为十二股,元英弟兄占三股,历管无异。……讵料突有党央村姜锦春父子出争,声称得买元英弟兄之股。伊亲身登门约民揭字对验,两下契据,均系元英亲笔相符,伊系光绪二十七年得买,字迹亲新旧各别,民契先买数年,应归民领价管业,伊亦甘愿丢休。讵伊父子另生意外,遂行阻木,当经地方首人姜凤翎、姜恩宽、姜之渭等理论,将二比契据验视,笔迹符合,承中等公议,此山仍劝归民先买管业,而锦春后买,不能经管。要卖主补价,而元英弟兄光绪八年相继而亡,仰元英弟媳范氏母子照契备价赔还,缴退契据,以图无事等语。……试思先买者为业,后买者为谋,此古今不异之常理,……不已告乞县长台前作主,赏准饬警提宣调契照验施行。

2.姜元英弟媳讼词(部分)

为遭祸害寨,卖身难赔,哭请公评事。缘氏夫家遭不造,大伯元英将田地山房产业,荡然卖尽,甚至一业卖两主三主者有之,其时氏夫元俊尚属弱冠,虽已分居,任大伯将家业耗败尽。氏方适姜门两载,氏夫与大伯相继而亡天。大伯元英无后,氏受遗胎,背父六月见生一孩,氏父亲范洪发,戒命,年将三八,若守水孀,抚养孤儿成立,俾得顶替氏夫宗支。四月内,家族议定,卖地名培显节山木与客人姜必鸿等砍伐,山价因三十六两一钱八分。此山分为十二股,氏家占三股,除各食栽手银两外,应占银五两之谱,及揭契对验,氏伯元英光绪二十三年,卖与叔公献义嗣木砍伐,党央姜锦春父子清初契据,氏伯元英复光绪二十七年,又卖与伊,当经地方首人姜凤翎、姜恩宽、姜之渭等公论,将两下契据对验,笔迹相符。不善蒙首等劝令献义公先买者管业领价,而锦春后买,要氏照原契补价赎契,以杜后患等语。奈氏家贫如洗,日则包人机织,夜则包人纱纺,稍得辛工,以度日食,四卿六亲,无不周知,万难变出此数。况前来之一业卖二主者,不下十余主,而后卖之人怜念氏孤儿寡母,无出钱之处,甘让退契投销,若此次赔还,恐后来追赔者,何堪设想。……万不得已哭叩县长台前察情作主,赏即查验先后契据,公平判决施行。

姜元英、元俊、献义均为开让后,且彼此为亲叔侄关系,正如姜元英弟媳所称"叔公献义"。事件起因于"家族议定",要卖公山木材时,才发现姜元英将培显节山场所占三股先前于光绪二十四年(1898年)卖与献义(元英弟媳称二十三年),后于光绪二十七年(1901年)卖与党央姜锦春父子,导致在姜献义伐木出售时,后买者主张自己的权利而产生矛盾。同样,在第一时间,献义请出中人,"当经地方首人姜凤翎、姜恩宽、姜之渭等理论"并公议,认为虽然两份契约都属实,但因地方规矩,先买管业,后买无权经管,木植应归献义,而姜锦春父子可以要求卖主出原价赎回并销毁契约。本来双方已经谈妥,无奈卖主姜元英、元俊已然去世,只留下元俊孤儿寡母,不但家贫如洗无力偿还,加上姜元英在世时"将田地山房产业,荡然卖尽,甚至一业卖两主三主者有之","前来之一业卖二主者,不下十余主",倘若自己"此次赔还,恐后来追赔者,何堪设想"。如此姜锦春父子自然阻木。案件的结局如何,我们难以推知。但从中我们了解到:其一,在过去,父亲如在,家财自然由父亲做主;父母过世后,倘若其他兄弟年幼,则由长子做主。正如姜元英弟媳所哭诉,"其时氏夫元俊尚属弱冠,虽已分居,任大伯将家业耗败尽"。又因姜元英无后,元俊也已经过世,元俊妻子便承担起了当年大伯元英一业二主所遗留下的隐患。此中我们也可以看出也正是林木成材的历时性,致使一业二主、一业两卖甚至多卖的投机现象发生。其二,因山场管理上的混乱,以及缺乏提前交易时的现场勘验,再加上这种不同村寨之间的交易,就算尚在中幼林发生交易时现场勘验过,在杉木长大至可以出卖时也会有些许出入。故而,在没有其他有效防止这种投机现象发生的机制下,地方上便只能约定"先买为业,后买无权"及卖主出资赎回原契的俗规,以防止更大的后续纠纷。当姜元英肆意一业二主甚至多主出售各山场所占股份时,很多后买业主见其弟媳本身生活都难以为继,便只能自己认栽,放弃追缴赔付金额、"退契投销"。其三,从第二份诉状中,姜元英弟媳始终自称"氏",连姓名都没有标上,可见当时的加池深受汉文化影响,妇女地位十分卑微。并且,在丈夫和伯父均夭亡的情况下,因她生有一儿,"俾得顶替氏夫宗支",若没有生育或是育有一女,可能连族产也沾不上了。最后,由元俊妻"日则包人机织,夜则包人纱纺"可知,当时的加池已然拥有自己独立的市场体系,男人们忙于农活的同时,以参与木材采运或经营木材生意为业,女人则管理一家衣食,如元俊妻这般,以帮人机织和纱纺赚取工钱,维持生活,一方面说明加池村落内部已产生了细致的社会分工;另一方面因分工细化使得不同群体之间各取所需,形成村落内部的交易体系。

小　结

这一章笔者结合田野调查与文献材料为大家展现了 18 世纪以来至民国期间加池村寨的纠纷状况。本章的行文目的,并不在于了解纠纷的真实情况,而在于探讨地方纠纷发生的多种原因、纠纷解决的主要途径与方式,以及人们在处理纠纷过程中的各种复杂关系。需要提及的是,不仅在人工林业的生产阶段,人们的财产关系主要依靠卖契、佃契、分股合同等林业契约来调整,●而且在人工营林的整个阶段,包括生产、培育、售卖等,人们的所有权益主要依靠传统纠纷协调体系来维护,只有在村寨内部或村寨之间的传统方法无效时,才会诉诸官府。产生这类现象的原因有二:一是地方苗族自有一套纠纷解决机制,其步骤大约如下:当事人协商、申请"中人""寨老"或"首人"裁断、传统习惯法的审判、诉诸官府权威,地方调解机制使林业契约争议能够得到及时有效的解决,有利于人们对契约信心的形成。❷ 二是礼教框架下的国家法的价值取向在于维护具有"差序"特色的社会结构和保持社会秩序的和谐。❸ 加上清朝政府对苗疆管理的有心无力,给地方自主运用各类传统习惯协调纠纷提供了较大空间。

一定程度上,认错字与戒约都是人们根据某种传统规则,对个人行为做出好坏区分后,对坏的行为进行的较为正式的一种汉字记录的惩罚。而一个人对某项原则遵守与否,除了决定于其个人利益和他当时所受诱惑力的强弱外,还取决于其周围人对这种行为的看法,也即这种是非标准建立在社会舆论上。正如姜纯一杀人案所表现出来的,当案件发生后,受害人及其家属的反应,以及周围人的反应,是除官府权威与国家法律体系外,深刻影响嫌疑人及其家属在地方的名誉、日后生活处境的重要因素。布朗说过,"就社会裁定的功能而言,最重要的并不是裁定对于直接当事人所产生的影响,而是它在整个当事社区范围内所产生的影响。因为任何

---

❶ 罗洪洋.清代黔东南文斗侗、苗林业契约研究[J].民族研究,2003(3);罗洪洋.清代黔东南文斗苗族林业契约补论[J].民族研究,2004(2);罗洪洋.清代黔东南锦屏苗族林业契约的纠纷解决机制[J].民族研究,2005(1).

❷ 罗洪洋.清代黔东南锦屏苗族林业契约的纠纷解决机制[J].民族研究,2005(1).

❸ 徐忠明.小事闹大与大事化小:解读一份清代民事调解的法庭记录[J].法制与社会发展(双月刊),2004(6).

裁定的实施都是对于该社区社会意向的直接肯定,从而它构成了一种对于维护社会意向来讲是十分重要,可能也是必需的机制"。● 也就是说,如"发誓愿"所体现的所谓鬼神崇拜及其显灵现象,在某种程度上加强了鬼神信仰,也维护着人们一定的伦理准则,使得人们对是非观念有着更为深刻的地方性体会,并就此向周围人和下一代传播着这些渐成体系的"地方性知识"。

另外,从所分析的诉状中,很明显同时存在着两种维护秩序的具有强制力的体系,即民间法与国家法,其中民间法又常常称为习惯法或惯例。用韦伯的说法,民间法相当于惯例,即"在人们的一个交际圈子内部,被视为'有效的'并通过违反行为将受到蔑视而得到保障的'风俗'",而国家法则类似于其所定义的"法律",即"专门设立的,用来强制实行秩序或惩罚背离行为的专人班子"。● 诸如清白字、认错字与戒约等文书,一方面以国家推崇的调解形式,在首人或地方甲长的调解下,以文字记录并解决矛盾,另一方面包含地方"风俗",以"发誓愿"的方式表示错误的终止。又如产生纠纷时,当事人双方往往采取地方规则,请首人进行调解,按照俗规处理。只有当习惯法没有办法处理时,才会诉诸国家法律,求救于官府权威。当然,这里的法律概念相较来说倾向于布朗的观点,他认为,法律只限于那些在政治上组织起来的,在社会中有约束力并发挥效用的规则。● 弗思站在人类学、社会学的角度,认为从法理学上定义的法律概念对这些学科并无多大用处,我们需要的是将所谓法律规则放在更广的范围进行思考,要看到人们习俗的变化、他们的伦理观念、社会制度的结构、他们有关"合理"的判断及使人们遵守或违反法律规定的各种非法律的因素。● 也就是说,对于人类学民族学来说,那些非法律的因素显得更为重要。俗语"国有国法,家有家规",便是我国传统宗法制度的高度概括,同时也表明了民间社会的高度自治。

在对加池苗寨各类诉状的分析中,我们了解到,人们日常生活中产生纠纷时,首先想到的便是请首人按照常规调解,而这些常规往往指乡约或族规,只有当调解不成功时,才会进一步诉诸官府。表面看来,官府判决与地方调解具有一定的层级关系,实质上,也体现了一种"天高皇帝远"的观念,是地方宗法制度高度自治的一种表现。而且,表面上,这些纠纷很多都是可以避免的,那为什么没能在纠纷升级之前就得到很好解决呢? 布朗说过,要想避免产生不能解决的冲突,有必要较为准

● 布朗.原始社会的结构与功能[M].潘蛟,译.北京:中央民族大学出版社,1999:234.
● 马克斯·韦伯.社会学的基本概念[M].胡景北,译.上海:上海人民出版社,2000:49.
● 同●,236.
● 弗思.人文类型[M].费孝通,译.北京:华夏出版社,2001:109.

确地定义人的对物权。❶ 从山林纠纷的产生原因可知,除了恶意行为,主要是由于山场界限过于模糊,或者地名类似,或者界限交叉,产生纠纷后各方又各执己见,相持不下,加上利益当前,各自都不愿让步。因此,山场所有权的明晰是防止纠纷、解决冲突的首要条件。契约与纠纷之间的关系,或许可以借鉴韦伯的说法,即所有原始的契约都是财产易手的契约,故而,所有真正表现契约责任的古老形式,总是象征性地与某种法律形式上财产转移相联系。❷ 如此一来,因利益分割产生的纠纷自然成为主要的社会纠纷,记录在诉状中的大部分林业纠纷便是实证。其实,纷繁复杂的纠纷所反映的正是对统一秩序或所谓"法"的需求,或者在某种程度上,我们可以认为,旧秩序到新秩序的转变过程中,或曰在新秩序的有效性发挥的过程中渗透着种种基于传统或旧的秩序基础产生的破坏因素,往往是这些因素,在产生纠纷的同时,也促进了其解决过程中新秩序有效性发挥的进程。正如韦伯所分析的,原则上将所有单一的人和事实都建立在"法的平等"基础上,是市场扩大与默契共同体机关行为官僚体制化的结果。❸ 这句话同样适用于 18 世纪以来至民国时期清水江下游地区的"法"的状况。

加池诉状中显示的纠纷及解决纠纷的办法与途径,可以借用康芒斯的一段话加以总结:在每一件经济的交易里,总有一种利益的冲突,因为各个参加者总想尽可能地取多予少。然而,每一个人只有依赖别人在管理的、买卖的和限额的交易中的行为,才能生活或成功。因此,他们必须达成一种实际可行的协议,并且,既然这种协议不是完全可能自愿地做到,就总有某种形式的集体强制来判断纠纷。如果人们以接受这种判决作为前例,在以后的交易中当然地遵守,有权判决的当局不需要干涉,通常也不加干涉,除非冲突又达到顶点,成为原告和被告的一件纠纷。康芒斯把这种方法称为"以判决纠纷来制造法律的习惯法方法",其目的在于"从冲突中造成秩序"。❶

---

❶ 布朗.原始社会的结构与功能[M].潘蛟,译.北京:中央民族大学出版社,1999:48.
❷ 马克斯·韦伯.经济与社会(下卷)[M].林荣远,译.北京:商务印书馆,1997:35.
❸ 同❷,55.
❶ 康芒斯.制度经济学(上册)[M].于树生,译.北京:商务印书馆,1997:145.

第七章　结论与讨论

一、王朝拓疆对区域社会的影响

（一）王朝体系的嵌入

据文斗《姜氏族谱》载,清水江下游沿岸于宋元时期,始有人居住,但未见相关行政建置的确切文字记载。文斗、加池等所属黎平府,宋朝为诚州地,明代置五开卫。明洪武时期,朝廷在加池附近村寨瑶光置茂广屯,驻军屯垦,以御上游生苗。后因太过偏僻,军队给养难以维持,不久亦弃。加池"母猪形"房族《姜氏族谱》载,明天顺三年,先祖姜大兴因避战乱,逃至清水河岸,定居洋污。清康熙期间,加池、文斗、岩湾三寨率先向黎平府附粮入籍,被划归龙里蛮夷长官司。康熙二十八年(1689年),黎平军民府撤"军民"二字改为常府。雍正初年黎平知府张广泗到瑶光等地"巡边",并招抚瑶光、塘东、番鄙、俾尾、践宗、俾陇、苗馁、中仰、苗吼、格翁、鄙亮11寨,归黎平府直属。❶雍正五年(1727年)闰三月,废五开卫,改设开泰县。《黎平府志·地理》记载:"城北一百二十里,原茂广屯近苗寨,新安名苗光,国朝雍正五年改卫设县,七年拨开泰(县)。"当年,加池、文斗上寨、岩湾三寨隶开泰县龙里长官司,龙里长官司于"顺治时降,准袭"。❷雍正后期,清朝政府基本完成对清水江中上游地区的军事征服行动,便在文斗和瑶光各设一塘,派驻塘兵,隶属当时的王寨汛,专司军令递传。清朝的地方行政规划一直延续到后期,至民国二年(1913年),国民政府废黎平府及长官司,河口地区均划归开泰县。民国三年(1914年),废开泰县,设立锦屏县,河口乡地遂归属锦屏,加池则隶属于锦屏县文斗团防分局。民国十五年(1926年),县下实行区域自治,改团防总局为区,改团防分局为乡镇。加池设乡,属于瑶光区。乡下改保甲为邻闾,具体数据难考。民国二十四年(1935年),瑶光区下改乡政为联保。民国二十九年(1940年),锦屏县下撤区,扩大联保规模。加池、岩湾、南路、莲花山、四里塘、文斗河边等苗寨为第9保11甲。

---

❶　《河口乡志》(内部资料),第29页。
❷　吴荣臻,吴曙光.苗族通史(二)[M].北京:民族出版社,2007:321.

1950年1月,锦屏解放。

另外,伴随着行政区划的设置,地方税收也步入正轨。据光绪《黎平府志》载,清初,政府考虑苗疆新辟,赋税较轻,"乾隆元年七月二十日奉,上谕贵州古州等处,苗众古以来未归王化……因伊等俯首倾心输诚归顺之切,收入版图,使得沾儒德泽,共享升平之福,原非利其土地民人,为开拓疆图之举。也即如从前所定粮额,本属至轻至微,不过表其向化输租之意"。然而,地方苗乱此起彼伏,使得朝廷不得不重新思考纳税之事,"各寨均当加意抚恤,俾得生养安全,因思苗民纳粮一事,正额虽少,而徵之官,收之吏,其间经手重叠,恐繁杂之费,或转多于正额,亦未可知,有将正赋悉行豁除,使苗民与胥吏终岁无交涉之处,则彼此各安本分。"也正因此,"总督张广泗出示通行晓谕将古州等处新设钱粮尽行豁免,永不徵收。既无官吏需索之扰,并无输粮纳税之烦,耕田,俯仰优游,永为天朝良顺之民"。[1] "光绪十五年,开泰县知县贾翙梧任内,各绅民等以从前军兴日久,荒田过多,是以钱粮完纳不足。近来渐次开垦,不敢隐瞒,愿照旧额上完"。[2] 而据碑文记载,雍正七年(1729年)招抚瑶光等11寨时,苗民自认赋银17两7钱7分,同屯粮起解。其中瑶光4两,上瑶光2两,塘东1两3钱3分,番鄮2钱;摆尾(培尾)5钱;践踪(锦中)6钱,苗馁(韶霭)1两3钱4分,中仰2两,苗吼(裕和)4两;格翁8钱,鄮亮(培亮)1两。民国初年,税务分为田赋和产品两大类。田赋即农业税,分为地丁、漕粮、屯饷、粗课四大项。每项赋银1两折征1元4角。[3]

由上述加池等地方苗寨所属行政区划及税收沿革历史可知:第一,清康熙年间加池等苗寨主动向朝廷"纳粮附籍"及黎平军民府撤"军民"改为常府,标志着以清朝为主导的、向地方拓殖并将之纳入王朝体系的军事行动转为相对正常的行政统治,而雍正时期的"改土归流"举措又加快了这一以朝廷为主的"王化"进程。第二,尽管加池等地方苗寨自清朝以来隶属于开泰县龙里长官司,而龙里长官司于清顺治时便已归降,其名称未变,体制却发生了根本变化。雍正以后,清政府在贵州"改土归流",土司权力渐被限制乃至完全被剥夺,至嘉庆后期已由原来的地方独裁变成替官府征收粮钱,维护地方治安的基层组织。咸丰以后其基础组织之职能为团防保甲所取代,土司仅存其名,辛亥革命后,土司最后废除。[1] 第三,民国时期,为应付内战,国民政府在地方推行保甲制和多项税收政策,行政规划和税收项

---

[1] 俞渭.黎平府志(卷三:上)[M].刻本.黎平府志书局,1892(光绪十八年).

[2] 俞渭.黎平府志(卷三:上)[M].刻本.黎平府志书局,1892(光绪十八年).

[3] 《河口乡志》(内部资料),第225页。

[1] 《河口乡志》(内部资料),第225页。

目愈来愈细致。这固然有其政治目的,却同样说明了地方苗族已然完全纳入中央,无所谓"生界"之说了。

(二)场市的设立

乾隆《镇远府志》卷二记载,早在万历二十五年(1597年)天柱县翁洞就设立新市镇,"建官店数十间,募土著,聚客商,往来鱼盐木货泊舟于此"。❶ 清初采办"皇木"时地方似乎还没有出现专业化市场。❷ 清雍正年间,清政府基于三寨地理位置及民风民俗的考虑,法定锦屏的卦治、王寨、茅坪三寨为清水江流域的木材市场,并因此建立一整套以三寨为中心的"当江"制度。黎平府古州理苗同知滕文炯于雍正九年(1731年)五月初三日颁发的一则告示如是说:"雍正九年三月十二日,奉总统军分巡务贵东道加三级纪录二次方批:'据赤溪司毛平寨吴世英等诉前事一纸,痛蚁毛平户数十余家'云,奉批'可否立市,仰黎平府妥议报夺'等因批到府。奉此,该卑署府查议,将毛平借夫立市之情,即网利当江。该与王寨、卦治三处,皆面江水而居,在清江之下流,接地生苗交界。向者生苗未归王化,其所产木放出清水,三寨每年当江发卖,买木之客,亦照三寨当江年份,主于其家,盖一江厚利归此三寨。"❸ 三寨作为清水江下游汉苗交界处,加上卦治之下有清水江支流小江自北向南在王寨附近汇入,王寨与茅坪之间又有亮江自南向北注入,使得三寨自然成为清水江下游最为便利的木材集散地。❹ 为保证税捐征收,清政府还在王寨设立弹压局。光绪三十年(1904年)加征木厘,民国元年(1912年)王寨设厘金局,规定以木排为计税单位,按木材质量分4个等级,分别抽银。民国二十六年(1937年)黔省统一"裁厘减税"。❺

自此,清水江下游场市逐步确立,并对地方社会经济文化产生了极为深远的影响。正如曹端波所说,清水江流域市场的发展主要是由于汉族外来力量的进入,清代乾隆时期张广泗为解决军队给养问题,在清水江沿江设立市场,木材贸易的发展又加强了清水江市场的繁荣。市场的流动(物与人的流动)将清水江苗寨纳入全国统一大市场之中,内地商品进入苗族日常生活。❻ 与此同时,加池等清水江沿岸

❶ 镇远县政协文史资料研究室.镇远府志(卷二)[M].贵阳:贵州人民出版社,2014.
❷ 张应强.木材之流动:清代清水江下游地区的市场、权力与社会[M].北京:生活·读书·新知三联书店,2006:42.
❸ 《夫役案》:雍正九年五月初三日攀平府古州理苗同知滕文炯告示.张应强.木材之流动:清代清水江下游地区的市场、权力与社会[M].北京:生活·读书·新知三联书店,2006:51.
❹ 同❷,51.
❺ 《河口乡志》(内部资料),第224页。
❻ 曹端波,傅慧平,马静.贵州东部高地苗族的婚姻、市场与文化[M].北京:知识产权出版社,2003:3.

苗民成为以"三江"为中心的所谓上河"山客",并活跃于木材采运活动中。

首先,"三江"等木材集散地的设置及由先前"皇木"征办到普通民众亦可以参与其中的木材市场,极大地冲击着区域社会的地权观念和财产观念,并引发了地方土地制度的变革。张应强曾以文斗"一寨隶两属"的历史事实来说明观点,即"清水江木材采运的相关制度和机制运作的背后,实际上存在着对木植所有权界定与确认的问题,而这一前提其实是王朝力量渗透到地方社会,及地方社会对之所作反应的多层面互动关系发展的结果"。❶ 加池"母猪形"房族的《姜氏族谱》记载,明天顺三年(1459 年),先祖姜大兴初到加池地方时,"其地陡坡峻岭,林深箐密,松杉滋植,人烟稀疏,四野田亩荒芜,道路茅塞,西旅水路不通"。至康熙年间向黎平府主动纳粮附籍时,加池也不过"九户半人家",虽然学者们根据文斗《姜氏族谱》记载,认为文斗周边村寨加池、中仰等均为文斗佃户发展起来,但从康熙时候便独立为寨的加池来说,还是拥有自主权的。人少地多林广的现实以及市场的相对封闭导致人们没有明确的地权观念和财产观念,木材市场的逐渐繁荣不仅让他们意识到林木的厚利,还开始有意识地瓜分财产。以加池"母猪形"房族土地家族公有制到土地私有制的转变为例,上文引述的多类林契中,均标明此山为"三公山",经族人商定,划分股份或售卖林木。如第六章所引姜元英弟媳讼词称"四月内,家族议定,卖地名培显节山木与客人姜必鸿等砍伐,山价因三十六两一钱八分。此山分为十二股,氏家占三股"。张应强以文斗为例分析,由山场土地所有权决定的对山场杉木"地主"股份的占有,造成了对杉木相应的股份占有,以及栽手通过劳动及种植成本的投入获得"栽手"股份,通过山场使用权的获得而参与山场土地收益的分配。这些关系构成和实现的必要前提,就是山场土地所有权的明确界定。❷ 再者,林业产权的变革促进了林业租佃关系的建立,使得地方能够集中更多劳力、财力和地力,投入林业生产的经营活动,为林业生产的发展开拓了道路。❸

其次,场市的设立所带来的大量汉族移民、商人的迁入,影响着地区的族群结构,极大地促进了各族群间的互动。如第五章所述,湖南商人舒长伍协同族人,齐到加池地方经营木材生意。河口富户姚百万,据说也是江西流民,他经营小本生意,后因通晓汉语和苗话,为木商所倚重,才逐渐成为清水江下游的富户。其实在明末至清初,汉族移民相较于地方苗民来说社会地位较高,彼此交往并不频繁,直

❶ 张应强.木材之流动:清代清水江下游地区的市场、权力与社会[M].北京:生活・读书・新知三联书店,2006:198.

❷ 同❶,213.

❸ 杨有赓.汉民族对开发清水江少数民族地区的影响与作用(上)[J].贵州民族研究,1993(1).

至雍正后期，木材贸易逐渐繁盛后，外省汉族流民及上游苗民才开始陆续到地方佃栽山林。从文斗、加池、平鳌等苗寨契约可看出，明末至清康熙时锦屏等清水江中下游地区有少部分外来移民，乾隆后期至道光初期，移民人数剧增，尤以嘉庆时为盛。咸丰以后，因官府加强户籍管理，移民渐少。这些移民主要是来自江西、湖南、福建、江苏等地的汉族以及湘西会同、辰溪、芷江、黔阳和黔东天柱、三穗、黎平等县的侗人，还有少数来自清水江中上游剑河、台江、都匀等地的苗族。❶

当然，地方木材市场的设立之影响远不止以上两点，还包括因汉族移民的迁入引发的地方农林技术的变革、地方传统文化受到的冲击及地方传统组织的变迁等。不容否认，国家政策的强力推动、区域市场体系的渐趋完善及外来移民和商品的大量涌入直接引发了区域社会转型。其中，地方百姓也开始有意识地引入各项政策和利用市场追逐利益，如加池等苗寨之"纳粮附籍"，三江之"借夫立市"。

二、地方精英及自组织的社会作用

（一）寨老、"首人"与乡绅

前文多次提及地方精英，其实这些精英们在地方传统上有着约定俗成的称呼，如"寨老""首人"或"头人"等。寨老是相对于款组织对各寨首领的一种称呼，如《河口乡志》载，"大小款都有款首，小款款首由各寨寨老公推……寨老为一寨之长，负责调解或处理寨内纠纷、偷盗、婚姻、违禁或寨与寨之间发生的林木、田地、斗殴等事务"。❷ 至于首人，所引诉状中已多次提及，如 1-1-3-082 姜作琦所立戒约中，"金贵即时伸鸣报地方首人众等"；1-1-3-058 姜义宗偷盗被抓戒约中，"凤仪双手拿获，人将两勿，当时交与头人"；又如姜献义讼词中"当经地方首人姜凤翱、姜恩宽、姜之渭等理论"。可见，相较于寨老，"首人"与"头人"同义，均为地方有威望者，不一定就是首脑。但据文书中所提及的首人名字看来，他们多为地方富有者，或许只有相对富有的人才有余力和能力周旋于各类人事之间吧。当然，其原因也在于部分富有者着力于追求自身社会地位，一方面赢取声誉，另一方面也有助于获得更多发展机会。

而此处的首人并非杜赞奇所谓的"乡村经纪"，他们更多地类同于费孝通、黄宗智等所谓的"乡绅"，他们中间或为地方精英，或为村寨富户，有的还曾获得政府虚职，如前文多次提及的首人姜元贞、姜源林等，均为加池大族之富户。姜元贞父

---

❶ 王宗勋.从锦屏契约文书看清代清水江中下游地区的族群关系[J].原生态民族文化学刊,2009(1).
❷ 《河口乡志》(内部资料),第80页。

亲姜献义与祖父姜沛清均曾捐监,姜源林亦为地方监生。

除首人外,还有甲长这一名副其实的"朝廷命官",在乾隆时期则为"乡约"。

1.姜佐章任职书

署贵州黎平府龙里长官司正堂杨□为给委乡约以专责成事照,得佳池寨路通河道,公事殷烦,不有乡耆,难以统率,兹查尔姜佐章为人诚实,办事公平,合行给委为此牌,委尔姜佐章报照。俟后凡有公务,务须上紧办理,毋得不前。亦不许勾唆词讼,欺压善良,一经发觉,决不姑宽,凛慎毋违须至委牌者。

右牌委佳池寨乡约姜佐章　准此(公章)

乾隆四十五年九月二十日

官府一纸委任状,便将姜佐章纳入王朝统治机构。表面看来,委任原因有二,一为加池偏远,"路通河道"且"公事殷烦",若"不有乡耆","难以统率";二来"乡耆"既然是统率民众、以办理公事之人,其要求也高,恰好姜佐章"为人诚实,办事公平",能够胜任此职,便加以委任。当然,官府委任也是有要求的,"凡有公务,务须上紧办理,毋得不前。亦不许勾唆词讼,欺压善良"。话虽如此,实际情况如何,我们不得而知。但可以肯定的是,首人与官府之间必然存在某种联系,或为官府委任之地方官员,或是官府默认之村寨精英。

至民国政府在地方推行保甲制后,地方"首人"逐渐演变为"乡绅"。

2.告向春荣诉状(部分)

为官廉役虐,舞弊殃民,赏除害事。缘团等始由柱剑黎开等属毗连拨划以归锦属辖,数任以来,虽不病于官,只病于差,惟病于向春荣。语喜心狠,神手遮天,运通权法,是由蠹役向春荣,正警目长。呈词送案,犖素规费,威祸自作。锦属内外间隔,任凭向春荣兼刘顺元等主掌案权,要多要少,俨若判官、小鬼,即像阎王殿前,隐使纵生则生,欲死则死。每凡地方乡人,构讼到衙,先见向、刘,花费重金,不许声扬,方许送案,见官有等直之人,不舍暗费,任控数月半载,难结一案,层层剥削,苦不堪言。……而团等不畏斧,目睹众怨不忍,为此上诉大人阁前赏准查,饬令革除,以救民困施行,实为便德。

由这份诉状得知,加池等寨"由柱剑黎开等属毗连拨划以归锦属辖",即天柱、剑河、黎平府开泰县等毗连之地划归锦屏管辖。因民国三年(1914年),瑶光设第五团防总局,辖瑶光、边沙、固本、文斗4个团防分局。同年文斗下寨由天柱县划归锦屏县。可知事件应发生在民国三年之后。自从划归锦屏,"虽不病于官,只病于差,惟病于向春荣。""蠹役向春荣,正警目长。"这人"语喜心狠,神手遮天,运通权法,"且违章执法,获利"柒仟贰佰文"(省略部分),搜刮民脂民膏。因此,"团等不畏斧,目睹众怨不忍,为此上诉"。此处"团等"大概指"团防局"成员,也即乡绅,其职能与清代首人相同。可见,尽管国家体制变革,为便于追名逐利与维护权威,地方精英依旧能够变换着名目顺应时代变化并发挥作用。

(二)地方自组织的转变及社会作用

加池等地方苗寨的自组织主要是宗族组织与款、三营为主的军事组织。其中宗族组织伴随着族谱的兴修、姓氏的确立逐渐稳固,成为影响村寨内部事务及村寨之间交往的主要因素,如前文所议"养蛮"之争历时弥久,便是加池苗寨"母猪形"与"金盘形"两大房族的斗争,并使得村寨其他房族卷入其中。

地方传统款组织到三营团练的转变历程,本书第四章已做过详细阐述。此处笔者主要梳理其应时代需求所做出的努力,以充分说明地方精英们领导下的自组织是如何调整自身以应对时局变化,这些变化又透露出区域社会发展过程中的哪些因应策略。

首先,传统款组织到三营团练的变迁体现了地方社会与官府的互动,虽为自组织,却不仅承担着维护地方安全的重任,还为黎平府的稳定做出了巨大贡献。王宗勋《悍练三营评述》记录,道光末年,太平天国起义暴发,朝廷命各省办团练自保。黎平知府胡林翼对地方原始款组织加以改造成为团练。咸丰元年(1852年),胡林翼巡视至文斗、加池等地,对各寨团练情况大加赞许,他还倡导团防保甲,令文斗武生姜含英、瑶光举人姜吉瑞负责组织保甲团防。咸丰六年(1857年)底,三营由余老科(正纪)起义军手中解救了黎平府城,从此以后,"只要府属有重大战警,知府即飞调三营,三营即迅速出动前往,基本上是团到警除"。

其次,三营团练因在地方传统款组织基础上建立,极具凝聚力、号召力。咸同年间,三营按户丁强派,有钱出钱,无钱出力。无钱者开始按三丁抽二,后来则按二丁抽一。为保证兵饷来源,还开始实行粮食管制,不许任何人将粮食私藏或运出乡境出卖。为激发团丁的战斗精神,咸丰九年(1859年),三营在今河口和平略地区还实行抽田制,对富户之田进行丈量,然后按三七开分,主家留其中之七,其中之三交给团款(村寨)安排给出力征战者。出田者在团首的主持下,将所出田亩契约文书交给受田者。出田者乐输其田,受田出力者战死无憾。❶ 有瑶光上寨《万古流传碑》为证:

> 尝思诗咏同胞,书云同德。当兹干戈扰攘之际,取且一视仁也。咸丰五年,清台(原为抬)苗乱,攻城劫堡及南加焉,而我境安堵无恐,弗遭荼毒,非仗地脉龙神

---

❶ 《河口乡志》(内部资料),第265页。

之麻乎。六年冬扰及黎邑,一十二司相继变心。我九寨同仇偕作,决战于婆洞地方,三战三捷。我里大众合力解城围。地方各户欢腾眉捷,愿将田亩存七抽三,酬出力劳。我上甲弟兄四十余家,将抽三田共留十担,地名九党田六丘,永祀后龙神及南岳香火,以垂久远,是为记。

(以下姜姓 38 人,龙姓 2 人,姓名略)

匠人唐丈清　写碑人吴必魁

咸丰九年十月八日立❶

最后,款组织到团练的名称变化也预示着其性质的变化,经由官府倡导建立的三营军事组织,已不是从前那般独立的地方民族自组织。在三营人口中,张秀眉等苗族起义军为"苗匪",他们的目的是协助清政府,平反叛乱。咸同年间三营与张秀眉领导的苗族起义军的激烈战斗,便充分体现了加池等地方苗寨的"正统"立场与维护王朝体系的决心。而据《河口乡志》介绍,加池等三营地方原为清水江上游西支苗,与台江、剑河等地苗族有极深渊源。可见,三营此举说明地方已然主动接受王化,并以正统自居了,或谓"汉苗"之源。

三、群体互动下地方文化的变迁

(一)地方文化的重构

因王朝拓疆政策的推行和地方场市的建立产生的大量汉族移民的迁入,引发了地方传统文化的震撼。但在地方精英为首的社会主体有意识地引导下,区域社会转型顺利,地方文化得以重新建构,其表现如下。

第一,地方百姓热衷科举,追逐功名,充分利用清政府在地方推行官学、社学和义学,以及意图"格其心思""化生为苗",将区域苗族纳入王朝文化体系的行政理念,为稳固自身地位,赢得更多向上流动的机会和争取更大经济利益奠定基础。据光绪《黎平府志》,"按开泰县志载,黎平府学设自明永乐十一年,并未载有卫学,即前明卫人之中式者无论内外所,其籍贯俱注黎平人,并未注五开卫人,且学宫同学师亦同是府与卫共一学,无二学也。康熙三十二年拨五开卫附湖南靖州学,惟关厢子弟与各司子弟考府学。雍正三年,改卫设县,隶府共学宫,但府考府学、县考县学,是未拨归湖南为一学者,今拨回贵州,始为二学也,而学宫则同矣。"❷清水江文书研究先驱杨有赓据碑文、族谱等史料记载,统计清代锦屏地区约有 22 所学校,乾

---

❶ 《河口乡志》(内部资料),第 265 页。

❷ 俞渭.黎平府志(卷四:上)[M].刻本.黎平府志书局,1892(光绪十八年).

嘉年间的苗族大地主瑶光姜志远就重视办学兴教、培养人才。❶ 文斗《姜氏家谱》载,"顺治十一年(1654 年)吾太高祖春黎公……大义率人,约众延师,劝人从学"。加池"母猪形"房族之《姜氏族谱》记录,始祖姜有德最初被婆洞苗族"聘为义学之师",后先祖姜大兴于明天顺三年(1459 年)因战乱逃至加池时,"人民不读诗书,记事立契俱用结绳割额"。至 18 世纪,乡内裕和、塘东、韶霭、岩湾、中仰、加池等村寨已都办有学校或私塾。

姜元贞修业文凭

贵州黎平府官立两等小学堂为给发修业文凭事照,得本学堂现届高等小学甲班,第一学期　考试完毕,学生姜元贞 本学期总平均分数　　分,列入中等,相应给发修业文凭须至文凭者。本学生现年十四岁,系黎平府人,曾祖开让,祖沛清,父献义

右给学生姜元贞

堂长　石辉昌(私印)

宣统元年十月十五日给(公章)第贰拾号

这类文凭相当于我们现在的成绩单,也即姜元贞的高等小学成绩单,共有四张。另外三张,一张是宣统元年(1909 年)十二月十五日颁发的第二学期第　　号"文凭",堂长为石辉昌;一张是宣统二年(1910 年)十二月十七日,堂长姜献义、姜梦熊颁发给姜元贞的第二学期第一号修业"文凭";另一张是宣统三年(1911 年)十月二十八日颁发的第一学期第二号"文凭",堂长为姜槐森。尽管已为清末,姜元贞的这四张"文凭"依然具有较大历史意义,这是加池已经完全融入国家教育体系的最好表现,同时,从另一个层面表明,当地苗人习汉语、写汉字已习以为常。

第二,地方宗族文化的构建。本书第四章曾详述,在官府倡导下,以地方精英为首的社会主体为争取与汉族同等地位,更快进入主流文化系统,大兴族谱。弗里德曼通过对中国东南的宗族组织的分析,认为宗族并非传统观念中利于朝廷管理的自组织,而是独立的具有分化国家权力效应的地方组织。❷ 或许,并非仅仅如王宗勋等评论那般,地方兴修族谱,构建宗族文化是为了迎合朝廷,争取与汉族平等的地位,而是利用国家所提倡的这一政策,通过纂修族谱,构建宗族体系,来巩固自己在地方的势力,进而在地方甚至整个清水江流域的市场博弈中获取更大利益。另外,地方苗民姓氏符号的作用也不容忽略,前文对姜元贞家族"18 世纪以来账

---

❶　杨有赓.汉民族对开发清水江少数民族地区的影响与作用(下)[J].贵州民族研究,1993(7).

❷　弗里德曼.中国东南的宗族组织[M].刘晓春,译.上海:上海人民出版社,2000.

单"的分析中,出现了不少地方土名。原本苗族并无姓氏,姓氏应是后来产生的。而且,姓氏作为族群认同的一种文化符号,帮助人们获得合法身份。姓氏在宗族观念的发展和宗族组织的建构中,成为人们面对具体社会情境所做出的策略性选择,是人们对主流文化资源的合理巧妙利用。❶

第三,地方民风民俗的改革。本书第三章曾专辟一节讨论文斗婚俗改革碑对地方的影响。杨有赓还收集整理了清代锦屏地区改革民族风俗习惯的各类碑文。如康熙二十九年(1690年)今敦寨区平江《恩德碑》,其记载着黎平军民府谭溪长官司、新化长宫司等联合为禁革滥派、盗劫和变革习俗而制订的若干条例;道光十一年(1836年),启蒙《因时致宜》变俗碑,或《启蒙八议碑》,对婚姻、生育作了八条变俗规定;光绪十四年(1888年)今锦屏彦洞《定俗碑》;光绪十四年(1888年)瑶伯《定俗垂后》碑。他对各类碑文进行总结,认为民族风俗改革有几个特点:一是"改革礼俗的理论依据,均以孔孟之道为准则";二是针对姑舅表婚及"外甥钱"所进行的婚俗改革占多数;三是地方百姓对外来文化有取有舍,对本民族传统文化取其精华去其糟粕,如原先盛行的牯藏节演变为现在的斗牛活动。❷

当然,在外来主流文化进入地方以后,地方传统文化顺应时代发展的重新建构并不只是体现在以上几方面,还包括因科举盛行、汉文化引入而产生的大量契约文书;因族群互动影响的地方亲族观念的变化、信仰习俗的改变(如南岳庙的神判作用)、建筑风格的更新(如加池四合院的建立)及百姓服饰趋于汉化等。

(二)"生苗""熟苗"至"汉苗"

第二章曾分别谈论"生苗"与"熟苗"之被动分类与"我是汉苗"之主动区分,从中我们了解到,群体类别的划分是族群互动的结果,同时也是族群进一步交往的前提。以是否纳入王朝体系、是否与汉人交往密切来划分当时的苗疆人民,是以官府行动为导向的主流汉文化对苗疆客体文化的分类方式。当经历了王朝军队的战火洗礼、清初的改土归流及木材市场的繁荣之后,清水江下游沿岸苗族地区经历了从"生苗"到"熟苗",乃至自称为"汉苗"的转变过程。虽然这一过程的前期有过被动,但是后期充分体现了地方百姓的自主性。可以说,地方苗民角色的成功转变也正预示着区域社会的顺利转型。

以加池苗家的丧葬习俗为例,其糅合了儒、道、佛等汉文化信仰因素,又渗透着

---

❶ 张银锋,张应强.姓氏符号、家谱与宗族的建构逻辑——对黔东南一个侗族村寨的田野考察[J].西南民族人学学报(人文社会科学版),2010(6).

❷ 杨有赓.汉民族对开发清水江少数民族地区的影响与作用(下)[J].贵州民族研究,1993(7).

本族群鬼神信仰的传统。笔者于 2013 年 7 月参加加池姜绍卿的祭奠礼仪时所获的、据称历代相传的《大献礼仪书》便极具代表性。下面笔者选录部分加以分析。

祭百神开堂

日吉时良，天地开张。恭行祭神礼，大吉大昌。内肃外静，内外肃静。代祭生厶厶，就位。鞠躬，跪，叩首，再叩首，三叩首，叩首已毕。上香，初、亚、三上香，上香毕。献爵，初、亚、三献爵，献爵已毕。献三牲，普献，已毕。俯伏听读百神祝文。维宜祭之神。代祭生厶厶恭对百神位前面，祝曰：惟尔百神，赫赫明明，无怨无恶，不见不闻，兹因孝眷，开奠于庭。聊具酒馐享克成，便及亲。凡所有事，无怖无惊。人安物阜，阴化阳兴。伏顾，尚享。祝文读毕，兴，平身，叩首，再叩首，三叩首，叩首已毕。退位。

这是篇首，大概意思是欢迎百神，准备奠堂。在逝者家二楼堂屋，我们看到奠堂布置，自左而右依次为左招所、爵亲所、香亲所、酒樽所、右穆所，对面墙靠窗户处则贴上"降神所"，或许便是"祭百神开堂"之位。灵位左右各坐了一位司仪，"降神所"下方放着一张小方桌，方桌上放了不少祭品，同样左右坐着两位助手。灵前司仪每次按照礼仪书念一句，如"叩首"之类，孝子、孝孙便依言在助手的指示下叩首。

大献礼仪

月吉时良	天地开张
今当大事	祭奠于堂
行者止步	语无喧扬
礼成其美	大吉大昌
文登阁老	武封侯王
阴魂脱化	阳眷安康
内肃外静	内外肃静

……

听读文公诫词；祭之以礼，丧致乎哀。养生者，不足以当大事；送死，可以当大事。孝堂行……果能内尽其心，外尽其礼。非必尔享，亦必尔福。凡百执事，各聆此诚，各聆此诚。诚词读毕。礼门外击鼓。

这才是正文，此部分拉开整个祭奠礼仪的序幕，"今当大事，祭奠于堂"，交代仪式性质；"行者止步，语无宣扬"，诸位在场者都应保持安静，以表示对逝者的尊重，才能"礼成其美，大吉大昌"，才有利于实现"文登阁老，武封侯王"的俗世梦想；

"祭之以礼,丧致乎哀。养生者,不足以当大事;惟送死,可以当大事"正是儒家"丧尽礼,祭尽诚,事死者,如事生"的人伦原则。司仪念完这一部分,便开始了整个仪式。其先后顺序依次为"击鼓—鸣金—奏大乐—作细乐—喧读圣经—喧读正气歌—占盥洗—占灌地—占讲书—占读礼—谊于左昭所—谊于右穆所—谊于衣冠所—谊于纳履所—谊于包袱所—谊于香案所……送神礼-大献礼毕"。此为整套礼仪,以迎神始,以送神终,其中还要宣读儒家"圣经",给逝者准备行装,并对每一类行装行礼。而所谓儒家"圣经",即"大学之道,在明明德,在亲民,在止于至善。知止而后有定……",这一部分,正是儒家经典《大学》中的内容,如此看来,把儒家思想通过丧葬仪式的形式传递给后人,一方面增添其神圣性;另一方面无形中实现了正统教育,为加池世世代代秉承儒家文化提供了有效途径,再加上仪式的庄严性,使得"礼失求诸野"真正落到了实处。当然,除此之外,整个丧葬仪式以"道场"(当地人称呼)方式表现出来,主持道场的司仪却身穿袈裟类道服,使得一场葬礼成为儒家这一封建正统文化与佛教、道教争相表演的舞台。

除此以外,沿袭我国传统儒家礼仪文化的祭文也十分具有代表性。

1-3-5-130　祭文(时间不详)

呜呼! 云兰姿,嗟德帐之飘霜洞蕙盾,叹丹旐之出闺即橾梓,忧多抱恨,况姪谊属莺萝,安得不望白云穴? 扠泪仰倚松柏,又亏得不视蓬莱穴,挥涕出哉憶□,女目母之生也毓自名门,嫔于望族作室家之模范,为闺阁之仪型,理宜永享天年,看儿亶争红夺绿,视孖枝点额,问安岂不甚? 幸胡乃蓉城召促珠帏遽揞□仰壶幻之无妆玉匣长埋爰遢,芳型而莫觐,呜呼! 海可枯而石可烂,天亦老而地亦荒,愿悲难罄于土,轜车妆驾落奠灵前,女目母有知,来格来歆。

与当下加池地方祭文相比,这篇时间不详的祭文,用词讲究。"女目母之生也毓自名门,嫔于望族作室家之模范,为闺阁之仪型"、本应永享天年,"看儿亶争红夺绿",然不幸逝世,只能"愿悲难罄于土",把希望寄托在来生了。据此可知死者生不逢时,未能享受本应享受的各类幸福,推测之,其生辰年限可能正在 18 世纪以来至民国时。

可见"礼失求诸野"并非虚辞。除了丧葬文化,加池苗寨的婚俗、服饰文化、饮食文化等也都有自己的特点。正如本地人引以为豪的,相比较没有特色的汉文化和过于"落后"的清水江中上游的"蛮苗",他们既能够很好地实践孔子的"祭尽于礼",又能保持自己作为苗民的本质。而这,都是地方苗民历代着力于争取自身平等地位、保持传统精华的结果。

（三）契约文化对区域社会变迁的影响

由上文可以看出,加池苗寨契约文书与村寨社会生活已然融为一体,形成独具民族特色、地域特色之契约文化,影响着 18 世纪以来至民国时期的村落社区变迁。推衍开来,清水江文书所构造的地方契约文化同样深刻影响着清水江流域苗侗地区的社会变迁。弗思说过,社区生活即组织人们的个人利益,使其行为相协调,从而产生各种有计划或成体系的人与人之间的关系,这套关系是由一群人为了达到一个社会目的而共同活动所引起的,也包括人们因共同活动需要组成的各种群体及他们所参加的各种制度,其在实际活动中会对个人生活和社会性质产生影响,也即产生一定的社会功能。● 同理,围绕契约文书所记录的特定时空下人们的种种行为,无不反映着共同的文化指向,即政治附属与市场开放下"苗疆"的社会经济文化变迁。契约文书所代表的"先进"汉文化体系在地方立足的过程,某种层面来说也即地方市场逐步开放、区域文化趋于重构、地方实现"王化"与"汉化"的过程。

首先,契约作为交易凭证成为人们处理经济事件的有力工具。无论是买卖林契、佃栽契约、分股合同、换山场字等林业契约,或是买卖、典当、佃种、换字等土地契约,均为人们处理日常经济事务的有效途径与手段。各类契约形式的相对固定、功能性质的约定俗成,在深化人们地权观念的同时,帮助地方经济步入稳定、持续发展的进程。例如,地方场市尚未开放、木材经济效益未能得到充分发挥时,丰富的森林资源只是作为人们日常所需存在,自然也就无所谓有关土地、山场的交易活动。而当这一切因为外在力量的冲击,地方市场的封闭性被打破后,清水江下游沿岸村寨由不自主地被卷入整个区域市场乃至国家市场,逐渐转变,主动介入地方经济体系,并成为其不可分割之一部分。契约在这一转变过程中发挥着巨大作用,其不仅成为人们学习、介入市场体系的工具,还帮助参与者们掌握经济活动中的各种规则,从而进一步渗透进人们的思想意识,改变他们的生产生活行为。

其次,契约所蕴含的诚信思想及鲜明的商业意识冲击着地方传统思维。明清以前的地方社会,多为自给自足的经济。这种状况转变为木材市场盛行后的频繁交易,市场开放促使人们改变传统思想,强化了他们的地权观念与商业意识。故而,在强调岸本美绪探究契约存在的社会空间之极其必要性的同时,笔者以为可尝试扩展开来,分析契约本身所构造的社会空间。事实上,根据本书所分析之加池苗寨的婚姻家庭类契约文书、社会组织类契约文书、经济活动类契约文书以及村寨纠

● 弗思.人文类型[M].费孝通,译.北京:华夏出版社,2001:75.

纷类契约文书,我们可以发现,契约文书所存在的社会空间在其产生之初提供各种有利条件,帮助塑造独特的契约文化,但是,当契约文书与地方社会生活融为一体、契约文化渐成体系时,更多时候体现出来的是契约文书自身所构造的社会空间。这一空间内,各类群体为追求利益最大化互相博弈、各展神通,他们用契约规划、稳固自己的既得利益,又用各类文书来记录、镌刻自己的建业历程,从而构造出一个丰富多彩的乡间社会生活图景。

四、区域社会转型与发展

本书通过对加池苗寨这一清水江下游区域社会的个案进行深入探讨,目的在于揭示加池苗寨作为区域社会、市场体系的一分子,如何在整体环境变换的背景下调整自身状态,从而更积极地融入到王朝体系、正统文化及地方市场体系中。而这一切,由于丰富的契约文书的存在,使笔者得以一一探究,以解剖麻雀的方法,将契约文书所反映的特定时空下的村寨社会展现出来。同时,也希望通过分析、研究加池这一普通村寨的图景,有利于我们了解区域社会变迁所隐含的客观规律。王朝武力的开辟、木材市场的推动、大量汉族移民的迁入所引发的地方社会急剧变迁的事实告诉我们,每一滴新鲜血液的加入,都为地方翻天覆地之变化提供了助力。

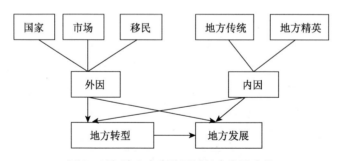

图2   以加池为个案的区域社会发展脉络

图2既是对文章绪论部分所列图1的补充与细化,又是本书以加池苗寨为个案,通过加池契约文书描绘的地方发展图景所总结的区域社会变迁、发展的客观规律。首先,近代清水江流域少数民族地区,在内外因素的双重影响下由社会急剧转型进入稳步发展阶段;其次,地方转型时期,外因起主导作用。国家强权的推进、地方市场的开放及大量汉族移民的迁入给明清以前尚为"生界"的"苗疆"带来了极大冲击,导致地方社会急剧转型;最后,当转型演变为发展时,内因起主导作用。地

方精英们适时地引入与利用各项国家政策,在以传统为导向,争取普通民众大力支持的同时,积极应对市场开放带来的利与弊,推动了地方社会秩序的重新构建与经济、文化的稳步发展。当然,各因素自始至终互相糅合,共同助推着地方社会由转型到发展的整个进程。

通过以上分析,笔者得出下面几点结论:

第一,王朝的拓疆与市场的开放导致了地方社会结构性的变化,为契约文书的繁盛创造了条件。

在"汉化"与"王化"的过程中,王朝统治者的意志占据主导地位,或者说,王朝政府贯彻统治者意志的统治行为占据主导地位。因为,任何具有"共同体行为的一切领域都毫无例外地显示出受统治实体的最深刻的影响"。在大多情况下,是有意识的"统治及其实施的方式,才能使一种理性的社会化得以从一种无定形的共同体行为中产生";并且,就算其他并非如此的情况,也是因了"统治的结构和发展才得以形成共同体行为""从根本上明确地确定一个'目标'"。❶ 正是在清朝的统一控制下,才有所谓的开辟"新疆"之举动,也才会出现外地木商代办"皇木",并最终引发清水江流域大规模木植贸易的现象。

尽管王朝或中央政府并没有打算运用经济手段来控制当时的"生苗"地区,而是直接以政治军事手段对土司进行名义上的征讨,从而达到控制目的,诸如清政府初期对地方土司实行的改土归流政策和张广泗在清水江沿岸设立场市。然而,其利用军队拓疆的同时,带来不一样的文化、不一样的生活方式及需求方式,也正因为这些不同,导致地方场市因汉族军民与土著交换趋于频繁。政府的统治虽未以经济为初衷,却导致地方市场结构性变化的结果。王朝秩序在地方的有效性发挥,很大程度上由既得利益群体所支撑,而这些群体的形成,直接受物质利益的制约,这些所谓的物质利益,对于 18 世纪以来的清水江下游村寨来说,主要是木植采运带来的丰厚利润。

恰如韦伯所说,一个具体的市场,可能服从一种由市场参加者自治地达成协议的制度,或者服从一种由各种不同的共同体所强加的制度。❷ 加池苗人以山客身份参与的清水江下游木材市场,确实服从着一种由市场参与者自治达成协议的制度,如各类"江规"和木材贸易制度,也同样服从着由政府强加的"当江"制度。当然,首先得承认,"在地区之间不安全的时代,这种制度的目的首先是保障市场的和

---

❶ 马克斯·韦伯.经济与社会(下卷)[M].林荣远,译.北京:商务印书馆,1997:263.
❷ 马克斯·韦伯.经济与社会(下卷)[M].林荣远,译.北京:商务印书馆,1997:710.

平"。因为,"市场原先是一种与非本地成员即敌人结成的社会化"。❶事实上,对于明清时期的清水江流域来说,本身就是一个相对独立的"社会",这个被政府称为"新疆"的地区,有着自己独立的款组织,如青山界四十八寨大款;有着自成体系的传统秩序。只不过,在政府因征讨边患、统一疆土的政治目的下,王朝军队在给这块土地带来血腥的同时,也带来了新鲜的生产、生活方式,并相继产生了以简单交易为基础的场市。也正是因为这些与"非本地成员"产生的交换逐渐扩大,直至冲破传统的藩篱,使得地方市场由封闭走向开放,当大规模的木植采运活动开始时,人们争相伐木营利,终于成为区域乃至国内市场的一部分。而此时,因交易频繁、契约产生而导致人们私权意识的逐渐崛起,经由地方精英组织领导,引发地方陋俗的变革,如文斗婚俗改革。只有改变习俗,才能更好地适应这个日新月异的新社会,也才能更好地维系王朝体系下地方秩序的有效性。

韦伯从静态的角度出发,把秩序当作早已存在的"准则",认为这些准则如果对行为者具有一定的约束力便可认为这种秩序是"有效的"。然而,事实是,韦伯所谓的正当秩序往往是斗争后的结果,也就是说,这种秩序先前之所以被作为准则或楷模存在,是因为人们还没有冲破传统道德上或行为上的客观"束缚"。如此说来,秩序应该是动态的,是在不断产生的纠纷中经各种先前规则协调或添加规则的过程。当然,这样一来,我们又逃脱不了静与动的二元论。或许,对于清水江下游地区的民众来说,明清以来的动荡局势、传统社会组织的日益衰落,以及因木材贸易引发的族群互动都是巨大冲击,他们将如何应对——既能够保全自己,又有利于发展地方呢? 三营团练代表的维护正统、保卫地方、抽木税银便是他们做出的最典型的"因应策略"。

第二,地方小传统(如自组织等)和地方精英在地方社会发展变迁的过程中发挥着重要作用。

当木材贸易日渐发展、区域市场逐步开放、外来移民蜂拥而至、原有社会秩序逐渐转型时,以地方精英为首的清水江下游沿岸苗侗社会主体开始有意识地引入与利用国家话语,为这一尚为"生界"的"苗疆"地区赢得更大的生存空间、更多的发展机遇而博弈。张应强认为,基于经济实力和政治权力发展的文化权力结构的动态变迁,正是理解清水江区域社会变迁的关键之所在。❷ 而这些经济实力与政

---

❶ 马克斯·韦伯.经济与社会(下卷)[M].林荣远,译.北京:商务印书馆,1997:710.

❷ 张应强.木材之流动:清代清水江下游地区的市场、权力与社会[M].北京:生活·读书·新知三联书店,2006:278.

治权力融合的地方权力结构或地方秩序形成的核心,在笔者看来便是地方精英。大多所谓地方因应策略,尤其是那些明显的,如主动纳粮附籍、进行婚俗改革及建立三营等,均为地方精英所倡导。虽然,笔者并没有对地方精英进行专门阐述,但是,本书围绕加池苗寨契约文书所记载的相关材料勾画的村落社会图景,莫不体现出首人在地方社会发展过程中的重要作用。当然,我们也不能忽视国家力量嵌入的宏观背景和普通百姓的民心所向,更不能摒除地方传统的影响。只是,人们因各自生存需求做出具有共同意向的行为时,往往通过地方精英传达或表现出来。故而,笔者以为,与王朝力量的影响相呼应,地方精英们也在有意识地推动地方转型与发展。

地方精英在考量王朝政府能否给予自身利益的同时,王朝体系对地方原有秩序的浸入便完成了相当大部分。随后,政府通过职务俸禄、社会威望、市场份额等优厚待遇提供给地方精英,某种程度上便影响着地方秩序原有根基,并促成了新的地方秩序的形成。当然,地方精英在获得既得利益后,如何说服普通民众,又是值得深思的另一个话题。无论如何,打开地方精英这一缺口后,政府所赠予的那些好处便成了地方市场由封闭到开放的前奏,越来越多的民众意识到,要想向上流动,要想获得实际利润,除了与当权者合作及参与其掌控的游戏规则外,别无他法。至此,木材流动带来的地方市场的开放性所引发的社会变革,便自然而然地发生着。所谓"汉化"与"王化"也自然而然地进行。

如果要将地方社会群体归类,那么精英们很多时候就属于韦伯所谓的"目的理性行为者",而普通大众更倾向于"传统行为者",并且大多时候,当精英们通过一定的社会行为改变着地方社会状况时,大众如果获得实际效益,他们会选择做"理性的农民",然后再慢慢习惯与传统不同的一种状态,直到这种新的状态在时间的推移下演变为新的传统。而这,便是我们所关注的加池文书所体现的历史内涵。当汉字书写成为一种生产、生活方式,那么"汉化"便成为一种传统,这种传统结合,因地方自然地理的特殊环境催生的"传统",形成与其他文化模式不同的特色文化。一如加池四合院所体现的,汉文化经典的四合院造型,却始终脱离不了吊脚楼式的地方特色,这两种因素汇合,便成了受人瞩目的"历史文物"。推衍之,加池文书,甚至锦屏文书或清水江文书的产生又何尝不是如此呢?

第三,群体互动是影响地方社会变迁的重要因素。

"生苗"变"熟苗",表面看来,是官府以是否纳入王朝体系、是否遵循儒家文化而划定,实质上,是群体在群体互动中自身认同的结果。很多时候,人们做出改变是受外界影响的结果,这种影响不一定是国家强制性的各种政策,更为直接、更为深入的是其他群体所代表的更为先进的技术与更好的生存条件带来的诱惑力。正是因为有了这种比较，百姓才开始反思自己，进而在主动学习中逐步接受新的文化与观念，改变传统的生产方式与行为方式。对于个人来说是如此，群体也不例外。

加池人自称"汉苗"，以区别于上游剑河等地只会说苗语的所谓"蛮苗"和周围只懂客话的"汉人"。这一称呼本身便说明了清代以来因市场逐渐开放导致族群互动极为频繁的事实。可以说，地方社会走向"汉化"，国家的大力提倡只是因素之一。更为重要的是，地方民众在与外来商人的接触过程中，由于现实需要，开始尝试模仿和学习。可以设想，当人们第一次与外来汉人交易时，经介绍，他们发现了契约的强大功能。于是，克服传统上没有文字的困难，他们主动参与到国家教育体系中去，掌握汉字，书写契约，并使之符合地方表达的习惯。也就是在这样一个由被动模仿到主动学习的过程中，地方社会文化发生着翻天覆地的变化。

最后，需要着重指出的是，契约文书作为地方社会形成并维护新秩序的重要载体发挥了极大作用。

一方面，由于现实需要，契约作为交易凭证成为人们处理经济事件的有力工具；另一方面，契约所蕴含的诚信思想及鲜明的商业意识冲击着地方传统思维。而各类文书，如诉状、碑刻等，在表达诉求、记录历史的同时，还体现了不同利益群体的博弈。融于社会生活并影响社会生活、重构地方社会的契约文化本身便是区域社会转型与发展的典型代表。

对笔者来说，王朝拓殖与地方归顺、场市设立与文化整合是影响区域社会转型的主要因素，也是直接的因素；而区域文化，在外力作用下，基于传统的重新建构，和地方自组织顺应时代发展发生的变革，使得国家与地方、主流汉文化与地方苗文化由冲突变为融合，导致地方苗民的角色转变。这是一幅苗疆"王化"过程中王朝力量与地方自身发展相互交织的生动图景。只不过，这幅图景背后隐藏的实质需要抽丝剥茧才能寻求。

首先，王朝体系、正统文化及汉字所融合的一套思想观念，浸入到了地方百姓生产、生活的方方面面。恰如福柯所认为的，权力占有者，通过语言限定对方的时空，从而实现自己控制的目的。需要注意的是，在这个过程中，百姓确实获得了实实在在的利益，生活确实发生着改变，并且越来越难以脱离正统文化所代表的整体。

其次，或许可以用"适应"一词来形容区域民众对政府各种行为所导致的社会变化而做出的反应。正如人类学家和社会学家对个体行为的分类那般，生态适应、社会适应与文化适应是每个个体来到人世并实现社会化的必然过程。那么，群体呢？是否群体在遭遇陌生的环境时也会自然而然地采用相同的策略？而这些策略，虽然仔细分析似乎包含各种"经济人"思想，实质也不过"适者生存"的硬道理罢了。不同的是，有的主动、有的被动。或许与宗教渗入正统文化一样，当人们对外界有了一定的主观思想时，他们便会通过各种表达将那种主观化为客观，然后将"说不清楚的经验纳入系统"，并最终成为某种文化"模式的同化"。❶ 讨论这么多有关区域民众主动"王化"与"汉化"的行为，正如弗思所说，是因为相信，就算是技术原始的社会人群，也不是一切都受环境支配的，而是有一群懂得知识和技术、适应性强、愿意学习和善于吸取经验教训的人。❷ 更何况是浸润着"正统思想"的"新疆"人呢？

更深层次，或者可以把"化"本身看作一种不只是从某一状态转变为另一状态的渐进式过程，还可以看成经人为因素推动或曰社会行为作用下的反应。这类反应经当事双方互动或博弈产生，大多数时候是群体间博弈行为产生的社会反应，不同的是，有时是激进的、可见的，有时却是缓慢的、难以察觉的。前者如"王化"，经政府有意识行为后，在地方上通过军事、政治、教育甚至经济等方面全面推进；后者如"汉化"，在全面纳入王朝体系后，正统文化自然而然而又不着痕迹地影响着地方百姓的生活。运用韦伯的说法，这种以他人为目的的、产生反应的社会行为，便由"目的理性"所决定，行为者早已预期到外界事物的变化，其行为经过权衡。❸ 从这个角度，我们便可以更为深刻地理解清朝为何如此迫切地征服这片土地；也能理解为何地方权贵或各宗族代表主动"纳粮附籍"并纂修所谓代表正统的族谱；在土司与中央政府之间，他们当然更愿意选择有利于向上流动的第二条途径。因此，这个"化"不仅代表自上而下之意，而且包含张应强自始至终强调的地方"因应策略"。我们习惯于用"化"概括正统对非正统、中央对边疆的侵蚀与占有，甚至某些时候还沾沾自喜于这个字所隐含的天朝王国的辉煌史迹。但是，种种痕迹表明，所谓"化"，不仅仅是上层有意为之，更是地方乐意向之，他们根据地方社会生活的各种需要，对上层政策采取各种各样的策略以保证自身利益最大化，就算是偶尔的"谄媚"，如诉状中"大人"的称谓，那或许也是为了利用国家机器解决自身危机，虽然很多时候并不一定如意。

总的来说，在以军事组织为代表的王朝强权的有力推动下，加上市场逐步开放

---

❶ 克劳德·列维-斯特劳斯.结构人类学——巫术·宗教·艺术·神话[M].陆晓禾,黄锡光,等,译.北京:文化艺术出版社,1989:6.
❷ 弗思.人文类型[M].费孝通,译.北京:华夏出版社,2001:54.
❸ 马克斯·韦伯.社会学的基本概念[M].胡景北,译.上海:上海人民出版社,2000:31.

的现实,让地方精英及普通百姓看到了不一样的生活方式及追求更好生存条件的可能性。基于传统,地方精英主动向王朝体系靠拢,一方面,为自身的发展创造条件,增加了向上流动的机会,保证了权力所有者们的优势地位;另一方面,促进了以木材交易为代表的市场的繁荣和各类民间纠纷的解决,客观上造就了新的地方社会秩序。加池苗寨契约文书正是这一特殊社会背景下,基层社会各行动主体利益博弈、民族传统逐步融入汉文化体系、区域社会转型与发展的清水江下游苗侗地区社会生活之真实记录。加池苗寨契约文书勾画的村落社会生活图景表明,区域社会转型过程中,王朝力量是起因,场市的设立及木材贸易的兴起是催化剂,地方自身的发展所构造的既定体系或内部结构才起决定作用。

参考文献

一、著作类

1.爱必达.黔南识略[M].刻本.安化罗绕典,1847(清道光二十七年).

2.李宗昉.黔记[M].刻本.贵阳:[出版者不详],1886(清光绪十二年).

3.罗文彬,王秉恩.平黔纪略[M].贵州大学历史系中国近代史教研室,点校.贵阳:贵州人民出版社,1988.

4.徐家干.苗疆见闻录[M].吴一文,校注.贵阳:贵州人民出版社,1997.

5.刘显世,吴鼎昌修.贵州通志[M].铅印本.贵阳文通书局,1948(民国三十七年).

6.贵州省档案馆,等.贵州近代经济史资料选集[M].成都:四川社会科学出版社,1987.

7.中国科学院民族研究所贵州少数民族社会历史调查组,等.《清实录》贵州资料辑要[M].贵阳:贵州人民出版社,1964.

8.贵州省编辑组.侗族社会历史调查[M].贵阳:贵州民族出版社,1988.

9.贵州省锦屏县志编撰委员会.锦屏县志[M].贵阳:贵州人民出版社,1995.

10.《贵州通史》编委会.贵州通史:清代的贵州[M].北京:当代中国出版社,2003.

11.吴荣臻.苗族通史(全五册)[M].北京:民族出版社,2007.

12.《中国少数民族社会历史调查资料丛刊》修订编辑委员会.苗族社会历史调查(一、二、三)[M].北京:民族出版社,2009.

13.张应强,王宗勋.清水江文书(第1辑)[M].桂林:广西师范大学出版社,2007.

14.费孝通.江村经济:中国农民的生活[M].北京:商务印书馆,2001.

15.费孝通.乡土中国 生育制度[M].北京:北京大学出版社,1998.

16.傅衣凌.明清农村社会经济——明清社会经济变迁论[M].北京:中华书

局,2007.

17.张应强.木材之流动:清代清水江下游地区的市场、权力与社会[M].北京:生活·读书·新知三联书店,2006.

18.张应强,等.锦屏[M].李玉祥,摄影.北京:生活·读书·新知三联书店,2004.

19.梁聪.清代清水江下游村寨社会的契约规范与秩序——以文斗苗寨契约文书为中心的研究[M].北京:人民出版社,2008.

20.王亚新,梁治平.明清时期的民事审判与民间契约[M].北京:法律出版社,1998.

21.杨国桢.明清土地契约文书研究[M].北京:人民出版社,1988.

22.孙秋云.核心与边缘——十八世纪汉苗文明的传播与碰撞[M].北京:人民出版社,2007.

23.吴泽霖,等.贵州苗夷社会研究[M].北京:民族出版社,2003.

24.梁治平.法律的文化解释[M].北京:生活·读书·新知三联书店,1994.

25.梁治平.清代习惯法:社会与国家[M].北京:中国政法大学,1996.

26.梁治平.法意与人情[M].北京:中国法制出版社,2004.

27.王铭铭.村落视野中的文化与权力[M].北京:生活·读书·新知三联书店,1997.

28.王铭铭,王斯福.乡土社会的秩序:公正与权威[M].北京:中国政法大学出版社,1997.

29.王铭铭.社区的历程:溪村汉人家族的个案研究[M].天津:天津人民出版社,1997.

30.费正清.剑桥中国18世纪以来史(上、下卷)[M].北京:中国社会科学出版社,1985.

31.麻国庆.家与中国社会结构[M].北京:文物出版社,1999.

32.陈庆德.资源配置与制度变迁[M].昆明:云南大学出版社,2001.

33.田涛.千年契约[M].北京:法律出版社,2012.

34.刘云生.中国古代契约法[M].重庆:西南师范大学出版社,2000.

35.刘云生.中国古代契约思想史[M].北京:法律出版社,2011.

36.蒋先福.契约文明——法治文明的源与流[M].上海:上海人民出版社,1999.

37.张振国,等.中国传统契约意识研究[M].北京:中国检察出版社,2007.

38.陈国富.契约的演进与制度变迁[M].北京:经济科学出版社,2002.

39.庄孔韶.银翅:中国的地方社会与文化变迁[M].北京:生活·读书·新知三联书店,2000.

40.徐晓光.清水江流域林业经济法制的历史回溯[M].贵阳:贵州人民出版社,2006.

41.徐晓光.款约法:黔东南侗族习惯法的历史人类学考察[M].厦门:厦门大学出版社,2012.

42.贵州民族学院民族研究所.中国南方少数民族社会形态研究[M].贵阳:贵州人民出版社,1987.

43.伍斯福,龙伯亚.苗族史[M].成都:四川民族出版社,1992.

44.游建西.近代贵州苗族社会的文化变迁[M].贵阳:贵州人民出版社,1997.

45.刘志伟.中国族谱研究[M].上海:上海古籍出版社,1999.

46.沙其敏,等.中国族谱地方志研究[M].上海:上海文献出版社,2003.

47.吴永章.中国南方民族文化源流史[M].南宁:广西教育出版社,1991.

48.吴永章.中国南方民族史志要籍题解[M].北京:民族出版社,1991.

49.唐仁郭,等.中国少数民族宗法制度研究[M].南昌:江西高校出版社,2006.

50.常建华.宗族志[M].上海:上海人民出版社,1998.

51.常建华.清代的国家与社会研究[M].北京:人民出版社,2006.

52.范金民.国计民生——明清社会经济研究[M].福州:福建人民出版社,2008.

53.刘黎明.契约·神裁·打赌[M].成都:四川人民出版社,1993.

54.李倩.民国时期契约制度研究[M].北京:北京大学出版社,2005.

55.曹端波,傅慧平,马静.贵州东部高地苗族的婚姻、市场与文化[M].北京:知识产权出版社,2003.

56.简美玲.清水江边与小村寨的非常对话[M].北京:交通大学出版社,2007.

57.徐建华.中国的家谱[M].天津:百花文艺出版社,2002.

58.来新夏,徐建华.中国的年谱与家谱[M].北京:商务印书馆,1997.

59.刘锋.百苗图疏证[M].北京:民族出版社,2004.

60.高鸿钧,等.法治:理念与制度[M].北京:中国政法大学出版社,2002.

61.马克斯·韦伯.社会学的基本概念[M].胡景北,译.上海:上海人民出版社,2005.

62.马克斯·韦伯.经济与社会:下卷[M].林荣远,译.北京:商务印书馆,1997.

63.曾小萍,等.早期近代中国的契约与产权[M].李超,等,译.杭州:浙江大学出版社,2011.

64.詹姆斯·C.斯科特.农民的道义经济学:东南亚的反叛与生存[M].程立显,刘建,等,译.南京:译林出版社,2001.

65.黄宗智.清代的法律、社会与文化:民法的表达与实践[M].上海:上海书店出版社,2001.

66.黄宗智.华北的小农经济与社会变迁[M].北京:中华书局,2002.

67.黄宗智.法典、习俗与司法实践:清代与民国的比较[M].上海:上海书店出版社,2007.

68.康芒斯.制度经济学[M].于树生,译.北京:商务印书馆,1997.

69.怀特.文化科学[M].曹锦清,译.杭州:浙江人民出版社,1988.

70.马歇尔·萨林斯.石器时代的经济学[M].张经纬,等,译.北京:生活·读书·新知三联书店,2009.

71.杜赞奇.文化、权力与国家:1900—1942年的华北农村[M].王福明,译.南京:江苏人民出版社,1996.

72.施坚雅.中国农村的市场和社会结构[M].史建云,等,译.北京:中国社会科学出版社,1998.

73.彼得·M.布·布劳.社会生活中的交换与权力[M].孙菲,张黎勤,译.北京:华夏出版社,1987.

74.马歇尔·萨林斯.文化与实践理性[M].赵丙祥,译.上海:上海人民出版社,2002.

75.费正清.中国的思想与制度[M].郭晓兵,等,译.北京:世界知识出版社,2008.

76.史景迁.王氏之死:大历史背后的小人物命运[M].李璧玉,译.上海:世纪出版集团,上海远东出版社,2005.

77.普里查德.努尔人:对尼罗河畔一个人群的生活方式和政治制度的描述[M].褚建芳,等,译.北京:华夏出版社,2001.

78.拉德克利夫·布朗.原始社会的结构与功能[M].潘蛟,译.北京:中央民族大学出版社,1999.

79.雷蒙德·弗思.人文类型[M].费孝通,译.北京:华夏出版社,2002.

80.弗里德曼.中国东南的宗族组织[M].刘晓春,译.上海:上海人民出版社,2000.

81.布朗.社会人类学方法[M].夏建中,译.北京:华夏出版社,2001.

82.王斯福.帝国的隐喻:中国民间宗教[M].赵旭东,译.南京:江苏人民出版社,2008.

83.利奇.缅甸高地诸政治体系:对克钦社会结构的一项研究[M].杨春宇,等,译.北京:商务印书馆,2010.

84.濑川昌久.族谱:华南汉族的宗族·风水·移居[M].钱杭,译.上海:上海书店出版社,1999.

85.鸟居龙藏.苗族调查报告[M].国立编译馆,译.贵阳:贵州大学出版社,2009.

86.爱弥尔·涂尔干,马塞尔·莫斯.原始分类[M].汲喆,译.上海:上海人民出版社,2005.

87.马塞尔·莫斯.礼物[M].汲喆,译.上海:上海人民出版社,2005.

88.克劳德·列维-斯特劳斯.结构人类学——巫术·宗教·艺术·神话[M].陆晓禾,等,译.北京:文化艺术出版社,1989.

89.埃里克森.小地方,大论题——社会文化人类学导论[M].董薇,译.北京:商务印书馆,2008.

90. Henry Sumner Maine. Ancient Law [M]. New York：Henry Holt And Company,2007.

91.Claude Levi－Strauss. The Elementary Structures of Kinship [M]. Boston：Beacon Press,1969.

92. Clifford Geertz. The Interpretation of Cultures [M]. London：Fontana Press,1993.

93.David Levinson and Melvin Ember. Encyclopedia of Cultural Anthropology[M]. Vol.2. New York：Henry Holt and Company,Inc.,1996.

94.E.B.Tylor. Religion in Primitive Culture[M]. New York：Harper Row,1958.

95. Marcel Mauss. The Gift：The Form and Reason for Exchange in Archaic Societies. New York：W.W.Norton and Company,1967.

二、期刊类

1.杨有赓.清代黔东南清水江流域木行初探[J].贵州社会科学,1988(8).

2.杨有赓.清水江流域商业资本的发展、流向与社会效[J].贵州民族研究,1989

（3）．

3.杨有赓.清代清水江流域林区林业租赁关系概述[J].贵州文史丛刊,1990
（2）．

4.杨有赓.汉民族对开发清水江少数民族地区的影响与作用（上）[J].贵州民族研究（季刊）,1993（2）．

5.杨有赓.汉民族对开发清水江少数民族地区的影响与作用（下）[J].贵州民族研究,1993（7）．

6.张银锋,张应强.姓氏符号、家谱与宗族的建构逻辑——对黔东南一个侗族村寨的田野考察[J].西南民族大学学报：人文社会科学版,2010（6）．

7.张应强.清代西南商业发展与乡村社会——以清水江下游三门塘寨为中心的研究[J].中国社会经济史研究,2004（1）．

8.罗洪洋.清代黔东南文斗侗、苗林业契约研究[J].民族研究,2003（3）．

9.罗洪洋.清代黔东南文斗苗族林业契约补论[J].民族研究,2004（2）．

10.罗洪洋.清代黔东南锦屏苗族林业契约的纠纷解决机制[J].民族研究,2005（1）．

11.罗康隆.侗族传统人工营林业的青山买卖[J].贵州民族学院学报：哲学社会科学版,2006（6）．

12.王宗勋.从锦屏契约文书看清代清水江中下游地区的族群关系[J].原生态民族文化学刊,2009（1）．

13.相原佳之.从锦屏县平鳌寨文书看清代清水江流域的林业经营[J].原生态民族文化学刊,2010（1）．

14.傅衣凌.论明清社会与封建土地所有形式[J].厦门大学学报,1978（2）．

15.吴兴然.明清时期苗木生产经营初探[J].贵州社会科学,1990（4）．

16.赵晓力.中国近代农村土地交易中的契约、习惯与国家法[J].北大法律评论,1998（2）．

17.刘朝晖.村落社会研究与民族志方法[J].民族研究,2005（3）．

18.邓大才.如何超越村庄：研究单位的扩展与反思[J].中国农村观察,2010（3）．

19.俞江.是"身份到契约"还是"身份契约"[J].读书,2002（5）．

20.苏钦.试论清朝在"贵州苗疆"因俗而治的法制建设[J].中央民族大学学报,1991（3）．

21.江太新.明清时期土地股份所有制萌生及其对地权的分割[J].中国经济史研究,2002(3).

22.徐忠明.小事闹大与大事化小:解读一份清代民事调解的法庭记录[J].法制与社会发展(双月刊),2004(6).

23.陈进国.风水信仰与乡村秩序的议约化——以契约为证[J].中国社会经济史研究,2004(4).

24.李祝环.中国传统民事契约中的中人[J].法学研究,1997(6).

25.李力.清代民间契约中关于"伙"的观念和习惯[J].法学家,2003(6).

26.平权.社会的阶序与权力:以中国侗族的人群关系为例[J].台湾人类学刊,2004(6).

27.王旭.中国传统契约文书的概念考察[J].法治论丛,2006(7).

28.曾宪义,马小红.试论古代法与传统法的关系——兼论中西法传统在近现代演变中的差异[J].中国法学,2005(4).

29.徐杰舜.论族群与民族[J].民族研究,2002(1).

30.刘志伟.浅议雍正时期西南地区改土归流与地名更易[J].中国地名,2010(2).

31.刘志伟.地域社会与文化的结构过程——珠江三角洲研究的历史学与人类学对话[J].历史研究,2003(1).

32.周建新.人类学视野中的宗族社会研究[J].民族研究,2006(1).

33.弗里德里克·巴斯,高崇,周大鸣,李远龙.族群与边界[J].广西民族学院学报:哲学社会科学版,1999(1).

34.徐晓光.清代黔东南锦屏林业开发中国家法与民族习惯法的互动[J].贵州社会科学,2008(2).

35.张晓松.论元明清时期的西南少数民族土司土官制度与改土归流[J].中国边疆史地研究,2005(2).

36.周绍泉.明清徽州契约与合同异同探究[J].中国史学,1993(3).

37.李鸣.少数民族法制史研究的回顾与思考[J].民族研究,2011(1).

38.曹端波.侗款与侗族的家族组织[J].怀化学院学报,2008(6).

39.刘雁翎.论贵州侗族环境习惯法的形成与演进[J].贵州民族学院学报:哲学社会科学版,2010(1).

40.姚大力.历史的错觉[J].华夏人文地理,2004(10).

41.陈友冰."汉化"刍议[J].史学理论研究,1998(1).

三、学位论文类

1.罗洪洋.清代黔东南锦屏人工林业中财产关系的法律分析[D].昆明:云南大学,2003.

2.杨胜勇.清朝经营贵州苗疆研究[D].北京:中央民族大学,2003.

3.罗海山.传统中国的契约:法律与社会——以土地买卖、典当契约为对象的考察[D].长春:吉林大学,2005.

附录 姜绍明所列《"母猪形"房族谱系》(部分)

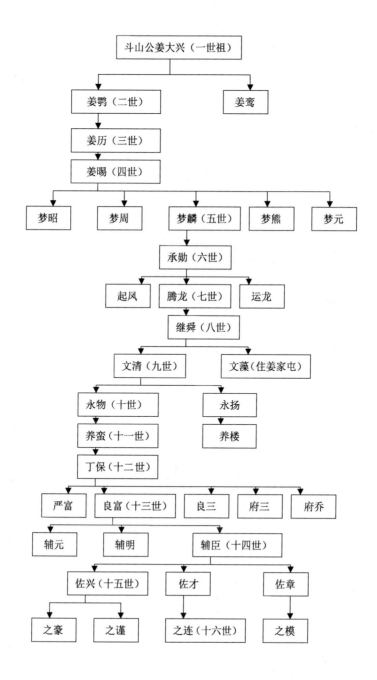

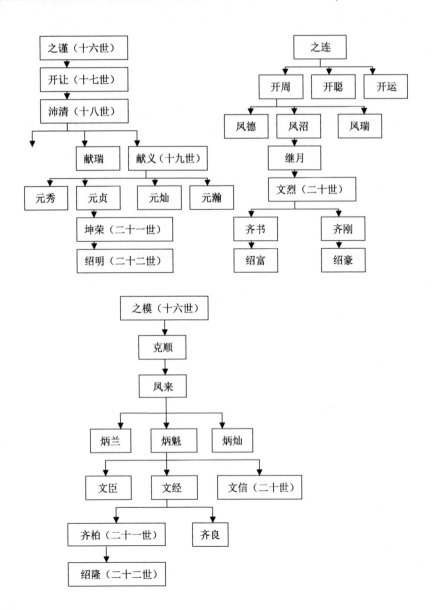

后　记

　　转眼博士毕业已然四年，昔日在母校就读的场景仿若昨日。南湖畔沁人的风、校园里挺拔的竹、图书馆奋读的影、体育场上奔跑的步，以及同学间温厚的情，莫不令我这已过而立之年、忙碌于凡尘琐事的人留恋不已。

　　人说，作品就如自己的孩子，我这已有两个孩子的母亲愈加深刻理解了这句话。犹记博士论文写作期间，从创作之初论题的甄选，论题选定后跋山涉水的田野，整理材料与阅读相关文献期间的彷徨与纠结，恰如怀孕时候的希冀、分娩时分的艰难，以及孩子落地之后的长吁。如今，孩子已然长大，论文却依旧定格于四年前那个模样。对于这个"孩子"，我心爱之、恨之、叹之，种种感情杂糅，亦难以纾解内心那种祈盼修补之、完善之的渴望。

　　重新整理出版自己的博士毕业论文，对于我而言，既是对过去的一种梳理，也是对未来的一种期盼。尽管心里清楚其中存在诸多并不十分严谨的说法、不够细致的田野材料，尽管也一次次告知自己要努力，以将其修补得更为完美或者说稍微尽如人意。但世事无常，几番周折后，疲惫不堪的我终究还是选择妥协，那就是将最初那个不甚完美的襁褓中的婴儿展露出来——以其满脸稚嫩的模样。

　　再次感谢待我如父的我的博导雷振扬教授，感谢在那段艰难日子陪伴我支持我的亲人，感谢田野过程中给予我诸多帮助的贵州省黔东南苗族侗族自治州锦屏县加池苗寨的大伯、大叔、大婶、兄弟们！感谢的人很多，在此就不一一列举，我心铭记，天长日久！

　　仅以此纪念那段风雨兼程的激扬岁月。

傅慧平

2018 年 12 月于南昌